3부 궁과 성의 의미

1
1/ 십이사항궁의 의미 … 194

2 14정성
1/ 자미 … 197
2/ 천기 … 218
3/ 태양 … 229
4/ 무곡 … 241
5/ 천동 … 254
6/ 염정 … 264
7/ 천부 … 276
8/ 태음 … 282
9/ 탐랑 … 290
10/ 거문 … 297
11/ 천상 … 304
12/ 천량 … 312
13/ 칠살 … 319
14/ 파군 … 325

3 보좌길흉성과 사화
1/ 보성(좌보 우필 천괴 천월) … 332
2/ 좌성(문창 문곡 녹존 천마) … 335
3/ 살성(경양 타라 화성 영성 지공 지겁) … 339
4/ 사화(화록 화권 화과 화기) … 345

4 잡성
1/ 형요성(천형 천요) … 349
2/ 공망성(천공 순공 절공) … 351
3/ 백관조공성(삼태 팔좌 은광 천귀 태보 봉고 용지 봉각) … 352
4/ 사선성 삼덕성 기타길성 … 355
5/ 도화성(홍란 천희 대모 함지 목욕) … 359
6/ 고독손모성 … 362
7/ 십이신 … 367

4부 명반의 추론과 해설의 예

1 명반추론
1/ 명궁과 身宮을 보며 각기 삼방사정을 살핀다 … 385
2/ 잡성을 본다 … 390
3/ 身宮을 본다 … 393
4/ 재백궁·관록궁·천이궁· 복덕궁을 본다 … 396
5/ 기타 십이사항궁을 본다 … 400
6/ 대운 분석 … 405

부록
1/ 책소개 … 410
2/ 찾아보기 … 416
3/ 참고문헌 … 424
4/ 후기 … 426

2 자미두수 입문

추 천 사

　심곡선생이 심곡비결에서 말하기를 "종이 클지라도 두드리지 않으면 소리가 나지 않고 깊은 계곡이 있다한들 부르지 않으면 메아리가 없다"했으니 자미의 도가 깊다한들 연찬해 알려주는 사람이 없으면 누가 있어 그 현묘함을 알 것인가!
　다행이 작금에 이두선생의 노고로 인해 자미두수가 널리 알려지게 되었으니 바야흐로 자미두수 전성시대가 오려나보다!
　작년 말과 올 초에 걸쳐서 연달아『자미두수전서』와『실전자미두수』같은 주옥같은 책들이 나오더니 한 달 전에는 선생의 십년노작의 결실인『심곡비결』이 출간되었다.
　기쁜 마음으로 바쁜 틈을 내 그 책들을 읽고 있었는데 심곡비결의 마지막 책장을 덮기도 전에 이렇듯 귀한 입문서가 나오게 되었으니 자미두수를 연구하는 동호인의 한 사람으로서 가뭄의 단비를 만났다고 할 수 있겠다.
　필자가 경진년에 처음 나온 선생의『왕초보자미두수』를 보고 그 내용의 치밀함과 풍부함에 감탄해 마지않았으나 책의 수준이 정작 '왕초보'가 보기에는 조금 어려우며 자미를 어느 정도 공부한 이들이 이해할 수 있는 내용이라, 이보다 더 쉬운 입문서가 나왔으면 하는 아쉬움이 내심 늘 있어왔기 때문에 이번 저작에 대한 기대가 남달랐다.

내용을 살펴보니 과연 기대이상이었다.

전체적으로 매우 평이한 문장으로 서술되었고 자미두수의 기본이랄 수 있는 명반작성법과 성에 대한 설명이 매우 쉽고 명쾌하게 설명되어 있었다.

특히 십사정성에 대한 설명과 쌍성에 대한 설명, 십사정성이 십이사항궁에 있을 때에 관한 설명 등은 표현이 간결하고 의미하는 바가 선명할 뿐만 아니라 읽는 이로 하여금 매우 입체적으로 명반을 조망할 수 있게 해주어서 가히 이 책의 백미라고 할만하다. 이외에도 명반을 보는 순서를 체계적으로 도식화하고 말미에 실례까지 들어서 적용하게 하는 등 초보들로 하여금 체계적이고 과학적으로 명반을 살펴보는데 많은 도움이 될 것으로 본다.

필자도 십여 년 넘게 자미두수를 공부했지만 이 책을 읽으면서 새롭게 얻은 바가 많았으니 입문자는 말할 것도 없이 좋은 책이 되리라고 확신한다.

이두선생을 보면서 전형적인 청출어람(靑出於藍)의 귀감이라 할 만한 보배로운 인재라는 생각이 든다. 젊어서이기도 하겠지만 처음 만날 때의 모습과 자세를 그대로 견지하며 늘 열심히 노력하는 보기 드문 학자다.

아무쪼록 이 책이 자미두수를 입문하려고 하는 모든 학인들에게 등불과 같은 책이 되었으면 한다.

갑신년 7월
미래문제연구소 대표 공성윤 배상

머리말

년전에 필자가 처음 출판했던 『왕초보자미두수』는 "무늬만 왕초보"라는 소리를 귀가 따갑도록 들었는지라, 진짜 초보를 위한 책을 언젠가는 써야겠다 싶었는데 『자미두수전서』와 『실전자미두수』가 나온 이제야 초보를 위한 책을 쓰게 되었으니 손주를 본 노인이 늘그막에 막내를 낳는 기분처럼 쑥스럽다.

자미두수는 현재 대만과 홍콩에서 널리 유행되고 있는 미래를 파악하는 가장 저명한 두 가지 술수(術數 : 명리와 자미두수)중의 하나로, 천년 전 중국 송나라때 도가의 중흥조였던 진희이 선생이 만들었다.

혹자는 진희이선생이 만든 것이 아니라 여순양(呂純陽)에 의해 만들어져서 진희이선생이 집대성했다는 말이 있으나 확실히 고증할 수는 없다.

명리와 마찬가지로 이 학문의 뿌리는 실성(實星)을 위주로 한 고대 점성학인 칠정사여산(七政四餘算 : 五星學·五星術이라고도 한다)에서 비롯되었기 때문에, 십이궁(十二宮)을 사용하는 등 얼개와 구조가 그것과 유사하지만 복잡한 도수(度數)등은 차용하지 않고, 존재하지 않는 허성(虛星)을 사용하여 인간의 길흉화복을 파악할 수 있게 하는 등 칠정사여산보다 한층 진보되고 세련된 운명학으로서의 면모를 갖추고 있다.

뛰어난 적중률로 인해 주로 왕가(王家)에서만 심법으로 비전되어 오다가, 1970년대 이후 대만과 홍콩에서부터 본격적으로 연구되기 시작했으며 지금은 폭발적으로 연구인구가 늘어나 관련 도서만도 수백 권을 헤아리고 있는 실정이다.

이에 비해 우리나라는 대만이나 홍콩보다 30년이나 뒤떨어진 지금에서야 이렇듯 입문서가 나오는 실정이니 그 세월의 두께와 거리에 숨이 막히는 듯하다.

이 책은 처음부터 400여 쪽 내외의 입문서로 기획하고 쓴 책이기 때문에 많은 욕심을 부릴 수 없었지만, 한정된 지면 안에서 자미두수의 기본 얼개는 보여줘야 한다는 강박감 때문에 양에 비해 힘이 많이 들어간 책이다.

대만이나 홍콩의 입문서를 보면 천편일률적으로 성(星)에 대한 설명으로만 구성되어 있는 것을 볼 수 있는데, 이런 것도 한두 권 볼 때는 신선하지만 수십 권의 책이 그럴 때는 짜증이 났기 때문에 "내가 책을 쓴다면 저런 책은 안 쓸 것이다" 다짐을 했었는데, 나도 별 수 없이 욕하면서 닮는다는 옛말처럼 구태의연한 체계를 벗어날 수 없었다. 원래 생긴 것이 네모인데 네모 싫다고 세모로 그릴 수야 없지 않은가. 비록 400여 쪽 남짓한 책이지만 담을 것은 다 담았다고 자부한다.

우선 명반작성법부터 자세하게 했을 뿐만 아니라, 기존의 책에서 자세하게 소개하지 않았던 천·지·인반(天·地·人盤)을 소개하고 그 작성법을 설명하였으며, 천지인반 작성법을 포함한 명반 작성 CD는 다운받아 사용할 수 있다.

자미두수에 소용되는 모든 성(14정성·보좌길흉성·사화성·잡성)에 대한 설명도 빠짐없이 하였으며, 성의 설명도 자세한 잡설(雜說)보다는 핵심적인 내용을 요약해서 설명하려 했고, 쌍성조합과 사화가 붙을 때의 의미 등도 간단하게나마 설명을 하였다. 다만 복잡한 격국이나 성끼리 조합될 때의 의미 등은 입문자에게 필요한 것 외에는 생략하였다.

또 14정성이 십이사항궁에 들어갈 때의 현상에 대해서도 빼놓지 않고 간략하게라도 설명을 해두었다.

지면관계상 성에 대한 설명을 하면서 실례를 넣지 못한 것이 안타깝지만, 마지막장에 명반하나를 가지고 총체적인 설명과 해석을 함으로서 성과 궁을 보는 방법과 명반을 해석하는 요령을 익히게 해서 내용 중에 실례를 넣지 못한 미안함을 대신하였다.

욕심부리지 말고 이 책을 몇 번만 가볍게 읽어보자!

적어도 이 책의 내용을 한 번 읽는다면 자미두수의 두터운 문빗장은 열어젖힌 것이고, 몇 번을 더 보아 익힌다면 이 책이 독자들에게 자미의 매력과 연결해주는 뜨거운 첫사랑이 될 것이다.

갑신년 仲夏
녹음 우거진 구봉산 아래 寓居에서
이두 김선호 삼가 쓰다.

목 차

 I부. 추론을 위한 준비 — 11

☑ **1. 들어가기 전에 — 14**

    1) 자미두수의 개요 — 14
    2) 궁 — 16
    3) 성(星) — 21
    4) 사화(四化) — 26

☑ **2. 명반작성법 — 27**

    1) 생년월일시를 안다 — 28
    2) 기초명반을 그린다 — 31
    3) 십이궁 천간을 표시한다 — 33
    4) 명궁·신궁·십이사항궁을 배치 — 35
    5) 국수를 정하고 자미를 배치한다 — 40
    6) 14정성을 배치한다 — 49
    7) 보좌살성을 배치한다 — 53
    8) 십간에 사화(四化)를 배치한다 59
    9) 대운수와 대한을 정한다 — 62
    10) 잡성을 배치한다 — 65
    11) 십이신을 배치한다 — 88
    12) 성의 묘왕평한함을 표시한다 — 94
    13) 명반포국법을 알아야 하는 이유 — 98

☑ **3. 유년·소한·두군·유성 찾는 법 — 102**

    1) 십이사항궁의 가차(假借) — 102
    2) 유년과 소한을 찾는 법 — 104
    3) 두군과 유월·유일·유시 찾는 법 — 110

4) 유성(流星)을 붙이는 방법 — 119

☑ 4. 천·지·인반 — 126

명반배치법 정답 — 131

 2부 궁과 성의 의미를 읽는 방법 — 137

☑ 1. 어떻게 명반을 볼 것인가? — 140

1) 궁과 성을 보는 순서 — 141
2) 본 명반 보는 법 — 150
3) 명반을 볼 때 유의점 — 153
4) 운을 보는 법 — 158
5) 운명학의 한계 — 168

☑ 2. 기본명반의 분석 — 175

1) 14정성의 12가지 배치유형 — 175
2) 기본명반의 분석 — 182
3) 기본명반과 4대 계통 — 187

 3부 궁과 성의 의미 — 191

☑ 1. 십이사항궁의 의미 — 194

☑ 2. 14정성(十四正星) — 197

1) 자미 — 197   2) 천기 — 218
3) 태양 — 229   4) 무곡 — 241

5) 천동 ― 254   6) 염정 ― 264
7) 천부 ― 276   8) 태음 ― 282
9) 탐랑 ― 290   10) 거문 ― 297
11) 천상 ― 304   12) 천량 ― 312
13) 칠살 ― 319   14) 파군 ― 325

☑ 3. 보좌길흉성과 사화(四化) ― 331

1) 보성 ― 332   2) 좌성 ― 335
3) 살성 ― 339   4) 사화 ― 345

☑ 4. 잡성(雜星) ― 348

1) 형요성 ― 349   2) 공망성 ― 351
3) 백관조공성 352   4) 사선성 삼덕성 기타길성 ― 355
5) 도화성 ― 359   6) 고독손모성 ― 362
7) 십이신 ― 367

4부 명반의 추론과 해설의 예   381

1) 명궁과 身宮을 보며 각기 삼방사정을 살핀다 ― 385
2) 잡성을 본다 ― 390   3) 身宮을 본다 ― 393
4) 재백궁 · 관록궁 · 천이궁 · 복덕궁을 본다 ― 396
5) 기타 십이사항궁을 본다 ― 400   6) 대운 분석 ― 405

☑ 책소개   410   / 찾아보기 416
☑ 참고문헌 426   / 후기   424

1부. 추론을 위한 준비

1부. 자미두수 추론을 위한 준비

'들어가기 전에' 편에는 간략한 소개와 자미두수에 입문하기 위해 알고 있어야 할 기본적인 약속들과 전제에 대해 실었다. 자미두수의 구조를 살펴보면 크게 궁·성·사화의 세 가지 구성으로 이루어지는데, 궁·성·사화에 대한 간략한 설명과 관련한 용어 풀이를 하고 있다.

'명반작성법'은 그야말로 자미두수 명반 작성을 하는 방법을 기술한 장이다. 실제 명반을 작성하는 순서를 따라 구성하였으며, 세 가지 명례를 들어 궁·성·사화·묘왕평한함이 배치되는 과정을 차근차근 순서대로 보여주고 있으니, 프로그램의 명반 작성이 궁금했던 독자들에게는 귀한 자료가 될 것이다.

'유년·소한·두군·유성 찾는법'은 매년 태세의 운을 볼 때, 매월의 운을 볼 때, 매일의 운을 볼 때, 매시의 운을 볼 때 각각 살펴야 하는 유년·유월·유일·유시의 궁과 성을 찾는 법을 설명하고 있다. 필자의 경우 유년·유월·유일·유시 중에서 유년과 유월만 중요하게 사용할 뿐 유일·유시는 중요하게 사용하지 않으나, 참고삼아 어떻게 보아야 할 것인지는 알아두어야 하겠기에 설명하였고, 매년의 운을 보는 다른 방법으로 소한이 있는데, 이 역시 필자는 사용하지 않으나 어떤 것인지는 알아두어야 하겠기에 포국 방법만 간략히 설명하였다.

'천지인반'은 한 날 한 시에 태어난 명을 해결하는 방법 중의 하나로 중국의 중주파에서 제시한 이론인데, 앞으로 연구할 숙제를 제시하는 차원에서 설명하였다.
　자미두수가 어떤 것인지 알고, 자미두수로 인명의 명반을 포국하는 법을 알았다면 자미두수 추론을 위한 준비단계가 끝난 것이다.

1. 들어가기 전에

1) 자미두수의 개요

자미란 하늘의 중심에 자리한 북극과 북극을 보좌하며 울타리를 이룬 좌자미 여덟별 및 우자미 일곱별로 자미궁을 이루며, 북두성 문창 등 36개의 별자리로 큰 의미의 자미원을 이룬다.

이 자미원은 하늘의 중심에 있다 하여 중원이라 하고, 태미원(상원) 천시원(하원)과 함께 삼원을 이룬다. 작게 말하면 천제(북극)를 비롯한 다섯 개의 별을 자미라 하고, 좀 더 크게 말하면 둘레의 좌자미와 우자미를 합해서 자미라 하며, 더 크게 말하면 36개의 별자리를 모두 합해 자미라고 하는데, 대개는 좌우 자미까지 포함한 자미원을 뜻하며 모든 별의 명운과 도수를 관장한다.
두(斗)란 별을 말하고, 수(數)란 별의 운행을 말한다. 따라서 자미두수란 자미를 기준으로 별들의 운행을 헤아려 운명을 판단하는 학문이라고 정의하면 되겠다.

사주명리학을 연월일시에 해당하는 육십갑자의 오행생극제화를 가지고 운명에 미치는 영향을 보는 학문이라고 한다면, 자미두수는 음력 연월일시의 시간에 따른 성(星)들의 배치와 상황을 가지고 운명에 미치는 영향을 보는 학문이라고 설명하면 될 듯하다. 또 성의 이름을 사용한다고는 하나 실제 성의 위치를 정확히 따른 실성(實星)은 아니며, 실성의 특성만을 고려한 허성(虛星)으로 보는 견해가 더 많다.

  사주명리학은 태양 황경 상의 태양의 위치를 가지고 12개월을 나누고, 자미두수는 달이 차고 이지러짐을 중심으로 달을 나눈다. 하루를 보는 관점도 서로 달라서, 사주명리학에서는 월건의 간지와 일진의 간지를 중요하게 보고, 자미두수에서는 달이 차고 이지러짐을 중심으로 한 음력날짜를 중요하게 본다.

  논리의 비약일수도 있으나, 사주명리학은 태양의 운행이 중심이고, 자미두수는 달의 운행이 중심이다. 이것은 태양과 달이 음양의 한 짝인 것처럼 사주명리와 자미두수가 음양의 한 짝이 됨을 뜻한다고 볼 수도 있고, 이것을 기준삼아 자미두수의 특징을 찾아볼 수도 있다. 예컨대 밝게 드러나고 확실히 알 수 있는 부분은 사주명리학이 잘 알 수 있고, 어둡게 감추어지고 세세한 부분은 자미두수가 더 잘 알 수 있다는 것이다. 그래서 고인들이 자미두수가 귀신의 발자국을 좇는 학문이라고 했을 것이다.

  다만 자미두수가 발전하면서 다른 술수류의 이론을 받아들인 결과로, 사주명리나 기타 다른 명학의 개념들이 포함됨으로써 자미두수를 운용하는 것이 대단히 복잡한 것처럼 보이며, 이것이 초심자들의 접근을 어렵게 하고 있다.

  자미두수의 구조를 삼등분하자면 크게 궁과 성, 사화의 셋으로 나눌 수 있다. 궁·성·사화의 순서대로 반드시 알고 넘어가야할 용어와 개념들을 차근차근 설명해 나가기로 한다.

2) 궁

아래 그림과 같은 명반(땅의 네모난 것을 상징)을 12개 분야로 나누어 하늘의 별을 배당시킨 것을 명반이라 하고, 도수에 따라 12로 나눈 각각의 구간을 궁(宮)이라 한다. 이 궁에는 지지의 이름을 따서 자궁 축궁 등으로 부르는 십이궁이 있고, 인간의 제반사(사항)를 12로 나누어 각기 주관하게 한 십이사항궁이 있다.

(1) 십이궁

12지지가 해당하는 위치가 정해지며, 각 지지가 속하는 구간을 '궁(宮)'이라고 한다. 지지가 12개이므로 궁도 12개이며, 다음 그림과 같이 그려서 사용한다.

巳	午	未	申
辰			酉
卯			戌
寅	丑	子	亥

※ 명반 포국의 기초가 되는 명반이므로 이것을 '기초명반'이라고 이름하여 사용하기로 한다.

궁은 궁의 지지를 가지고 자궁 축궁 … 해궁 등으로 이름하며, 자궁 축궁 … 해궁을 통칭하여 십이궁이라고 한다.

| 본궁(本宮) | 기준점이 되는 궁이다.

대궁(對宮)

'대충궁(對沖宮)'을 줄여서 '대궁(對宮)'이라 한다. 본궁의 맞은편에 있는 궁을 말한다.

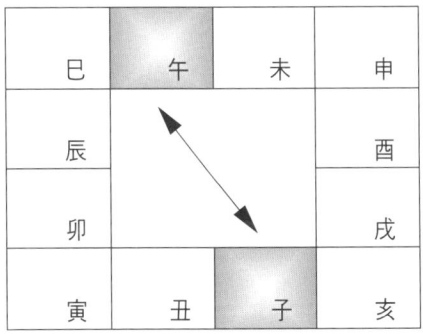

※ 예컨대 자궁을 본궁이라고 할 때 자궁의 대궁은 오궁이 된다.

삼방(三方)

삼방이란 인오술(寅午戌)·신자진(申子辰)·사유축(巳酉丑)·해묘미(亥卯未)의 각기 세 궁씩을 말한다. 이 세 궁 중에 본궁이 포함된 경우 그 지지궁들을 삼방이라 한다.

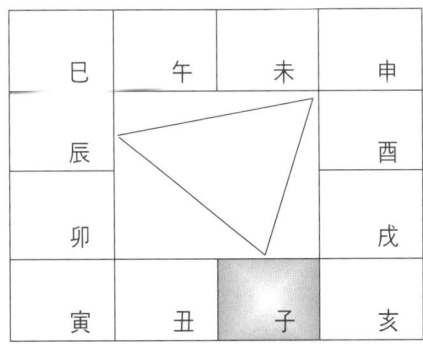

※ 예컨대 자궁을 본궁이라고 할 때 자궁의 삼방은 신·진궁이 된다.

사정(四正)

인신사해 사생지, 자오묘유 사패지, 진술축미 사묘지에서 인신사해 자오묘유 진술축미의 각기 네 궁씩을 말한다. 이 네 궁안에 본궁이 포함된 경우 그 지지궁들을 사정이라고 한다.

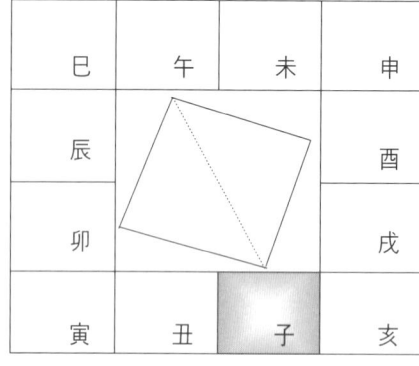

※ 예컨대 자궁이 본궁이라면 자오묘유가 사정이 되는 것이다. 그런데 최근에는 이 사정 중에 영향력이 강한 본궁과 대궁의 두 궁만을 사정으로 본다. 즉 '대궁'과 '본궁'만을 사정으로 치고 나머지 두 궁은 중시하지 않는다.

삼방사정(三方四正) 삼방사정은 삼방과 사정을 합해서 부르는 말이다. 삼방사정은 어느 궁을 기준점으로 삼았을 때, 그 궁에 영향을 주는 범위를 나타내는 것이라고 생각하면 된다.

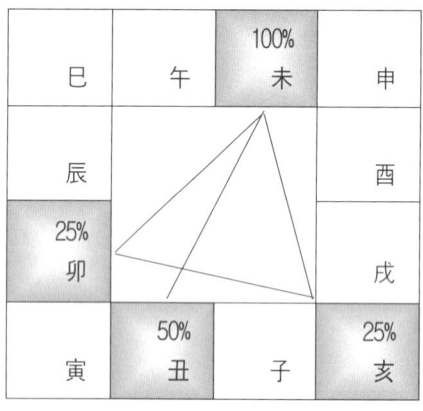

※ 미궁이 본궁일 때의 삼방사정을 예로 들면 옆 그림과 같다. 미궁은 본궁이고, 축궁은 대궁이며, 묘궁과 해궁은 삼방이기 때문에 이 네 궁이 삼방사정이 된다. 그려놓고 보면 화살촉이나 행글라이더처럼 보인다. 총 200의 힘이 운에 영향을 미친다고 할 때, 본궁은 100, 삼방은 각 25, 대궁인 사정은 50 정도의 힘이 있다고 본다.

(3) 협과 암합

협(夾)   본궁의 양쪽 옆에 있는 궁을 말한다. 흔히 협궁이라고도 한다.

巳	午	未	협궁 申
辰			본궁 酉
협궁 卯			협궁 戌
본궁 寅	협궁 丑	子	亥

※ 인궁을 본궁이라고 한다면, 본궁의 양쪽 옆에 있는 축궁과 묘궁을 협궁이라고 한다. 또 유궁이 본궁이라면 申궁과 술궁이 협궁이 된다. 나머지도 이와같이 한다.

암합(暗合)   명리에서 말하는 육합과 같다.

육합(六合) : 자축합(子丑合), 인해합(寅亥合), 묘술합(卯戌合)
　　　　　　진유합(辰酉合), 오미합(午未合), 사신합(巳申合)

위의 협궁표로 설명하면 인궁과 해궁이 암합하고 해궁은 인궁과 암합한다는 식이다. 나머지도 이와같이 한다.

이렇게 암합하는 것은, 자월에는 축방에서 해와 달이 만나고 또 축월에는 자방에서 해와 달이 만나며, 인월에는 해방에서 해와 달이 만나고, 또 해월에는 인방에서 해와 달이 만나는 등의 관계가 있기 때문이다. 필자는 암합을 인정하지 않으나 학자에 따라서는 중요하게 보는 경우도 있다.

(4) 명궁과 십이사항궁

　십이궁 중에서 운명을 대표하는 특정한 위치가 정해진다. 이 위치를 명궁이라고 이름한다.
　음양의 한 짝처럼 명궁과 한 짝이 되는 특정 궁이 하나 더 있는데, 身궁이 그것이다. 명궁이 선천의 운명을 뜻한다면 身궁은 후천의 운명을, 명궁이 전반생을 주관한다면 身궁은 후반생을, 명궁이 마음을 주관한다면 身궁은 몸을 각각 주관한다.
　명궁이 정해지면 이 명궁을 기준으로 형제·부처·자녀·재물·질액·천이·노복·관록·전택·복덕·부모 등 인생의 구체적인 사항을 관장하는 11개 사항이 십이궁에 순서대로 배치된다. 명궁을 포함한 12개 사항궁을 자궁·축궁 … 해궁 등의 십이궁과 구분하여 십이사항궁이라 이름한다. 실제 고서에는 십이사항궁이라는 이름이 없으나, 자궁 축궁 … 해궁 등의 십이궁과 구분하기 위해서 십이사항궁이라는 별도의 이름을 붙여서 구분한다.

3) 성(星)

성에는 각기 분야가 있어서 화복(禍福)의 깊고 옅은 것, 현명하고 어리석은 것, 요절하거나 오래사는 등 인생 제반사에 대해 각기 맡은 바가 있다.

성은 정해진 궤도를 따라 움직이고, 정해진 국에 의해 12개 분야로 나누어진 도수에 속한 성들의 생극제화에 의해 그 길흉이 결정된다.

좌(坐) 수(守)라고 하기도 한다. 어느 궁에 성(星)이 있는 상태를 말한다.

巳	午	未	申
辰			酉
卯			戌
무곡寅	丑	탐랑 명궁 子	亥

※ 가령 무곡이 인궁에 있는데, 이것을 '인궁에 무곡이 좌한다'고 한다. 자궁은 십이사항궁의 명궁에 해당하면서 탐랑이 좌하는데, 이것을 '명궁에 탐랑이 좌한다'고 하며, 간단하게 '탐랑이 좌명(坐命)하면' 하는 식으로 표현하기도 한다.

동궁(同宮) '동도(同度)'라고 하기도 한다. 어느 궁에 성이 같이 있는 경우를 말한다.

巳	午	未	申
辰			酉
卯			戌
천무 상곡 寅	丑	子	亥

※ 인궁에 무곡과 천상이 좌하고 있는데, 이것을 '무곡과 천상이 인궁에서 동궁한다'고 표현한다. 이것을 '인궁 무곡이 천상과 동궁하여' 하는 식으로 표현하기도 한다.

공조(拱照) '대조(對照)'라고도 한다. 어떤 성이 대궁에 있으면서 본궁에 영향을 주는 것을 말한다.

巳	午	未	파군 申
辰			酉
卯			戌
천무 상곡 寅	丑	子	亥

※ 인궁을 본궁으로 볼 때 대궁에 파군이 좌하는데, 이것을 '인궁의 무곡·천상을 파군이 공조한다'고 표현한다.

회조(會照) 어떤 성을 삼방에서 보는 것을 말한다.

※ 가령 오궁을 본궁으로 볼 때 오궁의 삼방에 염정·천부와 무곡·천상이 각각 좌하는데, 이것을 '오궁의 자미를 염정·천부와 무곡·천상이 회조한다'고 표현한다.

공조와 회조를 따로 구분하지 않고, 흔히 '비춘다, 본다' 등으로 표현하

	자미		칠살
巳	午	未	申
辰			酉
卯			천염 부정 戌
천무상곡 寅	丑	탐랑 子	亥

며, 이 책에서도 공조와 회조를 엄격히 구분하지 않았다.

상협(相夾) 두 성이 본궁의 협궁에 있는 것을 말한다.

천기 巳	자미 午	未	申
칠살 辰			酉
卯			戌
寅	丑	子	亥

※ 사궁을 본궁으로 볼 때 천기가 좌하고 있고, 천기의 협궁인 진궁과 오궁에 각각 칠살과 자미가 있는데, 이것을 '사궁 천기를 자미와 칠살이 상협한다'고 한다. 흔히 '협한다'고 표현한다.

14정성(十四正星) 자미성을 기준으로 배치되는 자미·천부·태양·태음·염정·무곡·천상·칠살·파군·탐랑·거문·천기·천동·천량의 열네 개의 중요한 별을 14정성이라 한다.

주성(主星) 14정성 중에서 기준이 되면서 그 역량이 큰 네 개의 별 자미·천부·태양·태음을 정성과 다르게 주성이라 이름한다. 다만 태양은 태어난 시간이 낮일 때(인시부터 미시까지), 태음은 태어난 시간이 밤일 때(신시부터 축시까지)로 한정하여 주성이라 한다.

성계(星係) 성계란 '성의 묶음'이다.

14정성을 속성별로 크게 넷으로 나누어 자미·천부·염정·무곡·천상을 자부상성계, 칠살·파군·탐랑을 살파랑성계, 태양·거문을 거일성계, 천기·태음·천동·천량을 기월동량성계로 구분하기도 하고, 남·북두와 중천성의 구분에 따라 북두성계·남두성계·중천성계의 셋으로 구분하기도 한다.

도화성(桃花星) 정성 중에는 염정·탐랑이 도화성이고, 잡성으로는 홍란·천희·함지·대모·천요·목욕의 여섯 성을 말한다.

형성(刑星) 경양과 천형을 말하며, 형벌주고 극하는 의미가 있다.

기성(忌星) 화기와 타라를 말하며, 꺼리고 싫어하며 지체되고 실패하기 쉬운 의미가 있다.

공성(空星) 지공·지겁·절공·순공·천공을 말하며, 상하고 망하며 비우거나 비우도록 하는 의미가 있다.

| 화기(化氣) | 문자 그대로는 '어떤 기운으로 화한다, 변한다'는 뜻이나, 주로 성의 속성을 한마디로 표현한 별명으로 보면 된다.

가령 천기의 화기는 '선(善)'이고 천동의 화기는 '복(福)'인데, 이것을 '천기의 별명이 선이다' 또는 '천동의 별명이 복이다' 정도로 이해하면 된다.

4) 사화(四化)

　사화는 '사성변화(四星變化)'의 줄임말로, 성의 속성에 영향을 주어 실제 길흉의 작용이 드러나게 하는 특정한 기운이다. 성의 일부로 볼 수 있기는 하나, 사성변화의 주체가 되는 성과의 작용력이 크고 또 운의 길흉과 사건의 발생과 결과를 가리키는 역할을 하므로 성과는 별개의 것으로 필자는 보고 있다.

　길화(吉化)　원래의 고전적인 의미로는 성의 화기(化氣)가 길한 것을 의미하나, 필자를 비롯한 현대 두수가의 대부분이 사화(四化) 중의 '화록·화권·화과'를 길화로 보고 있다.

　인동(引動)　정적인 상태를 동적이게 하는 것을 인동이라고 한다. 가령 어느 궁에 천기화기가 있는데, 어느 대한에서 대한의 천간에 의해 천기화록이 붙는다면 선천명반 상에 있던 천기화기가 대한의 천기화록에 의해 동적인 상태가 되는데, 동적인 상태가 되는 것을 '인동'이라 하고, '대한천기화록이 선천천기화기를 인동시킨다'고 표현한다.
　성이나 궁 모두에서 이 용어를 사용한다. 위의 천기화기가 만약 형제궁이라면 '대한천기화록이 형제궁의 천기화기를 인동시킨다'는 식으로 표현한다.

2. 명반작성법

이 장에서는 명반작성법에 대해 다루기로 한다.

요즘에는 명반을 포국해주는 여러 프로그램이 있어서 이 부분은 쉽게 간과하는 경향이 있으나, 자미두수를 깊이 공부하려면 이 명반작성법에 대한 철저한 이해가 우선되어야 한다.

명반상에 배치되는 성들이 어떠한 규칙으로 배치되는가 하는 것이 성의 본질이나 추론에 굉장한 통찰력을 주는 경우가 많기 때문에, 어느 정도 자미두수를 이해하는 분들이라도 이 부분은 다시 한번 짚고 넘어가는 것이 좋다.

입문자의 눈높이를 최대한 고려해서 집필했으므로 어렵지 않게 이해할 수 있을 것이다.

1) 생년월일시를 안다.

자미두수는 생년태세와 음력의 월·일·시지를 가지고 포국한다. 만약 양력 생일만 안다면 만세력을 찾아서 생년태세와 음력의 월과 일을 찾아야 한다.

(1) 음력 기준이다

명반을 작성하려면 자기가 태어난 생년월일시를 음력으로 알아야 한다.

주의할 것은 자미두수는 태음력을 쓰므로 절기를 기준해서 한해와 달이 바뀌는 것이 아니라는 것이다. 즉 음력 1월 1일부로 한해가 바뀌고, 달도 매월 음력 1일부로 바뀌는 것이다.

(2) 윤달생은 주의

윤월의 15일을 기준으로 나눠서 본다.

예를 들어 2004년 갑신년은 음력 2월에 윤달이 있게 되는데, 윤 2월 1일 자시부터 윤 2월 15일 해시까지는 2월로 보고, 윤 2월 16일 자시부터는 3월로 본다.

만약 윤 2월 14일 묘시생이라면 2월 14일 묘시로 명반을 작성해서 보고, 윤 2월 19일 해시생이라면 3월 19일 해시로 해서 명반을 작성한다는 것이다.

운을 볼 때도 마찬가지다. 가령 갑신년의 운을 자미로 본다면 윤 2월 1일부터 윤 2월 15일 까지는 음력 2월로 보고, 윤 2월 16일부터 말일까지는 음력 3월과 같이 본다. 학자에 따라서는 윤달을 15일로 나누지 않고 무조건 다음 달로 보기도 하나, 필자는 15일 기준으로 나눠서 보는 방법을 지지한다.

(3) 생시를 보는 법도 주의

① 자연시로 보아야 한다

일반적 시간개념인 자시 축시 인시 등은 자연시각을 기준으로 하여야 하는데, 시간을 정하는 표준시의 기준을 정부차원에서 몇 차례 바꿨기 때문에 주의하지 않으면 시를 엉터리로 알고 있기 쉽다. 아래에 제시한 '우리나라 표준시의 기준점과 기간'의 표를 참고해서 정확한 시를 계산해야 한다.

② 섬머타임도 주의해야 한다.

섬머타임은 여름동안 낮시간이 긴 것을 효율적으로 이용하기 위해 도입된 제도로, 가령 9시라면 섬머타임기간에는 시계바늘을 한 시간 늘려 10시로 돌려놓고 사용하는 제도를 말한다. 이것 역시 표준시를 정할 때처럼 인위적으로 시계를 돌려놓은 것이므로, 섬머타임을 실시할 때 태어난 사람들은 태어난 시간에서 한시간을 빼야한다.

썸머타임 실시기간 (양력기준)

1	1948년 5월 31일~9월 22일
2	1949년 4월 3일~9월 30일
3	1950년 4월 1일~9월 10일
4	1951년 5월 6일~9월 9일
5	※ 52년부터 54년까지 실시는 했으나 자료부족. 다른 때와 참고해야함.
6	1955년 4월 6일~9월 21일
7	1956년 5월 20일~9월 29일
8	1957년 5월 5일~9월 21일
9	1958년 5월 4일~9월 21일
10	1959년 5월 4일~9월 19일
11	1960년 5월 1일~9월 18일
12	1987년 5월 10일~10월 10일
13	1988년 5월 8일~10월 9일

중주파의 왕정지선생은 시간을 정할 때 태어난 위치에 관계없이 중국 낙양(洛陽) 중주(中州)의 시간을 기준시간으로 삼아서 명반을 작성해야 한다고 주장하지만, 이와 같은 방법을 쓴다면 자연시간개념을 무시해야 하므로 이 방법은 옳지 않다고 본다. 태어난 곳의 위치에 따른 그 위치의 자연시각을 쓰는 것이 옳다고 본다. 가령 영국에서 영국시간으로 음력 20일 낮 12시에 태어났다면 음력 20일 오시로 봐야하는 것이지, 중국 낙양의 시간인 20일 밤 7시(유시)로 보는 것은 옳지 않다는 것이다.

마찬가지로 한국에서 태어난 사람의 명반은 한국에서 사용하는 시간을 따라 명반을 작성하는 것이 옳다.

③ 사주나 자미두수에서의 시간은 아래와 같이 정해서 쓴다.

子時	23시~01시	辰時	07시~09시	申時	15시~17시
丑時	01시~03시	巳時	09시~11시	酉時	17시~19시
寅時	03시~05시	午時	11시~13시	戌時	19시~21시
卯時	05시~07시	未時	13시~15시	亥時	21시~23시

④ 우리나라 표준시의 기준점과 기간

표준시 기준경선	기 간: 양력기준
동경 135도 동경 127도 30 동경 135도	한일합방후 (1910. 4. 1)~1954년 3월 20일 1954년 3월 21일~1961년 8월9일 1961년 8월 10일~현재

위의 표에서 동경 135도 기준의 기간에 태어난 사람들은 위의 시간에다 30분을 더해서 시를 정해야 한다. 가령 축시라면 01시 30분부터 03시 30분이 된다.

2) 기초명반을 그린다.

巳	午	未	申
辰			酉
卯			戌
寅	丑	子	亥

명반을 12로 나누어 각기 자 축 인 … 해까지 배당한다.

〈기초명반〉

참고로 칠정사여의 명반은 다음과 같다.

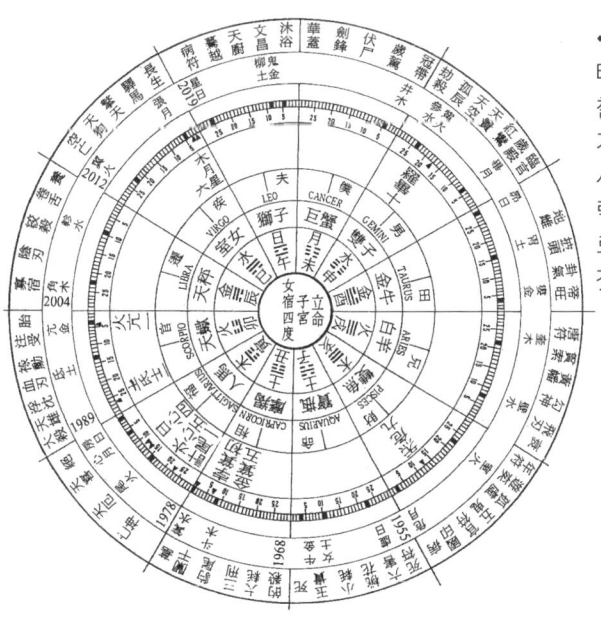

❖ 자미두수의 모태가 되는 것이 칠정사여이므로, 기초명반은 칠정사여의 명반을 간략히 표시한 것으로 이해해도 될 것이다.

또 고인들은 명반을 아래와 같이 그려서 사용했다.

❖ 고금명성도 명반의 일부

3) 십이궁 천간을 표시한다.

십이궁의 궁지지에 천간을 붙인다. 이것은 명리에서 사주를 뽑을 때 월간을 찾는 월두법(月頭法)과 같다.

생년의 천간이

甲년이나 己년생이면 인궁 위에 병을 붙여 丙寅부터 시작하고
乙년이나 庚년생이면 인궁 위에 무를 붙여 戊寅부터 시작하며
丙년이나 辛년생이면 인궁 위에 경을 붙여 庚寅부터 시작한고
丁년이나 壬년생이면 인궁 위에 임을 붙여 壬寅부터 시작하며
戊년이나 癸년생이면 인궁 위에 갑을 붙여 甲寅부터 시작한다.

실례1 을축년 1월 2일 인시생 남명

辛巳	壬午	癸未	甲申
庚辰	을축년 1월 2일 인시 남명		乙酉
己卯			丙戌
戊寅	己丑	戊子	丁亥

※ 을 또는 경년생은 인궁부터 무인·기묘 … 의 순으로 지지의 순서에 따라 궁의 천간을 붙이니 궁의 간지를 그려보면 옆 그림과 같다.

실례2 계해년 11월 29일 술시생 여명

丁巳	戊午	己未	庚申
丙辰			辛酉
乙卯	계해년 11월 29일 술시 여명		壬戌
甲寅	乙丑	甲子	癸亥

※ 무 또는 계년생은 인궁부터 갑인·을묘 … 의 순으로 지지의 순서에 따라 궁의 천간을 붙이니 궁의 간지를 그려보면 옆 그림과 같다.

실례3은 독자들이 직접 배치해보자. ⇨ 정답확인 131쪽

실례3 정미년 윤 6월 16일 자시생 남명

巳	午	未	申
辰			酉
卯	정미년 윤 6월 16일 자시 남명		戌
寅	丑	子	亥

※ 정 또는 임년생은 인궁부터 임인·계묘 … 의 순으로 지지의 순서에 따라 궁의 천간을 붙이니 궁의 간지를 그려보면 옆 그림과 같다.

4) 명궁·신궁·십이사항궁을 배치

 명궁은 자기 스스로를 대표하는 궁으로, 명궁이 명반의 기준이 된다.
 身宮은 후천의 삶 신체 등을 표시하는 명궁의 체(體)에 해당하는 궁으로, 명궁 다음으로 중요한 궁이다.
 십이사항궁은 12궁에 인생의 전반에 대한 여러 사항을 나타내는 궁으로, 명궁이 십이사항궁의 기준이 된다.

(1) 명궁을 배치한다

 명궁은 명반의 인궁에서 정월을 일으켜 순행(시계방향)하면서 태어난 생월까지 세어간 다음, 그 생월 자리에서 자시를 일으켜 생시까지 역행(시계반대방향)한 자리가 된다.

(2) 身宮을 배치한다

 身宮은 생월까지 세어가는 것은 명궁과 같지만, 생월 자리에서 자시를 일으켜 생시까지 순행(시계방향)으로 세어간 자리가 된다.
 학자에 따라서는 위 십이사항궁 중 명궁·천이궁·재백궁·관록궁만 추론이 가능하며 형제궁·자녀궁·질액궁·노복궁·전택궁·부모궁은 추론할 수 없는 궁이라고 하고, 또 身宮도 특수한 작용이 없을 뿐만 아니라, 명궁과 身宮을 쓰는 것은 모순이 있다고 하여 身宮을 사용하지 않는다고 주장하기도 한다.

  필자는 이러한 주장에 동의하지 않는다. 위에서 추론할 수 없다고 지칭한 형제궁·자녀궁·질액궁·노복궁·전택궁·부모궁도 엄연히 실제적인 길흉이 있을 뿐만 아니라 身宮도 身宮만이 가지는 특별한 의의가 있음을 수없이 경험했기 때문이다.

명궁과 신궁을 찾는 표

❖ 독자들의 편의를 위해서 명·신궁 찾는 도표를 마련했다.

생시	생월\궁	1월	2월	3월	4월	5월	6월	7월	8월	9월	10월	11월	12월
자	명·신궁	인	묘	진	사	오	미	신	유	술	해	자	축
축	명궁	축	인	묘	진	사	오	미	신	유	술	해	자
	신궁	묘	진	사	오	미	신	유	술	해	자	축	인
인	명궁	자	축	인	묘	진	사	오	미	신	유	술	해
	신궁	진	사	오	미	신	유	술	해	자	축	인	묘
묘	명궁	해	자	축	인	묘	진	사	오	미	신	유	술
	신궁	사	오	미	신	유	술	해	자	축	인	묘	진
진	명궁	술	해	자	축	인	묘	진	사	오	미	신	유
	신궁	오	미	신	유	술	해	자	축	인	묘	진	사
사	명궁	유	술	해	자	축	인	묘	진	사	오	미	신
	신궁	미	신	유	술	해	자	축	인	묘	진	사	오
오	명·신궁	신	유	술	해	자	축	인	묘	진	사	오	미
미	명궁	미	신	유	술	해	자	축	인	묘	진	사	오
	신궁	유	술	해	자	축	인	묘	진	사	오	미	신
신	명궁	오	미	신	유	술	해	자	축	인	묘	진	사
	신궁	술	해	자	축	인	묘	진	사	오	미	신	유
유	명궁	사	오	미	신	유	술	해	자	축	인	묘	진
	신궁	해	자	축	인	묘	진	사	오	미	신	유	술
술	명궁	진	사	오	미	신	유	술	해	자	축	인	묘
	신궁	자	축	인	묘	진	사	오	미	신	유	술	해
해	명궁	묘	진	사	오	미	신	유	술	해	자	축	인
	신궁	축	인	묘	진	사	오	미	신	유	술	해	자

(3) 십이사항궁을 배치한다.

명궁과 身宮이 결정되었으면 명궁을 중심으로 나머지 11궁을 정하는데,
①명궁 ②형제궁 ③부처궁 ④자녀궁 ⑤재백궁 ⑥질액궁 ⑦천이궁 ⑧노복궁 ⑨관록궁 ⑩전택궁 ⑪복덕궁 ⑫부모궁의 순서대로 역행(시계반대방향)으로 배치한다.

이 십이사항궁은 아래와 같이 약자로 표시하기도 한다.

命·兄·夫·子·財·疾·遷·奴·官·田·福·父

실례1	을축년 1월 2일 인시생 남명		
노복궁 辛巳	천이궁 壬午	질액궁 癸未	재백궁 甲申
관록궁·신궁 庚辰	을축년 1월 2일 인시 남명		자녀궁 乙酉
전택궁 己卯			부처궁 丙戌
복덕궁 戊寅	부모궁 己丑	명궁 戊子	형제궁 丁亥

① 명궁 : 인궁부터 정월을 일으키는데 1월생이므로 인궁이 곧 생월 자리가 된다. 생월 자리 인궁에서 자시를 일으켜 생시인 인시까지 역행하면 자궁에 해당하는데, 이 자궁이 명궁이 된다.
② 신궁 : 생월 자리가 인궁인데, 여기서 자시를 일으켜 생시인 인시까지 순행하면 진궁에 해당하므로 이 진궁이 身宮이 된다. 또 위의 '명궁과 신

궁을 찾는 도표'에서 1월의 인시생을 찾아 명궁이 자궁이고 신궁이 진궁임을 확인해도 된다.
③ 십이사항궁 : 따라서 명궁 자궁부터 12사항궁을 배치하면 앞(실례1) 그림과 같다.

실례2 계해년 11월 29일 술시생 여명				
전택궁 丁巳	관록궁 戊午	노복궁 己未	천이궁 庚申
복덕궁 丙辰	계해년 11월 29일 술시 여명		질액궁 辛酉
부모궁 乙卯			재백궁·신궁 壬戌
명궁 甲寅	형제궁 乙丑	부부궁 甲子	자녀궁 癸亥

① 명궁 : 인궁부터 정월을 일으켜 생월인 11월까지 순행하여 닿은 자궁이 생월 자리가 되며, 생월 자리 자궁에서 자시를 일으켜 생시인 술시까지 역행하면 인궁에 해당하므로, 이 인궁이 명궁이 된다.
② 신궁 : 생월 자리가 자궁인데, 여기서 자시를 일으켜 생시인 술시까지 순행하면 술궁에 해당하므로, 이 술궁이 身宮이 된다. 또 위의 『명궁과 신궁을 찾는 도표』에서 11월의 술시생을 찾아 명궁이 인궁이고 신궁이 술궁임을 확인해도 된다.
③ 십이사항궁 : 따라서 명궁 인궁부터 12사항궁을 배치하면 위 그림과 같다.

실례 3은 독자들이 직접 배치해보자. ⇨ 정답확인 131쪽

실례3 정미년 윤 6월 16일 자시생 남명				
乙 궁 巳	丙 궁 午	丁 궁 未	戊 궁 申
甲 궁 辰	정미년 윤 6월 16일 자시 남명		己 궁 酉
癸 궁 卯			庚 궁 戌
壬 궁 寅	癸 궁 丑	壬 궁 子	辛 궁 亥

윤달에 해당하므로 음력 날짜에 따라 월을 다시 확인해줄 필요가 있다. 16일 이후이므로 7월과 같이 본다. 만약 이 명이 15일 이전에 태어났다면 6월로 본다.

① 명궁 : 인궁부터 정월을 일으켜 생월인 7월까지 순행하여 닿은 申宮이 생월 자리가 되며, 생월 자리 申宮에서 자시를 일으키는데 생시가 자시이니 생월자리 申宮이 곧 명궁이 된다.

② 신궁 : 생월 자리가 申宮인데, 여기서 자시를 일으켜 생시인 자시까지 순행한 곳이 身宮이나 생시가 자시이니 생월자리 申宮이 곧 身宮이 된다. 이 명은 명·신궁이 같다. 또 위의 『명궁과 신궁을 찾는 도표』에서 6월의 자시생을 찾아 명궁과 身宮이 모두 申宮임을 확인해도 된다.

③ 십이사항궁 : 명궁 인궁부터 12사항궁을 배치하면 위 그림과 같다.

5) 국수를 정하고 자미를 배치한다

자미는 모든 성의 기준이 되는, 하늘의 기틀이 되는 별이다. 14정성을 명반에 배치할 때 자미성의 위치에 따라 나머지 13개 정성의 위치가 결정되므로, 자미성을 찾는 것은 아주 중요하다.

자미성을 찾는 방법은 조금 번잡하기는 하나, 설명을 따라 가면 크게 어렵지 않을 것이다.

(1) 명궁의 납음오행에 따라 국수를 정한다

명궁 간지의 납음오행을 찾는다. 어떤 분들은 명궁이 좌한 궁의 천간지지를 기준하지 않고 태어난 생년간지의 납음을 찾는 경우가 있는데, 이것은 옳지 않다.

반드시 "명궁 간지"의 납음오행이 기준이 되어야 한다.

그리고 납음오행을 알았다면 납음오행에 따른 오행의 국수(局數)를 알아야 한다.

납음오행이 목이면 목3국, 화라면 화6국, 토라면 토5국, 금이면 금4국, 수라면 수2국이 된다. 이 납음오행에 따른 국의 숫자는 자미를 찾는데 사용될 뿐만 아니라 대운수를 결정하는 기준이 되기 때문에 반드시 기억하고 있어야 한다.

木은 3局, 火는 6局, 土는 5局, 金은 4局, 水는 2局이 된다.

※ 여기서 3국이니 4국이니 하는 숫자는 모두 오행의 생수를 쓴다. 즉 목의 수는 3과 8인데 그중 생수는 3이므로 3국이 되고, 토의 수는 5와 10인데 5가 생수이므로 5국이 되며, 금의 수는 4와 9인데 4가 생수이므로 4국이 된다. 다만 화와 수는 오행의 정수이고, 하도에서 남과 북의 정방향을 맡아 음과 양의 기준이 되며, 또한 서로간에 교류가 이루어져야 만물이 생존할 수 있으므로 서로 상대방의 수를 쓴다. 그것도 수의 수는 이루어짐을 중시하여 성수인 6을 쓰고, 화의 수는 생겨나는 것을 중시하여 생수인 2를 쓰는 것이다. 그래서 수는 2국이 되고, 화는 6국이 되는 것이다.

이렇게 하도(河圖)의 이치를 원용했기 때문에 "하락이수와 서로 짝이 된다"고 한 것이다.

(2) 납음오행 찾는 법

아래에 제시한 육십갑자 납음표와, 명궁간지별 납음오행국 분류표를 활용하라.

육십갑자 납음표

갑자 을축 해중금	병인 정묘 노중화	무진 기사 대림목	경오 신미 노방토	임신 계유 검봉금	갑술 을해 산두화
병자 정축 간하수	무인 기묘 성두토	경진 신사 백랍금	임오 계미 양류목	갑신 을유 천중수	병술 정해 옥상토
무자 기축 벽력화	경인 신묘 송백목	임진 계사 장류수	갑오 을미 사중금	병신 정유 산하화	무술 기해 평지목
경자 신축 벽상토	임인 계묘 금박금	갑진 을사 복등화	병오 정미 천하수	무신 기유 대역토	경술 신해 차천금
임자 계축 상자목	갑인 을묘 대계수	병진 정사 사중토	무오 기미 천상화	경신 신유 석류목	임술 계해 대해수

명궁간지별 납음오행국 분류표

명궁천간 \ 명궁지지	자축	인묘	진사	오미	신유	술해
갑을	금4국	수2국	화6국	금4국	수2국	화6국
병정	수2국	화6국	토5국	수2국	화6국	토5국
무기	화6국	토5국	목3국	화6국	토5국	목3국
경신	토5국	목3국	금4국	토5국	목3국	금4국
임계	목3국	금4국	수2국	목3국	금4국	수2국

※ 명궁간지별 납음오행국 분류표를 살펴보면 일정한 기준이 있음을 알 수 있다. 자축과 오미, 인묘와 신유, 진사와 술해의 납음오행이 같고, 각 지지가 같다고 할 때 명궁천간 두 개 마다의 진행에 따라 납음오행이 변하는데, 이 납음오행은 금·수·화·토·목·금 … 의 일정한 순서를 따르고 있음을 볼 수 있다.

이것을 알기 쉽게 표현하면 다음과 같다.

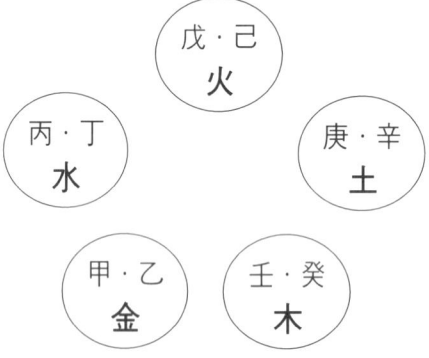

간지의 천간을 기준하여 해당하는 위치의 오행을 찾은 다음 그 위치부터 자축·인묘·진사의 순서 또는 오미·신유·술해의 순서대로 한칸씩 순행으로 진행시켜 닿는 곳이 납음오행이 된다.

예를 들어 계해에서 계는 목에 해당하므로, 목이 위치한 곳에서 시작하여 오미는 목, 신유는 금, 술해는 수가 있는 위치에 해당하므로 계해의 납음오행은 수가 된다.
또 을묘라면 을은 금에 해당하므로, 금이 위치한 곳에서 시작하여 자축은 금, 인묘는 수가 있는 위치에 해당하므로 을묘의 납음오행은 수가 된다.
어렵지 않은 규칙이므로 조금만 들여다보고 연습한다면 쉽게 응용할 수 있을 것이다.

(3) 자미 찾는 법

국수와 생일에 따른 자미의 위치는 다음과 같다.

국수와 생일에 따른 자미의 위치

생일\국	화 6 국	토 5 국	금 4 국	목 3 국	수 2 국
1	유	오	해	진	축
2	오	해	진	축	인
3	해	진	축	인	인
4	진	축	인	사	묘
5	축	인	자	인	묘
6	인	미	사	묘	진
7	술	자	인	오	진
8	미	사	묘	묘	사
9	자	인	축	진	사
10	사	묘	오	미	오
11	인	신	묘	진	오
12	묘	축	진	사	미
13	해	오	인	신	미
14	신	묘	미	사	신
15	축	진	진	오	신
16	오	유	사	유	유
17	묘	인	묘	오	유
18	진	미	신	미	술
19	자	진	사	술	술
20	유	사	오	미	해
21	인	술	진	신	해
22	미	묘	유	해	자
23	진	신	오	신	자
24	사	사	미	유	축
25	축	오	사	자	축
26	술	해	술	유	인
27	묘	진	미	술	인
28	신	유	신	축	묘
29	사	오	오	술	묘
30	오	미	해	해	진

※ 도표를 보면 복잡해 보이나, 자미를 찾는 공식이 있다. 자미는 날짜와 국수를 가지고 다음의 공식으로 찾는다.

$$몫수 = \frac{생일 + 보수}{국수}$$

단 몫수는 반드시 0보다 커야 하고, 보수는 0보다 크고 국수보다 작아야 한다. 여기서 보수는 생일이 국수로 나누어서 자연수가 되도록 하는 값이며, 몫수는 '생일 + 보수'를 국수로 나눈 값을 말한다.
보수가 홀수인 경우 자미는 인궁에서 1을 일으켜 몫수 만큼 순행(시계방향)한 곳에서 보수만큼 역행(시계반대방향)한 곳에 있고,
보수가 짝수인 경우 자미는 인궁에서 1을 일으켜 몫수 만큼 순행(시계방향)한 곳에서 보수만큼 순행(시계방향)한 곳에 있다.

보수가 홀수인 경우 자미궁 = 인궁 + (몫수-1) · 보수
보수가 짝수인 경우 자미궁 = 인궁 + (몫수-1) + 보수

아래 예제의 설명을 따라 연습해 보면 쉽게 알 수 있을 것이다.

실례1	**을축년 1월 2일 인시생 남명**		
노복궁 辛巳	자미 壬 천이궁 午	癸 질액궁 未	재백궁 甲申
관록궁·신궁 庚辰	을축년 1월 2일 인시 남명 화6국		자녀궁 乙酉
전택궁 己卯			부처궁 丙戌
복덕궁 戊寅	부모궁 己丑	명궁 戊子	형제궁 丁亥

　자궁이 명궁이므로 자궁 간지 무자의 납음오행을 우선 찾는다. 무는 火에 해당하므로 화가 위치한 곳에서 시작하여 자축은 화, 인묘는 토, 진사는 목이 되는데, 자는 화에 해당하므로 무자의 납음오행은 화가 되고 국수는 화6국이 된다.

　생일이 2일이고 국수가 6이다. 2가 국수인 6으로 나누어 떨어지려면 4를 더해야 하므로 보수는 4이고, 날짜 2와 보수 4를 더한 값을 국수 6으로 나눈 몫수는 1이 된다.

$$\frac{생일(2)+보수(4)}{국수(6)} = 몫수(1)$$

　인궁에서 몫수 1을 일으켜 인궁에서 1을 일으켜 1만큼 이동하면 인궁에 해당한다. 보수가 짝수이므로, 몫수만큼 진행한 곳인 인궁부터 나머지수 4만큼 순행한 곳에 자미가 있다. 묘궁 1, 진궁 2, 사궁 3, 오궁 4가 되므로 오궁에 자미가 있다.

실례2	계해년 11월 29일 술시생 여명			
전택궁	丁巳	관록궁 戊午	노복궁 己未	천이궁 庚申
복덕궁	丙辰	계해년 11월 29일 술시 여명 수2국		질액궁 辛酉
부모궁	자미 乙卯			재백·신궁 壬戌
명궁	甲寅	형제궁 乙丑	부부궁 甲子	자녀궁 癸亥

인궁이 명궁이므로 인궁 간지 갑인의 납음오행을 우선 찾는다. 갑은 금에 해당하므로 금이 위치한 곳에서 시작하여 자축은 금, 인묘는 수, 진사는 화가 되는데, 인은 수에 해당하므로 갑인의 납음오행은 수가 되고 국수는 수2국이 된다.

생일이 29일이고 국수가 2이다. 29가 국수인 2로 나누어 떨어지려면 1을 더해야 하므로 보수는 1이고, 생일 29와 보수 1을 더한 값을 국수 2로 나눈 몫수는 15가 된다.

$$\frac{생일(29)+보수(1)}{국수(2)} = 몫수(15)$$

인궁에서 몫수 1을 일으켜 몫수 15만큼 이동하면 진궁에 해당한다. 보수가 홀수이므로, 몫수만큼 진행한 곳인 진궁에서 보수만큼 역행한 곳에 자미가 있는데, 나머지수가 1이므로 묘궁에 자미가 있다.

실례3	정미년 윤 6월 16일 자시생 남명		
乙巳 자녀궁	丙午 부처궁	丁未 형제궁	戊申 명·신궁
甲辰 재백궁	정미년 윤 6월 16일 자시 남명 토5국		자미 부모궁 己酉
癸卯 질액궁			庚戌 복덕궁
壬寅 천이궁	癸丑 노복궁	壬子 관록궁	辛亥 전택궁

申궁이 명궁이므로 축궁 간지 무신의 납음오행을 우선 찾는다. 무는 화에 해당하므로 화가 위치한 곳에서 시작하여 오미는 화, 신유는 토, 술해는 목이 되는데, 신은 토에 해당하므로 무신의 납음오행은 토가 되고 국수는 토5국이 된다.

생일이 16일이고 국수가 5이다. 16이 국수인 5로 나누어 떨어지려면 4을 더해야 하므로 보수는 4이고, 생일 16과 보수 4를 더한 값을 국수 5로 나눈 몫수는 4가 된다.

$$\frac{생일(16)+보수(4)}{국수(5)} = 몫수(4)$$

인궁에서 몫수 1을 일으켜 4만큼 이동하면 사궁에 해당한다. 보수가 짝수이므로, 몫수만큼 이동한 곳인 사궁에서 보수만큼 순행한 곳에 자미가 있는데, 나머지수가 4이므로 오궁 1, 미궁 2, 신궁 3, 유궁 4가 되므로 유궁에 자미가 있다.

6) 14정성을 배치한다.

자미두수에서 사용하는 성은 크게 14정성·보좌성·사화성·잡성의 네 가지로 나눌 수 있다.

그 중에서 14정성은 자미두수에서 가장 영향력이 큰 성이며, 나머지 보좌성·사화성·잡성은 14정성에 대해 길흉의 변화를 가져다주는 촉매역할만을 할 뿐이다.

이렇게 중요한 14정성은 자미성계 6성과 천부성계 8성으로 구성되어 있으며, 자미성이 좌하는 자리가 정해지면 배치되는 규칙에 의해 나머지 성들도 자리가 정해지게 된다.

(1) 자미성계의 배치

우선 자미성계는 아래와 같은 규칙에 의해 시계반대방향으로 배치된다. ○표시는 한 칸 건너뛴다는 표시다.

자미(紫微)→ **천기**(天機)→ ○ → **태양**(太陽)→ **무곡**(武曲)→ **천동**(天同)→ ○ → ○ → **염정**(廉貞)

아래와 같이 약자로 표기하기도 한다.

紫→機→○→陽→武→同→○→○→貞

(2) 천부성계의 배치

천부성계를 배치하기 위해서는 우선 천부부터 찾아야 하는데, 인신궁을 잇는 선을 기준하여 자미와 대칭되는 곳에 천부가 배치된다. 즉 다음 그림과 같이 배치된다.

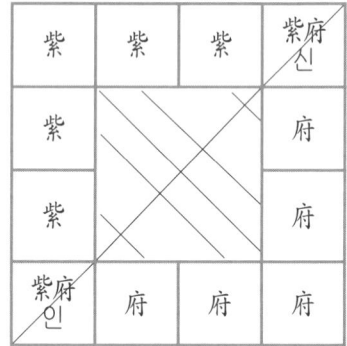

천부성을 찾았으니 천부성계도 아래와 같은 규칙에 의해 시계방향으로 배치되며 ○ 표시는 한칸 건너뛴다는 표시다.

천부(天府)→ **태음**(太陰)→ **탐랑**(貪狼)→ **거문**(巨門)→ **천상**(天相)→ **천량**(天梁)→ **칠살**(七殺)→ ○ → ○ → ○ → **파군**(破軍)

아래와 같이 약자로 표기하기도 한다.

府→陰→貪→巨→相→梁→殺→○→○→○→破

실례1　을축년 1월 2일 인시생 남명

천기 辛巳 노복궁	자미 壬午 천이궁	癸未 질액궁	파군 甲申 재백궁
칠살 庚辰 관록·신궁	을축년 1월 2일 인시 남명 화6국		乙酉 자녀궁
천량 태양 己卯 전택궁			천부 염정 丙戌 부처궁
천상 천무곡 戊寅 복덕궁	거문 천동 己丑 부모궁	탐랑 戊子 명궁	태음 丁亥 형제궁

※ 자미를 기준하여 자미·천기·태양·무곡·천동·염정 등 자미성계 성을 정해진 순서에 의해 시계반대방향으로 배치한다. 이 명은 오궁에 자미가 있으므로 오궁부터 시계반대방향으로 배치한다. 자미가 오궁에 있으므로 천부는 술궁에 있다. 술궁에 천부를 배치하고 천부·태음·탐랑·거문·천상·천량·칠살·파군의 천부성계 성을 정해진 순서에 의해 시계방향으로 배치한다.

실례2　계해년 11월 29일 술시생 여명

천상 丁巳 전택궁	천량 戊午 관록궁	칠살 염정 己未 노복궁	庚申 천이궁
거문 丙辰 복덕궁	계해년 11월 29일 술시 여명 수2국		辛酉 질액궁
탐랑 자미 乙卯 부모궁			천동 壬戌 재백·신궁
태음 천기 甲寅 명궁	천부 乙丑 형제궁	태양 甲子 부부궁	파군 무곡 癸亥 자녀궁

※ 이 명은 묘궁에 자미가 있으므로 사궁부터 시계반대방향으로 자미성계를 배치한다.
자미가 묘궁에 있으므로 천부는 축궁에 있다. 축궁부터 시계방향으로 천부성계를 배치한다.

실례 3은 독자들이 직접 배치해보자. ⇨ 정답확인 132쪽

[실례3] 정미년 윤 6월 16일 자시생 남명

乙巳 자녀궁	丙午 부처궁	丁未 형제궁	戊申 명·신궁
甲辰 재백궁	정미년 윤 6월 16일 자시 남명 토5국		己酉 부모궁
癸卯 질액궁			庚戌 복덕궁
壬寅 천이궁	癸丑 노복궁	壬子 관록궁	辛亥 전택궁

※ 이 명은 유궁에 자미가 있으므로 유궁부터 시계반대방향으로 자미성계를 배치한다.

자미가 유궁에 있으므로 천부는 미궁에 있다. 미궁부터 시계방향으로 천부성계를 배치한다.

7) 보좌살성을 배치한다

보좌살성이란 보성(輔星), 좌성(佐星), 살성(煞星)의 14개성을 통칭한 말로 중주파에서 분류하는 방법이다.

일반적으로는 육길성·육살성·록마로 구별하지만, 중주파에서는 이것을 보성·좌성·살성으로 구분하는데, 매우 합리적인 구분법이므로 필자도 중주파의 구분을 사용하고 있다.

(1) 보성(輔星)

보성(輔星)이란 자기의 노력과는 상관없이 조력이 있는 성을 말하는데, 좌보·우필·천괴·천월의 네 성을 말한다.

좌보(左輔) 진궁에서 정월을 일으켜 자기 생일까지 순행한다.

우필(右弼) 술궁에서 정월을 일으켜 자기 생월까지 역행한다.

천괴(天魁)·천월(天鉞) 생년 천간을 기준으로 찾는다. 가령 갑년이나 무년이나 경년생이라면 천괴가 축궁, 천월이 미궁에 있게 되는 식이다.

년간	갑·무·경	을·기	병·정	신	임·계
천괴	축	자	해	오	묘
천월	미	신	유	인	사

(2) 좌성(佐星)

좌성(佐星)이란 자기의 노력이 없으면 성의 길한 작용이 나타나지 않는 성으로, 문창·문곡·록존·천마의 네 성을 말한다.

문창(文昌) 술궁에서 자시를 일으켜 자기 생시까지 역행한다.

문곡(文曲) 진궁에서 자시를 일으켜 자기 생시까지 순행한다.

록존(祿存) 생년천간을 기준으로 찾는다. 사주명리의 건록(建祿)과 유사하며, 지지의 지장간 중 정기(正氣)가 천간과 같은 것에 해당하나, 토는 화와 생사를 같이하여 화와 같이 본다.

녹존을 찾는 법은 살성에 해당하는 경양·타라와 같이 찾아야 이해가 빠른데, 일단 아래 표를 보고 나면 설명하기 쉽다.

성＼년간	갑	을	병·무	정·기	경	신	임	계
타라	축	인	진	사	미	신	술	해
녹존	인	묘	사	오	신	유	해	자
경양	묘	진	오	미	유	술	자	축

※ 위의 도표에서 보듯이 녹존이 있는 궁의 앞(시계방향)에는 반드시 경양이 있게 되고 녹존이 있는 궁의 뒤(시계반대방향)에는 반드시 타라가 있게 된다.

천마(天馬) 천마는 년지기준으로 찾으며 자기가 태어난 생년지지의 삼합 첫 자를 충하는 지지에 천마가 있게 된다.

예를 들어 인오술년생은 申궁에 천마가 있게 된다. 또 예를들어 갑신년생이라면, 신의 삼합은 신자진이고 신자진 삼합의 첫 자인 신을 충하는 지지는 인이므로 인궁에 천마가 있게 된다. 학자에 따라서는 천마를 월기준으로 찾는 경우가 있으나 년지기준을 따르고 있다.

(3) 살성(煞星)

살성이란 일반적으로 육살성이라고 불리는 6개의 해악이 큰 성, 즉 경양·타라·화성·영성·지공·지겁의 6개 살성을 말한다.

경양(擎羊)·타라(陀羅) 경양·타라는 위 좌성의 설명 중 '녹존' 편의 도표를 참고하라. 역시 년간기준으로 찾으며, 녹존만 찾으면 경양·타라는 쉽게 찾을 수 있다. 경양은 양인(羊刃)이라고도 한다.

화성(火星)·영성(鈴星) 화성·영성은 생년지지 삼합궁을 기준으로 아래와 같은 지지에서 자시를 일으켜 화성·영성 공히 자기 생시까지 순행한다.

생년支	인오술년	신자진년	사유축년	해묘미년
화성	축	인	묘	유
영성	묘	술	술	술

※ 가령 갑오년 술시생이라면 위의 도표에서 인오술년생에 해당하므로 축궁에서 자를 일으켜 술시까지 순행한 해궁에 화성이 있게 되고, 영성은 묘궁에서 자시를 일으켜 술시까지 순행한 축궁에 있게 되는 것이다. 신자진년생은 화령이 삼합궁에 있게 되고, 인오술생은 화령이 협하게 되며, 사유축생은 화령이 만나지 않고, 해묘미생은 화령이 서로 인접해 있게 된다.

지공(地空)·지겁(地劫) 지공과 지겁은 생시를 기준으로 찾는다. 지공은 해궁에서 자시를 일으켜 생시까지 역행한 자리에 있고, 지겁은 해궁에서 자시를 일으켜 생시까지 순행한 자리에 있다.

예를 들어 진시생이라면 해궁에서 자시를 일으켜 역행으로 진시까지 간 미궁에 지공이 있게 되고, 해궁에서 자시를 일으켜 순행으로 진시까지 간 묘궁에 지겁이 있게 된다.

자·오시생은 해·사궁에서 겁공이 동궁하고, 묘·유시생은 인·신궁에서 겁공이 마주보게 되며, 축·해시생은 해궁을, 사·미시생은 사궁을 협하고, 인·술시생은 사궁에서 겁공을 삼합으로 보고, 진·신시생은 해궁에서 겁공을 삼합으로 본다.

좌보	우필	천괴	천월	문창	문곡	녹존	천마	화성	영성	경양	타라	지공	지겁
左	右	魁	鉞	昌	曲	祿	馬	火	鈴	羊	陀	空	劫

보통 명반을 작성할 때 번거로움을 피하기 위해 흔히 위의 성들을 아래와 같은 약자로 표기하며 사용하기도 한다.

이제 앞에서 설명한 보좌살성을 명반에 배치한 실례를 든다.

실례1 을축년 1월 2일 인시생 남명

화천 성기 辛 노복궁 巳	문자 곡미 壬 천이궁 午	癸 질액궁 未	천문파 월창군 甲 재백궁 申
경좌칠 양보살 庚 관록궁·신궁 辰	을축년 1월 2일 인시 남명 화6국		지 공 乙 자녀궁 酉
녹천태 존량양 己 전택궁 卯			우천염 필부정 丙 부처궁 戌
타천무 라상곡 戊 복덕궁 寅	지거천 겁문동 己 부모궁 丑	영천탐 성괴랑 戊 명궁 子	천태 마음 丁 형제궁 亥

① 좌보는 진궁에서 정월을 일으켜 생월까지 순행한 곳에 배치되는데, 생월이 1월이므로 진궁에 배치된다.
② 우필은 술궁에서 정월을 일으켜 생월까지 역행한 곳에 배치되는데, 생월이 1월이므로 술궁에 배치된다.
③ 을년생의 천과·천월은 자궁과 申宮에 각각 놓인다.
④ 문창은 술궁에서 자시를 일으켜 생시까지 역행한 곳에 배치되는데, 인시이므로 술궁 자, 유궁 축, 신궁 인의 순서를 따라가면 申宮에 해당하니 문창은 申宮에 배치된다.
⑤ 문곡은 진궁에서 자시를 일으켜 생시까지 순행한 곳에 배치되는데, 인시이므로 진궁 자, 사궁 축, 오궁 인의 순서를 따라가면 오궁에 해당하니 문곡은 오궁에 배치된다.
⑥ 을년생의 녹존은 묘궁에 있으니 묘궁에 녹존이 배치된다.
⑦ 천마는 생년지의 삼합 첫글자를 충하는 궁에 배치되는데, 축년생이므로 사유축의 첫 자 사와 상충하는 해궁에 배치된다.
⑧ 녹존의 앞 궁에 경양이 있고 뒷 궁에 타라가 있는데, 녹존이 묘궁에 있으므로 묘궁의 앞 궁인 진궁에 경양이, 묘궁의 뒷 궁인 인궁에 타라가 배치된다.
⑨ 사유축년은 묘궁에서 자시를 일으켜 생시만큼 순행한 곳에 화성이 있으므로, 묘궁 자·진궁 축·사궁 인의 순서를 따라가면 사궁에 화성이 배치된다. 영성은 술궁에서 자시를 일으켜 생시만큼 순행한 곳에 있으므로, 술궁 자·해궁 축·자궁 인의 순서를 따라가면 자궁에 영성이 배치된다.
⑩ 지공은 해궁에서 자시를 일으켜 생시까지 역행한 곳에 배치되는데, 생시인 인시까지 해궁 자, 술궁 축, 유궁 인의 순서를 따라가면 유궁에 지공이 배치된다. 지겁은 해궁에서 자시를 일으켜 생시까지 순행한 곳에 배치되는데, 생시인 인시까지 해궁 자·자궁 축·축궁 인의 순서를 따라가면 축궁에 지겁이 배치된다.

※ 이와 같은 순서대로 예2의 보좌성과 살성을 배치하면 다음과 같다.

실례2 계해년 11월 29일 술시생 여명

천천천 마월상 丁 전택궁 巳	천 량 戊 관록궁 午	화칠염 성살정 己 노복궁 未	영 성 庚 천이궁 申
거 문 丙 복덕궁 辰	계해년 11월 29일 술시 여명 수2국		지 겁 辛 질액궁 酉
천탐자 괴랑미 乙 부모궁 卯			천 동 壬 재백궁·신궁 戌
문좌태천 곡보음기 甲 명궁 寅	지경천 공양부 乙 형제궁 丑	녹문우태 존창필양 甲 부부궁 子	타파무 라군곡 癸 자녀궁 亥

실례 3은 독자들이 직접 배치해보자. ⇨ 정답확인 132쪽

실례3 정미년 윤 6월 16일 자시생 남명

파무 군곡 乙 자녀궁 巳	태 양 丙 부처궁 午	천 부 丁 형제궁 未	태천 음기 戊 명궁·신궁 申
천 동 甲 재백궁 辰	정미년 윤 6월 16일 자시 남명 토5국		탐자 랑미 己 부모궁 酉
癸 질액궁 卯			거 문 庚 복덕궁 戌
壬 천이궁 寅	칠염 살정 癸 노복궁 丑	천 량 壬 관록궁 子	천 상 辛 전택궁 亥

8) 십간에 사화(四化)를 배치한다

사화는 십천간마다 네 개씩 있는데, 화록(化祿) 화권(化權) 화과(化科) 화기(化忌)라고 하며, 흔히 祿·權·科·忌로 줄여 부르기도 한다.

사화는 엄밀한 의미에서 성은 아니다. 이 사화는 명리에서 용신에 비견될 만큼 자미두수에서 핵심적인 작용을 하므로 각 십간별 사화를 반드시 외워야 한다. 사화는 다른 성과 달리 운에서도 운의 천간에 따라 특정 정성이나 보좌성에 붙어 길흉의 변화를 일으키므로 자유자재로 붙일 수 있어야 한다.

❖ 사화
1. 화록(化祿) = 록
2. 화권(化權) = 권
3. 화과(化科) = 과
4. 화기(化忌) = 기

십간사화를 찾는 표

年干\\四化	갑년	을년	병년	정년	무년	기년	경년	신년	임년	계년
化祿	염정	천기	천동	태음	탐랑	무곡	태양	거문	천량	파군
化權	파군	천량	천기	천동	태음	탐랑	무곡	태양	자미	거문
化科	무곡	자미	문창	천기	우필	천량	태음	문곡	좌보	태음
化忌	태양	태음	염정	거문	천기	문곡	천동	문창	무곡	탐랑

위의 표는 천간 별로 사화가 붙는 성을 표시한 것이다.

보는 방법은 자기가 태어난 생년 천간이 甲이면 염정이란 성에 화록, 파군에 화권, 무곡에 화과, 태양에 화기가 붙는다는 뜻이다. 흔히 화록이 붙은 염정을 염정화록, 화권이 붙은 파군을 파군화권, 화과가 붙은 무곡을 무곡화과, 화기가 붙은 태양을 태양화기 하는 식으로 읽는다. 또 생년천간이 乙라면 무곡에 화록이, 탐랑에 화권이, 천량에 화과가, 문곡에 화기가 붙는다는 뜻이다.

나머지 천간도 이와 같이 하며 위의 표를 아래처럼 간단하게 약자로 외우면서 사용하고 표기하기도 하니 숙지하고 있어야 한다.

갑염파무양(甲廉破武陽)   을기량자월(乙機梁紫月)
병동기창염(丙同機昌廉)   정월동기거(丁月同機巨)
무탐월필기(戊貪月弼機)   기무탐량곡(己武貪梁曲)
경일무음동(庚日武陰同)   신거일곡창(辛巨陽曲昌)
임량자보무(壬梁紫輔武)   계파거음탐(癸破巨陰貪)

❖ 을간이나 정간에서 '월'은 태음을 말하는 것이고 경간의 '일'은 태양을 표시한 것이다.

실례1 을축년 1월 2일 인시생 남명

화천 성기 록 辛 노복궁 巳	문자 곡미 과 壬 천이궁 午	癸 질액궁 未	천문파 월창군 甲 재백궁 申
경좌칠 양보살 庚 관록궁·신궁 辰	을축년 1월 2일 인시 남명 화6국		지 공 乙 자녀궁 酉
녹천태 존량양 권 己 전택궁 卯			우천염 필부정 丙 부처궁 戌
타천무 라상곡 戊 복덕궁 寅	지거천 겁문동 己 부모궁 丑	영천탐 성괴랑 戊 명궁 子	천태 마음 기 丁 형제궁 亥

※ 년간이 을간이므로
기·량·자·월의 순서대로
록·권·과·기를 붙이면,
천기에 화록,
천량에 화권,
자미에 화과,
태음에 화기가
각각 표시된다.

실례2 계해년 11월 29일 술시생 여명

천천천 마월상 전택궁	丁巳	천 량 관록궁	戊午	화칠염 성살정 己 노복궁	未	영 성 천이궁	庚申
천거 괴문 **권** 丙 복덕궁	辰	계해년 11월 29일 술시 여명 수2국				지 겁 질액궁	辛酉
탐자 랑미 **기** 乙 부모궁	卯					천 동 壬 재백궁·신궁	戌
문좌태천 곡보음기 **과** 甲 명궁	寅	지경천 공양부 乙 형제궁	丑	녹문우태 존창필양 甲 부부궁	子	타파무 라군곡 **록** 癸 자녀궁	亥

※ 년간이 계간이므로
파·거·음·탐의 순서대로
록·권·과·기를 붙이면,
파군에 화록,
거문에 화권,
태음에 화과,
탐랑에 화기가
각각 표시된다.

실례 3은 독자들이 직접 배채해보자. ⇨ 정답확인 133쪽

실례3 정미년 윤 6월 16일 자시생 남명

천타파무 마라군곡 乙 사녀궁	巳	녹태 존양 丙 부처궁	午	경천 양부 丁 형제궁	未	태천 음기 戊 명궁·신궁	申
문우천 곡필동 甲辰 재백궁		정미년 윤 6월 16일 자시 남명 토5국				화천탐자 성월랑미 己 부모궁	酉
癸卯 질액궁						영문좌거 성창보문 庚 복덕궁	戌
壬寅 천이궁		칠염 살정 癸 노복궁	丑	천 량 壬 관록궁	子	지지천 겁공상 辛 전택궁	亥

※ 년간이 정간이므로
월·동·기·거의 순서대로
록·권·과·기를 붙이므로,
태음에 화록,
천동에 화권,
천기에 화과,
거문에 화기가
각각 표시된다.

9) 대운수와 대한을 정한다

　대한(大限)이란 10년 단위의 운을 말하는 것으로, 명리에서 말하는 대운과 같다. 명궁의 납음오행에 따른 국수가 곧 대운수가 되며, 국수가 대한의 시작 나이가 된다.
　대한은 남녀와 생년천간의 음양에 의해 그 진행방향이 달라진다. 생년천간이 갑·병·무·경·임의 양간에 해당하면 양년, 을·정·기·신·계의 음간에 해당하면 음년이라고 한다.

실례1　을축년 1월 2일 인시생 남명

화천성기록 (76~85) 辛巳 노복궁	문자곡미과 (66~75) 壬午 천이궁	(56~65) 癸未 질액궁	천문파월창군 (46~55) 甲申 재백궁
경좌칠양보살 (86~95) 庚辰 관록궁·신궁	을축년 1월 2일 인시 남명 화6국		지공 (36~45) 乙酉 자녀궁
녹천태존량양권 己卯 전택궁			우천염필부정 (26~35) 丙戌 부처궁
타천무라상곡 戊寅 복덕궁	지거천겁문동 己丑 부모궁	영천탐성괴랑 (6~15) 戊子 명궁	천태마음기 (16~25) 丁亥 형제궁

❖ 양남음녀면 대한을 명궁에서 일으켜 순행하고, 음남양녀면 대한을 명궁에서 일으켜 역행한다.

※ 국수가 화6국이므로 대한은 6~15, 16~25, 26~35 … 의 순으로 나누어진다. 을축년은 음년이고 남명이니, 음남양녀의 조건대로 대한은 명궁에서 역행한다.

실례2 계해년 11월 29일 술시생 여명

천천천 마월상 (32~41) 丁 전택궁 巳	천 량 (42~51) 戊 관록궁 午	화칠염 성살정 (52~61) 己 노복궁 未	영 성 (62~71) 庚 천이궁 申
천거 괴문 권 (22~31) 丙 복덕궁 辰	계해년 11월 29일 술시 여명 수2국		지 겁 (72~81) 辛 질액궁 酉
탐자 랑미 기 (12~21) 乙 부모궁 卯			천 동 (82~91) 壬 재백궁·신 궁 戌
문죄태천 곡보음기 과 (2~11) 甲 명궁 寅	지경천 공양부 乙 형제궁 丑	녹문우태 존창필양 甲 부부궁 子	타파무 라군곡 록 癸 자녀궁 亥

※ 국수가 수2국이므로 대한은 2~11, 12~21, 22~31 … 의 순으로 나누어진다. 계해년은 음년이고 여명이니 양남음녀의 조건대로 대한은 명궁에서 순행한다. 간혹 시중에 나온 책중에 대운을 명궁에서 시작하지 않고 양남음녀는 부모궁부터 시작하고 음남양녀는 형제궁부터 시작한다고 되어 있는 경우가 있으나 이는 잘못된 것이다.

실례 3은 독자들이 직접 배채해보자. ⇨ 정답확인 133쪽

실례3 정미년 윤 6월 16일 자시생 남명

천타파무 마라군곡 ( ) 乙 자녀궁 巳	녹태 존양 ( ) 丙 부처궁 午	경천 양부 ( ) 丁 형제궁 未	태천 음기 록과 ( ) 戊 명궁·신궁 申
문우천 곡필동 권 ( ) 甲 재백궁 辰	정미년 윤 6월 16일 자시 남명 토5국		화천탐자 성월랑미 ( ) 己 부모궁 酉
( ) 癸 질액궁 卯			영문좌거 성창보문 기 ( ) 庚 복덕궁 戌
( ) 壬 천이궁 寅	칠염 살정 ( ) 癸 노복궁 丑	천 량 ( ) 壬 관록궁 子	지지천 겁공상 ( ) 辛 전택궁 亥

※ 국수가 토5국이므로 대한은 5~14, 15~24, 25~34 … 의 순으로 나누어진다. 정미년은 음년이고 남명이니 음남양녀의 조건대로 대한은 명궁에서 역행한다.

10) 잡성을 배치한다.

지금까지 자미두수의 뼈대를 이루는 14정성과 보좌살성, 사화 배치를 설명했다.
이제부터 이 세 가지 범주에 들지 않은 기타 잡성들에 대한 배치법을 설명한다.
학자에 따라서는 14정성과 보좌성·살성만으로 충분히 추명을 할 수 있다고 하나, 잡성을 도외시하면 운용이 매우 제한되어 자세한 통변을 할 수 없기 때문에 잡성을 도외시하는 것은 옳은 방법이 아니다.

자미두수학파나 학자들이 모두 필자처럼 성을 14정성·보좌성·살성·사화성·잡성으로 분류하는 것은 아니며, 필자의 이러한 분류법은 대체적으로 중주파의 견해를 따른 것이다.
그러나 대만의 혜심제주와 같은 학자는 필자처럼 분류하지 않고 116개의 성을 중요도에 따라 갑급(甲級)·을급(乙級)·병급(丙級)·정급(丁級)·무급(戊級)으로 분류해 사용하는데, 이러한 구분법은 성이 가지고 있는 힘의 강약이나 중요도 등을 일목요연하게 보게 하는 장점도 있으나, 급이 낮은 성들, 예컨대 병이나 정·무급에 해당하는 성들을 소홀히 하거나 가볍게 생각하기 쉬운 폐단을 가져오기 쉽다.
실제 임상을 해보면 정·무급에 해당하는 성이라도 전체 국세를 좌우하는 경우가 많은데, 예컨대 사망과 같은 사안에는 상문·백호와 같은 잡성이 결정적인 역할을 하는 것을 볼 수 있다. 그러므로 필자는 갑을병정식의 구분법은 사용하지 않고 있다.

잡성의 배치법에 들어가기에 앞서 도합 76개의 잡성을 아래와 같이 성질별로 7가지로 분류해서 배치법을 설명하기로 하겠다.

(1) 형요성 刑姚星	천형, 천요 天刑, 天姚
(2) 공망성 空亡星	천공, 순공, 절공 天空, 旬空, 截空
(3) 백관조공성 百官朝拱星	삼태, 팔좌, 은광, 천귀, 태보, 봉고, 용지, 봉각 三台, 八座, 恩光, 天貴, 台輔, 封誥, 龍池, 鳳閣
(4) 사선성 삼덕성 四善星 三德星 기타길성 其他吉星	천관, 천복, 천재, 천수, 용덕, 천덕, 월덕 天官, 天福, 天才, 天壽, 龍德, 天德, 月德 천무, 해신, 천주 天巫, 解神, 天廚
(5) 도화성 桃花星	홍란, 천희, 대모, 함지, 목욕, 홍염 紅鸞, 天喜, 大耗, 咸池, 沐浴, 紅艶
(6) 고독손모성 孤獨損耗星	천곡, 천허, 고신, 과수, 음살, 겁살, 비렴, 화개 天哭, 天虛, 孤辰, 寡宿, 陰煞, 劫煞, 蜚廉, 華蓋 파쇄, 천월, 천상, 천사 破碎, 天月, 天傷, 天使
(7) 십이신 十二神	장생십이신, 박사십이신, 세전십이신, 장전십이신 長生十二神, 博士十二神, 歲前十二神, 將前十二神

편의에 따라 (1)~(6)까지의 잡성과 (7)의 잡성 배치를 나누어서 설명한다.

(1) 형요성(刑姚星)

① **천형(天刑)** 천형은 유궁에서 정월을 일으켜 자기 생월까지 순행한 자리에 있으며 삼방에서 천요를 만나게 된다.

② **천요(天姚)** 천요는 축궁에서 정월을 일으켜 자기 생월까지 순행한 자리에 있으며 삼방에서 천형을 만나게 된다.

(2) 공망성(空亡星)

① **천공(天空)** 천공은 자기가 태어난 생년지지의 다음 지지가 된다. 즉 생년지지가 오면 미가 천공, 자가 되면 축이 천공, 술이 생년지지라면 해에 천공이 있게 된다.

이 천공을 보좌살성 중의 지공과 혼동하고 지공을 천공으로 표기한 경우가 있고 그렇게 사용하는 학자들도 있으나, 지공과 천공은 성질상 유사한 면이 있지만 작용력에 있어서는 지공이 천공에 비해 일등하게 크다.

② **순공(旬空)** 순공은 순중공망(旬中空亡)을 줄인 말로, 60갑자에서 자기가 태어난 생년의 간지가 배속된 순(旬 : 旬이란 10을 말한다. 천간 10개를 단위로 순을 구분하며, 매 순에 열개의 간지가 배속된다. 갑자순·갑술순·갑신순 … 등으로 구분한다)에서 천간과 짝하지 못한 지지를 말한다. 즉 천간은 10개, 지지는 12개로 서로 짝하면서 간지를 이룰 때 천간과 짝하지 못한 지지가 꼭 두 개가 남게 되는데, 남는 지지가 그 순중의 공망이 되는 것이다.

찾는 법은 자기의 생년간지가 위의 표 중에서 어디에 해당하는

가를 보고 순중공망이 무엇인가를 보면 된다.

生年 旬中	旬中空亡
갑자 · 을축 · 병인 · 정묘 · 무진 · 기사 · 경오 · 신미 · 임신 · 계유	술해
갑술 · 을해 · 병자 · 정축 · 무인 · 기묘 · 경진 · 신사 · 임오 · 계미	신유
갑신 · 을유 · 병술 · 정해 · 무자 · 기축 · 경인 · 신묘 · 임진 · 계사	오미
갑오 · 을미 · 병신 · 정유 · 무술 · 기해 · 경자 · 신축 · 임인 · 계묘	진사
갑진 · 을사 · 병오 · 정미 · 무신 · 기유 · 경술 · 신해 · 임자 · 계축	인묘
갑인 · 을묘 · 병진 · 정사 · 무오 · 기미 · 경신 · 신유 · 임술 · 계해	자축

③ **절공(截空)** 절공은 절로공망(截路空亡)의 준말로, 아래 표에서 자기가 태어난 생년간지의 천간이 무엇인가를 찾아서 보면 된다. 가령 기년에 태어난 사람이라면 신·유가 절로공망이 된다.

생년	갑 · 기년	을 · 경년	병 · 신년	정 · 임년	무 · 계년
절공	신 유	오 미	진 사	인 묘	자 축

※ 절로공망이나 순중공망이나 다 정공(正空)과 방공(傍空)이 있다. 위의 표 중 갑년이나 기년에 보면 절공(즉 절로공망)은 申酉지만 생년간이 양간이면 양지가 음간이면 음지가 正空이 되고, 당연히 생년간이 양간일 때 음지는 방공이고 음간일 때는 양지가 방공이 되는데, 모두 정공만 중요하게 보고 정공만 사용한다.

여기서 양지는 자·인·진·오·신·술을 말하고 음지는 축·해·유·미·사·묘를 말한다. 가령 병년이면 생년간이 양의 간이므로 양지인 진이 정공이 되고 사는 방공이 되는 식이다.

(3) **백관조공성**(百官朝拱星)

백관조공이란 옛날 왕실에서 문무백관이 황제를 중심으로 늘어서는 것을 표현한 말로 황제로서의 성세와 위엄을 나타낼 때 쓰는 말이다.

14정성 중 자미의 성질도 황제와 같아서 백관조공하는 신하가 있어야 자미의 위엄을 드러낼 수 있는데, 보좌성 중 좌보·우필 등을 가장 유력한 백관조공의 소임을 다하는 성으로 삼는다.

또 보좌성만은 못하지만 잡성도 보필하는 신하의 역할을 할 수 있는데, 백관조공성이란 바로 그러한 역할을 하는 성들을 이름한다. 백관조공성이란 필자가 분류해서 붙인 말이다.

① **삼태**(三台)·**팔좌**(八座) 삼태는 좌보에서 1일을 시작해서 생일이 닿는 곳까지 순행한 자리에 배치된다. 팔좌는 우필에서 1일을 시작해서 생일이 닿는 곳까지 역행한 자리에 배치된다.

② **은광**(恩光)·**천귀**(天貴) 은광은 문창에서 1일을 시작해서 생일까지 순행한 후 한 궁을 후퇴한 곳에 배치된다. 천귀는 문곡에서 1일을 시작해서 생일까지 순행한 후 한 궁을 후퇴한 곳에 배치된다.

③ **태보**(台輔)·**봉고**(封誥) 태보는 문곡이 있는 궁에서 문곡궁부터 3칸 순행으로 간 자리에 있다. 봉고는 문곡이 있는 궁에서 문곡궁부터 3칸 역행으로 간 자리에 있게 된다.

④ **용지(龍池)·봉각(鳳閣)** 용지는 진궁에서 자를 일으켜 년지까지 순행한 자리에 있다. 봉각은 술궁에서 자를 일으켜 년지까지 역행한 자리에 있다.

지금까지 배웠던 잡성을 실례로 들어 배치해본다.

실례1 을축년 1월 2일 인시생 남명

용삼화천 지태성기 록 (76~85) 辛 노복궁 巳	천문자 귀곡미 과 (66~75) 壬 천이궁 午	절 공 (56~65) 癸 질액궁 未	태은천문파 보광월창군 (46~55) 甲 재백궁 申
봉경좌칠 고양보살 (86~95) 庚 관록궁·신궁 辰	을축년 1월 2일 인시 남명 화6국		봉팔천지 각좌형공 (36~45) 乙 자녀궁 酉
녹천태 존량양 권 전택궁 己卯			우천염 필부정 (26~35) 丙 부처궁 戌
천타천무 공라상곡 戊 복덕궁 寅	천지거천 요겁문동 己 부모궁 丑	영천탐 성괴랑 (6~15) 戊 명궁 子	순천태 공마음 기 (16~25) 丁 형제궁 亥

① 천형은 유궁에서 정월을 일으켜 생월인 정월까지 순행한 자리에 있으니 유궁에 있다.
② 천요는 축궁에서 정월을 일으켜 생월인 정월까지 순행한 자리에 있으니 축궁에 있다.
③ 천공은 생년지의 다음 지지에 해당한다. 생년지 축의 다음 지지는 인이므로 인궁에 천공이 있다.
④ 순공은 생년간지의 순중에 포함되지 않는 두 개 지지에 해당하는데,

을축은 술해가 순공이고, 이 중에서 을축이 음의 간지이므로 술·해 중 음에 해당하는 해가 정공에 해당한다.
⑤ 생년간지가 을·경일 때 절공은 오·미에 해당하고, 을축은 음의 간지이므로 음에 해당하는 미가 정공에 해당한다.
⑥ 삼태는 좌보에서 1일을 일으켜 생일이 닿는 곳까지 순행한 자리에 배치된다. 좌보는 진궁에 있고, 진궁 1, 사궁 2의 순서대로 진행하면 생일에 해당하는 2일이 닿는 궁 사궁에 삼태가 있다.
⑦ 팔좌는 우필에서 1일을 시작해서 생일이 닿는 곳까지 역행한 자리에 배치된다. 우필은 술궁에 있고, 술궁 1, 유궁 2의 순서대로 역행하면 생일에 해당하는 2일이 닿는 궁 유궁에 팔좌가 있다.
⑧ 은광은 문창에서 1일을 일으켜 생일이 닿는 곳까지 순행한 후 1칸 후퇴한 자리에 배치된다. 문창은 申宮에 있고, 신궁 1, 유궁 2가 되므로 생일에 해당하는 궁은 유궁이고 이 유궁에서 1칸 후퇴한 申宮에 은광이 있다.
⑨ 천귀는 문곡에서 1일을 일으켜 생일이 닿는 곳까지 순행한 후 1칸 후퇴한 자리에 배치된다. 문곡은 오궁에 있고, 오궁 1, 미궁 2가 되므로 생일에 해당하는 궁은 미궁이고 이 미궁에서 1칸 후퇴한 오궁에 천귀가 있다.
⑩ 대보는 문곡이 있는 궁에서 1을 일으켜 3만큼 순행한 자리에 있다. 문곡은 오궁에 있고, 오궁 1, 미궁 2, 신궁 3에 해당하므로 申宮에 태보가 있다.
⑪ 봉고는 문곡이 있는 궁에서 1을 일으켜 3만큼 역행한 자리에 있다. 문곡은 오궁에 있고, 오궁 1, 사궁 2, 진궁 3에 해당하므로 진궁에 봉고가 있다.
⑫ 용지는 진궁에서 자를 일으켜 년지까지 순행한 곳에 있다. 생년지가 축년이므로 진궁 자, 사궁 축에 해당하므로 사궁에 용지가 있다.
⑬ 봉각은 술궁에서 자를 일으켜 년지까지 역행한 곳에 있다. 생년지가 축년이므로 술궁 자, 유궁 축에 해당하므로 유궁에 봉각이 있다.

실례2 계해년 11월 29일 술시생 여명			
천천천천천천 **귀**마월상 (32~41) 丁 전택궁 巳	**삼천** **태량** (42~51) 戊 관록궁 午	**천**화칠염 **형**성살정 (52~61) 己 노복궁 未	**팔**영 **좌**성 (62~71) 庚 천이궁 申
태거 **보문** **권** (22~31) 丙 복덕궁 辰	계해년 11월 29일 술시 여명 수2국		지 겁 (72~81) 辛 질액궁 酉
용은천탐자 **지광**괴랑미 기 (12~21) 乙 부모궁 卯			천 동 (82~91) 壬 재백궁·신궁 戌
문좌태천 곡보음기 과 (2~11) 甲 명궁 寅	**순절**지경천 **공공**공양부 乙 형제궁 丑	**천봉**녹문우태 **공고**존창필양 甲 부부궁 子	**봉천**타파무 **각요**라군곡 록 癸 자녀궁 亥

① 천형은 유궁에서 정월을 일으켜 생월까지 순행한 자리에 있다. 유궁 1, 술궁 2 … 오궁 10, 미궁 11의 순서를 따라가면 생월인 11월은 미궁에 해당하므로 천형은 미궁에 있다.

② 천요는 축궁에서 정월을 일으켜 생월까지 순행한 자리에 있다. 축궁 1, 인궁 2 … 술궁 10, 해궁 11의 순서를 따라가면 생월인 11월은 해궁에 해당하므로 천요는 해궁에 있다.

③ 천공은 생년의 다음 지지에 해당한다. 생년지 해의 다음 지지는 자이므로 자궁에 천공이 있다.

④ 순공은 생년간지의 순중에 포함되지 않은 두 개 지지에 해당하는데, 계해는 자축이 순공이고, 이 중에서 계해가 음의 간지이므로, 자·축 중 음에 해당하는 축이 정공에 해당한다.

⑤ 생년간지가 무·계일 때 절공은 자·축에 해당하고, 계해는 음의 간지이므로 음에 해당하는 축이 정공에 해당한다.

⑥ 삼태는 좌보에서 1일을 일으켜 생일이 닿는 곳까지 순행한 자리에 배치된다. 좌보는 인궁에 있고, 인궁 1, 묘궁 2 … 사궁 28, 오궁 29의 순서를 따라가면 생일인 29일은 오궁에 해당하므로 삼태는 오궁에 있다.

⑦ 팔좌는 우필에서 1일을 시작해서 생일이 닿는 곳까지 역행한 자리에 배치된다. 우필은 자궁에 있고, 자궁 1, 해궁 2 … 유궁 28, 신궁 29의 순서를 따라가면 생일인 29일은 신궁에 해당하므로 팔좌는 申宮에 있다.

⑧ 은광은 문창에서 1일을 일으켜 생일이 닿는 곳까지 순행한 후 1칸 후퇴한 자리에 배치된다. 문창은 자궁에 있고, 자궁 1, 축궁 2 … 묘궁 28, 진궁 29의 순서를 따라가면 생일에 해당하는 궁은 진궁이고, 진궁에서 1칸 후퇴한 묘궁에 은광이 있다.

⑨ 천귀는 문곡에서 1일을 일으켜 생일이 닿는 곳까지 순행한 후 1칸 후퇴한 자리에 배치된다. 문곡은 인궁에 있고, 인궁 1, 묘궁 2 … 사궁 28, 오궁 29의 순서를 따라가면 생일에 해당하는 궁은 오궁이고, 오궁에서 1칸 후퇴한 사궁에 천귀가 있다.

⑩ 태보는 문곡이 있는 궁에서 1을 일으켜 3만큼 순행한 자리에 있다. 문곡은 인궁에 있고, 인궁 1, 묘궁 2, 진궁 3에 해당하므로 진궁에 태보가 있다.

⑪ 봉고는 문곡이 있는 궁에서 1을 일으켜 3만큼 역행한 자리에 있다. 문곡은 인궁에 있고, 인궁 1, 축궁 2, 자궁 3에 해당하므로 자궁에 봉고가 있다.

⑫ 용지는 진궁에서 자를 일으켜 생년지까지 순행한 곳에 있다. 생년지가 해년이므로 진궁 자, 사궁 축 … 인궁 술, 묘궁 해의 순서를 따라가면 생년지가 진궁에 놓이므로 묘궁에 용지가 있다.

⑬ 봉각은 술궁에서 자를 일으켜 생년지까지 역행한 곳에 있다. 생년지가 해년이므로 술궁 자, 유궁 축 … 자궁 술, 해궁 해의 순서를 따라가면 생년지가 해궁에 놓이므로 해궁에 봉각이 있다.

실례 3은 독자들이 직접 배치해 보라. ⇨ 정답확인 134쪽

실례3 정미년 윤 6월 16일 자시생 남명

천타파무 마라군곡 (35~44) 乙 자녀궁 巳	녹태 존양 (25~34) 丙 부처궁 午	경천 양부 (15~24) 丁 형제궁 未	태천 음기 록과 (5~14) 戊 명궁·신궁 申
문우천 곡필동 권 (45~54) 甲 재백궁 辰	정미년 윤 6월 16일 자시 남명 토5국		화천탐자 성월랑미 己 부모궁 酉
(55~64) 癸 질액궁 卯			영문좌거 성창보문 기 庚 복덕궁 戌
(65~74) 壬 천이궁 寅	칠염 살정 (75~84) 癸 노복궁 丑	천 량 (85~94) 壬 관록궁 子	지천지천 겁괴공상 … 辛 전택궁 亥

※ 배치순서

천형, 천요, 천공, 순공, 절공, 삼태, 팔좌, 은광, 천귀, 태보, 봉고, 용지, 봉각

(4) 사선성(四善星)과 삼덕성(三德星) 기타 길성

① 천관(天官)·천복(天福)·천재(天才)·천수(天壽) 이 네 성을 중주파에서는 네 개의 좋은 성이라고 해서 사선성(四善星)이라고 이름한다.

천관과 천복은 년간을 기준으로 찾는다. 가령 갑술년생이라면 천복은 유궁에 있고, 천관은 미궁에 있다.

성＼년간	갑년	을년	병년	정년	무년	기년	경년	신년	임년	계년
천복	유	신	자	해	묘	인	오	사	오	사
천관	미	진	사	인	묘	유	해	유	술	오

천재는 명궁에서 자를 일으켜 년지까지 순행한 곳에 있고, 천수는 身宮에서 자를 일으켜 년지까지 순행한 곳에 있다.

② 월덕(月德)·용덕(龍德)·천덕(天德) 위 세 성을 중주파에서는 삼덕성(三德星)이라고 해서 좋게 본다.

월덕은 사궁에서 자를 일으켜 년지까지 순행한다.

용덕과 천덕은 모두 아래의 생년태세십이신 중에 있는 잡성이다. 배치법은 아래 생년태세십이신을 참조하라.

③ 해신(解神)·천무(天巫)·천주(天廚) 사선성과 삼덕성에 해당하지는 않으나, 모두 길성이다.

해신은 두 가지가 있다. 하나는 월기준으로 찾는 해신과 년기준으로 찾는 해신 두 가지가 있는데, 년기준으로 찾는 해신을 년

해라 이름한다. 둘의 의미는 같으며, 해신이 년해보다 그 역량이 좀 더 강하다.

해 신	5, 6월	7, 8월	9, 10월	11, 12월	1, 2월	3, 4월
	자	인	진	오	신	술
년 해	술궁에서 역행으로 생년지까지					

천무는 생월 기준으로 찾는다. 아래 표를 참조하라.

천 무	인오술월	신자진월	사유축월	해묘미월
	사	인	해	신

※ 가령 11월생의 천무를 찾는다면, 11월의 월건은 자에 해당하고 신자진월의 천무를 표에서 찾으면 인궁에 있다. 또 5월생의 천무를 찾는다면, 5월의 월건은 오에 해당하고, 인오술월의 천무를 표에서 찾으면 사궁에 있게 된다.

천주는 음식을 주로 하는 성으로 년간을 기준해서 찾는다.

천 주	갑·정년	기·계년	을·무·신년	경·병년	임년
	사	신 / 해	오	인 / 자	유

※ 가령 무신생이라면 천주는 오궁에 있게 된다.

1부. 추론을 위한 준비

실례1　을축년 1월 2일 인시생 남명

천천용삼화천 무수지태성기 　　　　　록 (76~85)　　辛 노복궁　　　巳	월천천문자 덕주귀곡미 　　　　과 (66~75)　　壬 천이궁　　午	(56~65)　癸 질액궁　未	절 공	용해천태은천문파 덕신복광월창군 (46~55)　　甲 재백궁　　申
천봉경좌칠 관고양보살 (86~95)　　庚 관록궁·신궁　辰				년봉팔천지 해각좌형공 (36~45)　　乙 자녀궁　　酉
녹천태 존량양 　　권 　　　　己 전택궁　　卯	을축년 1월 2일 인시 남명 화6국			천우천염 덕필부정 (26~35)　　丙 부처궁　　戌
천타천무 공라상곡 　　　　戊 복덕궁　　寅	천천지거천 재요겁문동 　　　　己 부모궁　　丑	(6~15)　戊 명궁　　子		순천태 공마음 　　기 (16~25)　　丁 형제궁　　亥

① 을년생의 천관은 진궁에, 천복은 申궁에 있다.

② 천재는 명궁에서 자를 일으켜 생년지까지 순행한 곳에 있다. 명궁은 자궁이고 생년지는 축년이니 자궁 자, 축궁 축의 순서를 따라가면 천재는 축궁에 있다.

③ 천수는 身宮에서 자를 일으켜 생년지까지 순행한 곳에 있다. 身宮은 진궁이고 생년지는 축년이니 진궁 자, 사궁 축의 순서를 따라가면 천수는 사궁에 있다.

④ 용덕과 천덕은 생년태세십이신을 참고하라.

⑤ 월덕은 사궁에서 자를 일으켜 생년지까지 순행한 곳에 있다. 생년지가 축년이니 사궁 자, 오궁 축의 순서를 따라가면 월덕은 오궁에 있다.

⑥ 생월이 1월이고, 1월의 해신은 申궁에 있다.

⑦ 년해는 술궁에서 자를 일으켜 생년지까지 역행한 곳에 있다. 생년지가 축이고, 술궁 자, 유궁 축의 순서를 따라가면 유궁에 년해가 있다.

⑧ 천무는 생월을 기준으로 찾는다. 생월이 1월 즉 인월이고, 인오술월의 천무는 사궁에 있다.
⑨ 천주는 생년간을 기준으로 찾는다. 생년간이 을이고, 을의 천주는 오궁에 있다.

실례2 계해년 11월 29일 술시생 여명			
천천천천천천 복귀마월상 (32~41) 丁 전택궁 巳	용해천삼천 덕신관태량 (42~51) 戊 관록궁 午	천화칠염 형성살정 (52~61) 己 노복궁 未	천팔영 덕좌성 (62~71) 庚 천이궁 申
태거 보문 권 (22~31) 丙 복덕궁 辰	계해년 11월 29일 술시 여명 수2국		천지 수겁 (72~81) 辛 질액궁 酉
용은천탐자 지광괴랑미 기 (12~21) 乙 부모궁 卯			천 동 (82~91) 壬 재백궁·신궁 戌
천문좌태천 무곡보음기 과 (2~11) 甲 명궁 寅	천순절지경천 재공공공양부 乙 형제궁 丑	천봉녹문우태 공고존창필양 甲 부부궁 子	천년봉천타파무 주해각요라군곡 록 癸 자녀궁 亥

① 계년생의 천관은 오궁에, 천복은 사궁에 있다.
② 천재는 명궁에서 자를 일으켜 생년지까지 순행한 곳에 있다. 명궁은 인궁이고 생년지는 해년이니 인궁 자, 묘궁 축 … 자궁 술, 축궁 해의 순서를 따라가면 천재는 축궁에 있다.
③ 천수는 身宮에서 자를 일으켜 생년지까지 순행한 곳에 있다. 身宮은 술궁이고 생년지는 해년이니 술궁 자, 해궁 축 … 신궁 술, 유궁 해의 순서를 따라가면 천수는 유궁에 있다.
④ 용덕과 천덕은 생년태세십이신을 참고하라.

⑤ 월덕은 사궁에서 자를 일으켜 생년지까지 순행한 곳에 있다. 생년지가 해년이니 사궁 자, 오궁 축 … 묘궁 술, 진궁 해의 순서를 따라가면 월덕은 진궁에 있다.
⑥ 생월이 11월이고, 11월의 해신은 오궁에 있다.
⑦ 년해는 술궁에서 자를 일으켜 생년지까지 역행한 곳에 있다. 생년지가 해이고, 술궁 자, 유궁 축 … 자궁 술, 해궁 해의 순서를 따라가면 해궁에 년해가 있다.
⑧ 천무는 생월을 기준으로 찾는다. 생월이 11월 즉 자월이고, 신자진월의 천무는 인궁에 있다.
⑨ 천주는 생년간을 기준으로 찾는다. 생년간이 계이고, 계의 천주는 해궁에 있다.

실례 3은 독자들이 직접 배치해 보라. ⇨ 정답확인 134쪽

실례3 정미년 윤 6월 16일 자시생 남명

천타파무 마라군곡 (35~44) 乙 자녀궁 巳	태천녹태 보귀존양 (25~34) 丙 부처궁 午	천경천 요양부 (15~24) 丁 형제궁 未	천태천 공음기 　　록과 (5~14) 戊 명궁·신궁 申
문우천 곡필동 　　권 (45~54) 甲 재백궁 辰		정미년 윤 6월 16일 자시 남명 토5국	화천탐자 성월랑미 　　　　己 부모궁 酉
순절봉천 공공각형 (55~64) 癸 질액궁 卯			영문좌거 성창보문 　　　기 　　　庚 복덕궁 戌
봉 고 (65~74) 壬 천이궁 寅	팔삼칠염 좌태살정 (75~84) 癸 노복궁 丑	은천 광량 (85~94) 壬 관록궁 子	용지지천천 지겁공괴상 　　　　辛 전택궁 亥

※ 배치순서

천관, 천복, 천재, 천수, 월덕, 용덕, 천덕, 해신, 년해, 천무, 천주

(5) 도화성(桃花星)

① **홍란**(紅鸞)·**천희**(天喜) 홍란은 묘궁에서 자를 일으켜 년지까지 역행해 간 곳이다. 천희는 홍란의 대궁이다.

※ 예를 들어 정축생이라면 묘궁이 자, 인궁이 축이 되니 홍란은 인궁에 있게 되며, 홍란이 있는 인궁의 대궁인 신궁에 천희가 있게 된다.

② **대모**(大耗)·**함지**(咸池)·**목욕**(沐浴) 대모는 아래 표와 같다. 사주명리에서의 원진과 같다. 함지는 삼합이 되는 첫 자의 뒷자에 놓인다. 목욕은 아래 십이운성 중에 있는 잡성이다. 배치방법은 아래 십이운성을 참조하라.

년지	자	축	인	묘	진	사	오	미	신	유	술	해
대모	미	오	유	신	해	술	축	자	묘	인	사	진

※ 가령 기묘년생이라면 대모는 申宮에 있게 된다.

년지	인오술	신자진	사유축	해묘미
함지	묘	유	오	자

※ 가령 계축생이라면 오궁에 함지가 있게 된다.

③ **홍염**(紅艷) 자미두수 고전에는 없으나 사주명리에서 주로 쓰는 도화성으로 홍염(紅艷)이 있는데, 경험상 적중률이 있으므로 필자는 이 홍염을 명반배치에 반영해서 사용하고 있다.

홍염은 년간기준으로 찾는다.

년간	갑년	을년	병년	정년	무기년	경년	신년	임년	계년
홍염	오	신	인	미	진	술	유	자	신

이 성이 입명하면 음탕한 풍속이 있는 지방으로 가는 경우가

많으며, 자녀궁에 들어가면 부정한 자식(미혼으로 자식을 낳거나 사생아를 낳음)을 낳고, 부처궁에 들어가면 동거하거나 바람을 피우거나 한다. 그러나 홍염 단독으로 이렇게 속단해서는 안되고 반드시 다른 도화성을 살펴서 판단해야 한다.

(6) 고독손모성(孤獨損耗星)

① 천곡(天哭) · 천허(天虛) 천곡은 오궁에서 자를 일으켜 년지까지 역행한 곳에 있고, 천허는 오궁에서 자를 일으켜 년지까지 순행한 곳에 있다.

② 고신(孤辰) · 과수(寡宿) 고신은 방합 다음 지지에 놓이게 되고 과수는 방합 이전 지지에 놓이게 된다.

년 지	인묘진	신유술	사오미	해자축
고 신	사	해	신	인
과 수	축	미	진	술

③ 음살(陰煞)

음 살	1, 7월	2, 8월	3, 9월	4, 10월	5, 11월	6, 12월
	인	자	술	신	오	진

※ 가령 10월생이라면 申宮에 음살이 있게 된다.

④ 겁살(劫煞) · 화개(華蓋) 겁살은 년지 삼합 끝지지의 뒷 지지에 놓이게 되고 화개는 삼합 끝자가 된다.

년 지	인오술	신자진	사유축	해묘미
겁 살	해	사	인	신
화 개	술	진	축	미

※ 가령 정축년생이라면 겁살은 인궁이 되고 화개는 축궁에 있게 된다.

⑤ **비렴(蜚廉)·파쇄(破碎)·천월(天月)** 비렴 찾는 법은 아래 표를 참고하라. 아래 박사십이신중의 비렴(飛廉)과는 다른 성이다.

년지	자	축	인	묘	진	사	오	미	신	유	술	해
비렴	신	유	술	사	오	미	인	묘	진	해	자	축

※ 가령 계미년생이라면 비렴은 묘궁에 있게 된다.

파쇄는 생년지지로 찾는다.

생 년 지	자오묘유	인신사해	진술축미
파쇄	사	유	축

※ 갑술년생의 파쇄를 찾는다면 축궁에 파쇄가 있게 된다.

천월(天月)은 생월기준으로 찾으며 아래표와 같다.

천 월	4·9·12월	5·8월	2·3월	6·7월	10월	1·11월
	인	미	사/진	묘/해	오	술

※ 가령 9월 생이라면 천월은 인궁에 있게 된다.

④ **천상(天殤)·천사(天使)** 천상은 언제나 노복궁에 있게 되며 천사는 언제나 질액궁에 위치한다.

실례1 을축년 1월 2일 인시생 남명			
천천천천용삼화천 상곡무수지태성기 　　　　　　　록 (76~85)　　辛 노복궁　　　　巳	함대천천문자 지모주귀곡미 　　　　　과 (66~75)　　壬 천이궁　　　　午	(56~65)　　癸 질액궁　　　　未	천천절　홍천해천태은천문파 사허공　염희신복보광월창군 (46~55)　　甲 재백궁　　　　申
천봉경좌칠 관고양보살 (86~95)　　庚 관록궁·신궁　辰	을축년 1월 2일 인시 남명 화6국		비년봉팔천지 염해각좌형공 (36~45)　　乙 자녀궁　　　　酉
녹천태 존량양 　　　권 　　　　　己 전택궁　　　　卯			천과우천염 월수필부정 (26~35)　　丙 부처궁　　　　戌
겁고음홍천타천무 살진살란공라상곡 　　　　　　戊 복덕궁　　　　寅	화파천천지거천 개쇄재요겁문동 　　　　　　己 부모궁　　　　丑	영천탐 성괴랑 (6~15)　　戊 명궁　　　　　子	순천태 공마음 　　　기 (16~25)　　丁 형제궁　　　　亥

① 홍란은 묘궁에서 자를 일으켜 년지까지 역행한 곳에 있다. 년지가 축이니 묘궁 자, 인궁 축의 순서를 따라가면 홍란은 인궁에 있다.

② 천희는 홍란의 대궁에 있다. 인궁에 홍란이 있으니 천희는 申宮에 있다.

③ 대모는 생년지를 기준으로 찾는다. 생년지가 축일 때 대모는 오궁에 있다.

④ 함지는 장전십이신을 참고하라.

⑤ 홍염은 생년간을 기준으로 찾는다. 생년간이 을일 때 홍염은 申宮에 있다.

⑥ 천곡은 오궁에서 자를 일으켜 년지까지 역행한 곳에 있다. 생년지가 축이니, 오궁 자, 사궁 축의 순서를 따라가면 사궁에 천곡이 있다.

⑦ 천허는 오궁에서 자를 일으켜 년지까지 순행한 곳에 있다. 생년지가 축이니, 오궁 자, 미궁 축의 순서를 따라가면 미궁에 천곡이 있다.

⑧ 고신은 생년지 반합의 다음자에 해당한다. 축의 방합은 해자축이고, 축의 다음자는 인이므로 고신은 인궁에 있다.
⑨ 과수는 생년지 방합의 이전자에 해당한다. 축의 방합은 해자축이고, 해의 이전자는 술이므로 과수는 술궁에 있다.
⑩ 음살은 생월로 찾는다. 정월과 7월의 음살은 인궁에 있다.
⑪ 겁살과 화개 역시 장전십이신을 참고하라.
⑫ 비렴은 생년지로 찾는다. 축년생의 비렴은 유궁에 있다.
⑬ 파쇄는 생년지로 찾는다. 진술축미년생의 파쇄는 축궁에 있다.
⑭ 천월은 생월로 찾는다. 정월과 11월생의 천월은 술궁에 있다.
⑮ 천상은 선천노복궁에, 천사는 선천질액궁에 좌한다. 이 명의 명궁은 자궁이고, 선천노복궁은 사궁, 선천질액궁은 미궁이니 사궁과 미궁에 각각 천상과 천사가 있다.

실례2 계해년 11월 29일 술시생 여명

① 홍란은 묘궁에서 자를 일으켜 년지까지 역행한 곳에 있다. 년지가 축이니 묘궁 자, 인궁 축의 순서를 따라가면 홍란은 진궁에 있다.
② 천희는 홍란의 대궁에 있다. 진궁에 홍란이 있으니 천희는 술궁에 있다.
③ 대모는 생년지를 기준으로 찾는다. 생년지가 해일 때 대모는 진궁에 있다.
④ 함지는 장전십이신을 참고하라.
⑤ 홍염은 생년간을 기준으로 찾는다. 생년간이 을일 때 홍염은 申宮에 있다.
⑥ 천곡은 오궁에서 자를 일으켜 년지까지 역행한 곳에 있다. 생년지가 해이고, 오궁 자, 사궁 축 진궁 인 … 의 순서를 따라가면 미궁에 천곡이 있다.

천천천천천천천 허복귀마월상	음해천삼천 살신관태량	화천천천화칠염 개상곡형성살정	겁홍팔영 살염좌성
(32~41) 丁 전택궁 巳	(42~51) 戊 관록궁 午	(52~61) 己 노복궁 未	(62~71) 庚 천이궁 申
대홍대거 모란보문 　　　권 (22~31) 丙 복덕궁 辰	계해년 11월 29일 술시 여명 수2국		천파천지 사쇄수겁 (72~81) 辛 질액궁 酉
용은천탐자 지광괴랑미 　　　기 (12~21) 乙 부모궁 卯			과천천천 수월희동 (82~91) 壬 재백궁·신궁 戌
고천문좌태천 신무곡보음기 　　　과 (2~11) 甲 명궁 寅	비천순절지경천 렴재공공공양부 乙 형제궁 丑	함천봉녹문우태 지공고존창필양 甲 부부궁 子	천년봉천타파무 주해각요라군곡 　　　록 癸 자녀궁 亥

⑦ 천허는 오궁에서 자를 일으켜 년지까지 순행한 곳에 있다. 생년지가 해이고, 오궁 자, 미궁 축, 신궁 인 … 의 순서를 따라가면 사궁에 천곡이 있다.

⑧ 고신은 생년지 반합의 다음자에 해당한다. 해의 방합은 해자축이고, 축의 다음자는 인이므로 고신은 인궁에 있다.

⑨ 과수는 생년지 방합의 이전자에 해당한다. 해의 방합은 해자축이고, 해의 이전자는 술이므로 과수는 술궁에 있다.

⑩ 음살은 생월로 찾는다. 11월의 음살은 오궁에 있다.

⑪ 겁살과 화개 역시 장전십이신을 참고하라.

⑫ 비렴은 생년지로 찾는다. 해년생의 비렴은 축궁에 있다.

⑬ 파쇄는 생년지로 찾는다. 인신사해년생의 파쇄는 유궁에 있다.

⑭ 천월은 생월로 찾는다. 정월과 11월생의 천월은 술궁에 있다.

⑮ 천상은 선천노복궁에, 천사는 선천질액궁에 좌한다. 이 명의 명궁은 인궁이고, 선천노복궁은 미궁, 선천질액궁은 유궁이니 미궁과 유궁에 각

각 천상과 천사가 있다.

실례3은 독자들이 직접 배치해 보라. ⇨ 정답확인 135쪽

실례3 정미년 윤 6월 16일 자시생 남명			
천천타파무 주마라군곡 (35~44) 乙 자녀궁 巳	태천녹태 보귀존양 (25~34) 丙 부처궁 午	천경천 요양부 (15~24) 丁 형제궁 未	천태천 공음기 록과 (5~14) 戊 명궁·신궁 申

문우천
곡필동
  권
(45~54) 甲
재백궁 辰
	정미년 윤 6월 16일 자시 남명
	토5국
			화천탐자
			성월랑미
			
			  己
			부모궁 酉

천천년순절봉천
수재해공공각형
 	
(55~64) 癸
질액궁 卯
			영문좌거
			성창보문
			  기
			  庚
			복덕궁 戌

해천천봉 신관무고 (65~74) 壬 천이궁 寅	팔삼칠염 좌태살정 (75~84) 癸 노복궁 丑	은천 광량 (85~94) 壬 관록궁 子	천용지지천천 복지겁공괴상 (…) 辛 전택궁 亥

※ 배치순서

홍란, 천희, 대모, 함지, 목욕, 홍염, 천곡, 천허, 고신, 과수, 음살, 겁살, 비렴, 화개, 파쇄, 천월, 천상, 천사

11) 십이신을 배치한다.

(1) 장생 십이신(長生 十二神)

명리의 십이운성을 말한다.

물질의 생성변화의 과정을 12개로 구분하여 놓은 것으로, 자미두수에서는 자기의 오행국을 기준으로 하여 찾으며, 양남음녀는 순행으로 배치하고 음남양녀는 역행으로 배치한다.

국	십이운성	長生	沐浴	冠帶	臨官	帝旺	衰	病	死	墓	絶	胎	養
수2국	양남음녀	신	유	술	해	자	축	인	묘	진	사	오	미
	음남양녀		미	오	사	진	묘	인	축	자	해	술	유
목3국	양남음녀	해	자	축	인	묘	진	사	오	미	신	유	술
	음남양녀		술	유	신	미	오	사	진	묘	인	축	자
금4국	양남음녀	사	오	미	신	유	술	해	자	축	인	묘	진
	음남양녀		진	묘	인	축	자	해	술	유	신	미	오
토5국	양남음녀	신	유	술	해	자	축	인	묘	진	사	오	미
	음남양녀		미	오	사	진	묘	인	축	자	해	술	유
화6국	양남음녀	인	묘	진	사	오	미	신	유	술	해	자	축
	음남양녀		축	자	해	술	유	신	미	오	사	진	묘

12운성을 명반에 작성할 때 아래처럼 약자로 표시한다.

生 浴 帶 冠 旺 衰 病 死 墓 絶 胎 養

(2) 박사 십이신(博士 十二神)

박사십이신의 배치법은 명반상에서 녹존이 있는 궁에 박사를 넣고, 양남음녀는 순행, 음남양녀는 역행으로 아래 순서대로 배치한다.

박사(博士)→ 역사(力士)→ 청룡(靑龍)→ 소모(小耗)→ 장군(將軍)→ 주서(奏書)→ 비렴(飛廉)→ 희신(喜神)→ 병부(病符)→ 대모(大耗)→ 복병(伏兵)→ 관부(官府)

※ 박사 십이신은 원국의 녹존을 기준으로 찾는 것 외에, 유년에서 유년운을 볼 때 쓰는 유년박사십이신도 있다. 원국에서 배치하는 방법과 마찬가지로 유년 녹존에 박사를 넣고 위의 차례대로 배치해서 얻는다. 다만 유년은 양남음녀나 음남양녀를 구별할 수 없기 때문에, 유년이 천간이 陽年(갑신년이라면 양간이므로 양년이 된다)은 순행으로 배치하고, 음년은(을유년이라면 음간이므로 음년이 된다) 역행으로 배치해야 한다.

(3) 세전 십이신(歲前 十二神)

자기의 생년지를 기준으로 하여 음남양녀 양남음녀의 구분없이 무조건 순행으로 배치한다.

아래는 전통적인 세전십이신의 명칭이다.

태세(太歲)· 태양(太陽)· 상문(喪門)· 태음(太陰)· 관부(官符)· 사부(死

符)·세파(歲破)·용덕(龍德)·백호(白虎)·복덕(福德)·조객(弔客)·병부(病符)

위의 삼덕성 중 천덕은 세전십이신의 하나로 전통적인 명칭으로는 복덕을 그렇게 부른다.

또 학파에 따라서는 전통적인 명칭과는 달리, 아래처럼 몇가지 성의 이름을 달리 하고 있기도 하다. 대표적으로 중주파 왕정지 선생의 『안성법과 추단실례』에서는 아래와 같이 세전 십이신의 명칭을 사용하고 있다.

세건(歲建), 회기(晦氣), 상문(喪門), 관삭(貫索), 관부(官符), 소모(小耗), 세파(歲破), 용덕(龍德), 백호(白虎), 천덕(天德), 조객(弔客), 병부(病符)

이 세전십이신은 유년운을 볼 때도 유년태세를 기준으로 배치하여 활용한다.

(4) 장전 십이신(將前十二神)

장전십이신은 자기가 태어난 생년지의 삼합의 왕지(旺地)에 해당하는 궁에서 시작해 아래 순서로 배치한다.

여기서 삼합의 왕지란 인오술의 오, 신자진의 자, 사유축의 유, 해묘미의 묘를 말한다.

장성(將星)·반안(攀鞍)·세역(歲驛)·식신(息神)·화개(華蓋)·겁살(劫煞)·재살(災煞)·천살(天煞)·지배(指背)·함지(咸池)·월살(月煞)·망신(亡神)

1부. 추론을 위한 준비 91

이 장전십이신도 남녀의 음양을 막론하고 모두 순행으로 배치하며, 유년운을 볼때도 유년장전십이신을 배치한다.

가령 생년지가 인생이나 오생이나 술생인 경우는 오궁에 장성, 미궁에 반안, 신궁에 세역, 유궁에 식신 … 의 순서로 매 십이궁에 배치한다.

실례1 을축년 1월 2일 인시생 남명

천천천용삼천화천 상수곡지태무성기 녹 복지관 76~85 신 병배부【노복】절사	천대천문자 주모귀곡미 　　　　과 대함사 66~75 임 모지부【천이】묘	절천천 공사허 병월세 56~65 계 부살파【질액】사미	홍해천태은천천문파 염신복보광희월창군 희망용 46~55 갑 신신덕【재백】병신
천봉경좌칠 관고양보살 관천태 86~95 경 부살음【신관록】태진	예제1, 음남 을축년 1월 2일 인시생 명국 : 화6국, 벽력화 명주 : 탐랑, 신주 : 천상		비년봉팔천지 렴해각좌형공 비장백 36~45 을 렴성호【자녀】쇠유
녹천태 존양양 　　　권 박재상 96~　　기 사살문【전택】양묘			천과우천염 월숙필부정 **주**반천 26~35 병 서안덕【부처】왕술
고천음홍타천무 신공살난라상곡 역겁태　　　　무 사살양【복덕】생인	파천천지거천 쇄재요겁문동 청화태　　　　기 룡개세【부모】욕축	영천탐 성괴랑 소식병 6~15 무 모신부【　명】대자	순천태 공마음 　　　기 장세조 16~25 정 군역객【형제】관해

① 장생 십이신은 자신의 오행국을 기준으로 찾으며, 양남음녀는 순행으로, 음남양녀는 역행으로 배치한다. 화6국이니 인궁을 기준하되, 을축년은 음년이며 남명이므로 음남이니 역행하여 배치한다.

② 박사십이신은 녹존이 있는 궁을 기준하여 양남음녀는 순행, 음남양녀는 역행으로 배치한다. 이 명의 녹존은 묘궁에 있으니 묘궁을 기준하고, 음남에 해당하니 역행으로 박사십이신을 배치한다.

③ 세전십이신은 생년지를 기준으로 하여 성별과 생년지의 음양에 관계

없이 순행하여 배치한다. 이 명은 축년생이므로 축궁부터 세전십이신의 순서대로 순행으로 배치한다.

④ 장전십이신은 생년지 삼합의 왕지에 해당하는 궁을 기준하여 성별과 생년지의 음양에 관계없이 순행하여 배치한다. 이 명은 축년생이고, 축의 삼합은 사유축이며, 삼합의 왕지는 유이므로 유궁부터 장전십이신의 순서대로 순행으로 배치한다.

실례2 계해년 11월 29일 술시생 여명

천천천천천천 복허귀마월상 주세세 32~41 정 서역파 【전택】 절사	해천삼음천 신관태살양 비식용 42~51 무 렴신덕 【관록】 태오	천천천화칠염 상곡형성살정 희화백 52~61 기 신개호 【노복】 양미	홍팔영 염좌성 병겁천 62~71 경 부살덕 【천이】 생신
대태홍거 모보난문 권 장반사 22~31 병 군안부 【복덕】 묘진	예제2. 음녀 계해년 11월 29일 술시생 명국 : 수2국, 대계수 명주 : 녹존, 신주 : 천기		파천천지 쇄사수겁 대재조 72~81 신 모살객 【질액】 욕유
용은천탐자 지광괴랑미 기 소장관 12~21 을 모성부 【부모】 사묘			천과천천 월속희동 복천병 82~91 임 병살부 【신재백】 대술
고천문좌태천 진무곡보음기 과 청망태 2~11 갑 용신음 【 명 】 병인	순절비천지경천 공공렴재공양부 역월상 을 사살문 【형제】 쇠축	천봉녹문우태 공고존창필양 박함태 갑 사지양 【부처】 왕자	천년봉천타파무 주해각요라군곡 녹 관지태 92~ 계 부배세 【자녀】 관해

① 장생 십이신은 자신의 오행국을 기준으로 찾으며, 양남음녀는 순행으로, 음남양녀는 역행으로 배치한다. 수2국이니 申宮을 기준하되, 계해년은 음년이며 여명이므로 음녀이니 순행하여 배치한다.

② 박사십이신은 녹존이 있는 궁을 기준하여 양남음녀는 순행, 음남양녀는 역행으로 배치한다. 이 명의 녹존은 자궁에 있으니 자궁을 기준하

고, 음녀에 해당하니 순행으로 박사십이신을 배치한다.
③ 세전십이신은 생년지를 기준으로 하여 성별과 생년지의 음양에 관계없이 순행하여 배치한다. 이 명은 해년생이므로 해궁부터 세전십이신의 순서대로 순행으로 배치한다.
④ 장전십이신은 생년지 삼합의 왕지에 해당하는 궁을 기준하여 성별과 생년지의 음양에 관계없이 순행하여 배치한다. 이 명은 해년생이고, 해의 삼합은 해묘미이며, 삼합의 왕지는 묘이므로 묘궁부터 장전십이신의 순서대로 순행으로 배치한다.

실례 3은 독자분들이 직접 배치해 보라. ⇨ 정답확인 135쪽

실례3 정미년 윤 6월 16일 자시생 남명

천천타파무 주마라군곡 35~44 乙 【子女】 巳	태천녹태 보귀존양 25~34 丙 【夫妻】 午	홍천경천 염요양부 15~24 丁 【兄弟】 未	고천홍태천 진공난음기 녹과 5~14 戊 【身命】 申
과문우천 숙곡필동 권 45~54 甲 【財帛】 辰	예제3, 陰男 丁未년 윤 6월 16일 자시생 命局 : 土五局, 大驛土 命主 : 廉貞, 身主 : 天相		화천탐자 성월랑미 己 【父母】 酉
순절비천천천년봉천 공공령시수재해각형 55~64 癸 【疾厄】 卯			영문좌거 성창보문 기 庚 【福德】 戌
해천봉음천천 신관고살무희 65~74 壬 【遷移】 寅	파천천팔삼칠염 쇄상허좌태살정 75~84 癸 【奴僕】 丑	대은천 모광양 85~94 壬 【官祿】 子	천천천용지지천천 월복곡지겁공괴상 95~ 辛 【田宅】 亥

12) 성의 묘왕평한함을 표시한다

각 성이 있는 궁에 따라 성이 가지고 있는 힘의 강도가 달라지는데, 이러한 성의 힘의 크기 여부를 묘(廟)·왕(旺)·평(平)·한(閑)·함(陷)의 다섯가지로 구분한다.

대개 묘왕평한함은 14정성 외에 보좌길흉성과 잡성·사화까지 따지고 있으나, 필자는 14정성과 보좌길흉성, 잡성 중 천형·천요의 묘왕평한함을 중요하게 볼 뿐이며, 잡성의 묘왕평한함은 임상에서 큰 의미가 없었으므로 따지지 않는다.

묘(廟) = ◎ 왕(旺) = ○ 평(平) = △
한(閑) = × 함(陷) = ××

보좌성과 형·요성의 廟陷표

성\궁	보좌길성								살성						사화				형요	
	천괴	천월	좌보	우필	문창	문곡	녹존	천마	경양	타라	화성	영성	지공	지겁	화록	화권	화과	화기	천요	천형
자	○		○	◎	◎	◎	○		××		△	××	△	××	△	×	○	○	××	△
축	○		◎	◎	◎	○			◎	○	○	××	××	××	◎	◎	○	◎	△	××
인			○	◎	○	××	△	○			××	◎	××	△	△	△		××	○	◎
묘	◎		××	××	△	○	○			××		△	◎	△	△	××	○	◎	○	◎
진			◎	◎	○	◎			◎	○	×	○	××	××	◎	△	◎	×	××	○
사		○	△	△	◎	◎	○		××					×	△	△	×	××	△	○
오	◎		○	○	××	××			△		○	◎	○	△	◎	○	××	△		
미		○	○	○	△	○			◎	◎	×			△	○	◎	○			××
신		◎	△	×	△	○			××	××					△	△	○	◎	×	
유		◎	××	××	◎	◎	○		××		××	××	△	△	△	△	××	◎	◎	
술		○	◎	◎	××	××			◎	○			××	△	◎	○		××	◎	○
해	○		×	△	○	○	○	△			××	△	××	○				××	××	××

학자에 따라서는 성의 묘왕평한함 자체를 부인하기도 하나 이 것은 잘못이라고 본다. 일반적으로 묘〉왕〉평〉한〉함의 순으로 힘의 강도가 정해지지만, 임상에서는 흔히 묘·왕과 함만 제대로 기억하면 큰 대과가 없다. 이 책에서도 천형 천요를 제외한 묘왕 평한함은 의미가 없으므로 게재하지 않았다.

아래는 위 묘왕평한함의 도표에 따라, 중요하게 사용되는 성의 묘왕평한함을 표시해 본 것이다.

실례1 을축년 1월 2일 인시생 남명

천천천용삼천**화천** 상수곡지태무성기 ○△ **녹**	천대천문자 주모귀곡미 XX◎ 과	절천천 공사허	홍해천태은천**천문파** 염신복보광희**월창군** ◎◎XX
복지관 76~85 신 병배부【노복】절사	대함사 66~75 임 모지부【천이】묘오	병월세 56~65 계 부살파【질액】사미	희망용 46~55 갑 신신덕【재백】병신
천봉경좌칠 관고양보살 ◎◎◎	예제1, 음남 을축년 1월 2일 인시생 명국 : 화육국, 별력화 명주 : 탐랑, 신주 : 천상		비년봉팔**천지** 렴해각좌**형공** ◎◎
관천태 86~95 경 무살늠【신관복】태신			비장백 36~45 을 렴성호【자녀】쇠유
녹천태 존양양 ◎◎◎ 권			천과우천염 월속필부정 ◎◎◎
박재상 96~ 기 사살문【전택】양묘			주반천 26~35 병 서안덕【부처】왕술
고천음홍타천무 진공살난라상곡 XX◎X	파천**천지거천** 쇄재**요업문동** △XX○XX	영천탐 성괴랑 XX○○	순**천**태 공마음 △◎ 기
역겁태 무 사살양【복덕】생인	청화태 기 룡개세【부모】욕축	소식병 6~15 무 모신부【 명】대자	장세조 16~25 정 군역객【형제】관해

96 자미두수 입문

실례2 계해년 11월 29일 술시생 여명

천천천**천천천** 복허귀**마월상** △○△	해천삼**음**천 신관태살량 ◎	천천**천화칠염** 상곡**형성살정** XXX○○	홍팔**영** 염좌**성** ○
주세세 32~41 정 서역파 【전택】 절사	비식용 42~51 무 렴신덕 【관록】 태오	희화백 52~61 기 신개호 【노복】 양미	병겁천 62~71 경 부살덕 【천이】 생신
대태홍**거** 모보난**문** △ **권**	예제2. 음녀 계해년 11월 29일 술시생 명국 : 수이국, 대계수 명주 : 녹존, 신주 : 천기		파천천**지** 쇄사수**겁** △
장반사 22~31 병 군안부 【복덕】 묘진			대재조 72~81 신 모살객 【질액】 욕유
용은**천**탐자 지광**괴**랑미 ◎△○ 기			천과천**천** 월수희**동** △
소장관 12~21 을 모성부 【부모】 사묘			복천병 82~91 임 병살부 【신재백】 대술
고천문좌태천 진무곡보음기 △◎X○ 과	순절비천**지경천** 공공렴재**공양부** XX◎◎	천봉녹문우태 공고존창필양 ○○○XX	천년봉**천타파무** 주해각**요라군곡** XXXX△△ 녹
청망태 2~11 갑 용신음 【 명】 병인	역월상 을 사살문 【형제】 쇠축	박함태 갑 사지양 【부처】 왕자	관지태 92~ 계 부배세 【자녀】 관해

1부. 추론을 위한 준비 97

실례 3은 독자분들이 직접 배치해 보라. 부록으로 코팅된 자료를 참고하면 된다. ➪ 정답확인 136쪽

실례3	정미년 윤 6월 16일 자시생 남명		
천천타파무 주마라군곡 역세조 35~44 을 사역객【자녀】관사	태천녹태 보귀존양 박식병 25~34 병 사신부【부처】대오	홍천경천 염요양부 관화태 15~24 정 부개세【형제】욕미	고천홍태천 진공난음기 녹과 복겁태 5~14 무 병살양【신명】생신
과문우천 수곡필동 권 청반천 45~54 갑 룡안덕【재백】왕진	예제3, 음남 정미년 윤 6월 16일 자시생 명국 : 토오국, 대역토 명주 : 염정, 신주 : 천상		화천탐자 성월랑미 대재상 기 모살문【부모】양유
순절비천천천년봉천 공공렴사수재해각형			영문좌거 성창보문 기 병천태 경 부살음【복덕】태술
소장백 55~64 계 모성호【질액】쇠묘			
해천봉음천천 신관고살무희 장망용 65~74 임 군신덕【천이】병인	파천천팔삼칠염 쇄상허좌태살정 주월세 75~84 계 서살파【노복】사축	대은천 모광량 비함사 85~94 임 렴지부【관록】묘자	천천천용지지천천 월복곡지겁공괴상 희지관 95~ 신 신배부【전택】절해

※ 배치순서
14정성(자미, 천기, 무곡, 천동, 염정, 천부, 태음, 탐랑, 거문,
　　　천상, 천량, 칠살, 파군)
보좌길흉성(천괴, 천월, 좌보, 우필, 문창, 문곡, 녹존, 천마, 경양,
　　　　타라, 화성, 영성, 지공, 지겁)
천형·천요

13) 명반포국법을 알아야 하는 이유

지금까지 명반을 포국하기 위한 지루한 과정을 겪었다. 명반 포국 프로그램이 있다면 컴퓨터의 도움을 받으면 될 일이지, 왜 명반포국법을 알아야 할까?

사실 성을 포국하는 데 있어서 왜 그와 같은 규칙에 의해 배치되는가 원리를 들어 명확하게 설명하는 책이나 자료는 없다. 고인들이 그 이치를 정확히 밝혔더라면 하는 아쉬움이 있는데, 그 이치를 연구하는 것은 후학들의 숙제가 아닌가 싶다.

명반상에 배치되는 성들이 어떠한 규칙으로 배치되는가 하는 것이 성의 본질이나 추론에 굉장한 통찰력을 주는 경우가 많기 때문이라고 하였는데, 연월일시에 따른 일련의 순서로 보일 수도 있는 명반 배치가 어떻게 성의 본질이나 추론과 연관될 수 있을까?

필자 나름의 생각을 기술하자면 다음과 같다.

성이 배치되는 과정을 크게 살펴보면

1. 연월일시 중 어느 단위를 기준하는가?
2. 배치의 기준으로 삼는 것이 무엇인가?

의 둘로 구분해 볼 수 있다.

첫 번째 연월일시의 단위에 대한 의미부여를 해 보자.

대개 년에 의해 배치되는 성은 태어나기 이전의 것 또는 사회·국가나 조상 등 큰 단위의 일, 월에 의해 배치되는 성은 자신의 환경과 관련된 것 또는 자신의 활동반경 내의 일, 시에 의해 배치되는 성은 자신의 후천적인 노력과 관련된 것이다.

예컨대 천괴·천월의 경우 년간에 의해 배치되는 것이니 국가적인 일·법이나 제도의 변화·나이 많은 윗사람의 일 등을 뜻하고, 좌보·우필의 경우 생월에 의해 배치되는 것이니 자기 주변에 대한 자신의 믿음·자기를 따르는 사람·주변에서의 조력 등을 뜻하며, 문창·문곡의 경우 시에 의해 배치되는 것이니 자신이 노력하여 후천적으로 배우고 익혀야 얻을 수 있는 문서나 글 등을 뜻하는 것이다. 즉 연월일시 중 어느 것이 기준이 되는가 하는 것으로도 성의 특징을 알 수 있는 부분이 생긴다는 뜻이다.

또 해신(解神)이라는 성은 년에 의해 배치되는 것과 월에 의해 배치되는 두 가지가 있다고 했다. 년은 태어나기 이전의 것 또는 사회·국가나 조상 등 큰 단위의 일과 관련이 있다고 했고, 월은 자신의 환경과 관련된 것 또는 자신의 활동반경 내의 일을 뜻한다고 했으니, 년에 의한 해신은 그 해액이 조상의 음덕이나 사회제도의 개선 윗사람의 도움 등 외부에서 말미암고, 월에 의한 해신은 그 해액이 환경의 변화 또는 자신의 노력으로부터 말미암는다고 풀이해 볼 수도 있을 것이다.

두 번째 배치의 기준으로 삼는 것이 무엇인가 하는 것으로 성의 특성의 일단을 알 수 있다고 본다.

예컨대 좌보·우필 문창·문곡 용지·봉각 등은 진술궁에서 시작하여 시간에 따라 순역하여 배치되기 때문에 축미궁을 잇는 선의 좌우로 대칭되도록 배치된다. 진술궁에서 마주보고 축미궁에 동궁하는 몇 개의 성계가 있으나 대표적인 성계로 태양·태음이 있는데, 고인들은 태양을 귀로 태음을 부로 보았으니 태양과 태음을 바탕으로 한 다른 의미로의 확장으로 볼 수도 있지 않을까 싶다.

한가지 더, 배치의 기준으로 삼는 기준이 되는 것의 성격을 성이 암시하거나, 반대로 기준이 되는 것으로 그 성의 암시를 짐작해 볼 수 있다.

예컨대 삼태와 팔좌는 좌보·우필이 있는 궁을 기준하여 날짜에 의해 배치된다. 그렇다면 삼태와 팔좌는 보필과 마찬가지로 조력의 뜻을 가졌다고 유추해 볼 수 있는 것이다. 문창이나 문곡에 의해 배치되는 별로 은광·천귀 태보·봉고 등이 있다.

은광과 천귀는 천괴·천월과 비슷한 뜻이 있어서 윗사람이나 은인의 도움 발탁 등을 뜻하는데, 문창과 문곡은 문서나 시험합격 글재주 언변 등을 뜻하므로, 윗사람의 도움 발탁 등은 본인의 언변이나 재주로부터 말미암는다고 유추해 볼 수 있다.

태보와 봉고는 좌보·우필과 비슷한 뜻이 있어서 부귀를 얻는 데 도움을 주는 뜻이 있는데, 마찬가지로 문창과 문곡에서 비롯되므로 그 부귀를 얻는 과정에서 문창·문곡이 뜻하는 언변이나 재주 문서 등으로 말미암아 부귀를 얻게 된다고도 유추해 볼 수 있는 것이다.

특정한 십이궁에서 성의 배치가 시작되는 경우, 십이궁의 성격을 그 성의 속성으로 파악해 볼 수 있다. 예컨대 홍란은 묘궁을, 천희는 유궁을 각각 배치의 기준으로 삼는데, 묘유궁의 속성이 홍란·천희와 유사한 의미(도화나 희·경사)를 가지고 있다고도 유추해 볼 수 있다. 파쇄는 언제나 사유축궁에 놓이게 되는데, 사유축은 금의 삼합지이므로 파쇄라는 별에는 오행의 金의 속성을 위주로 한다고도 유추해 볼 수 있다.

성의 배치에 따라 성의 속성을 파악하는 몇가지 단서를 필자 나름대로 제시해 보았다. 이것은 반드시 그렇다고 주장할 수 없는 부분이나, 전혀 일리가 없는 부분이라고 말하지는 못할 것이다. 필자가 제시한 부분 외에도 다른 단서들이 있을 것이나, 독자들의 연구를 기대하는 부분이기도 하다.

3. 유년 · 소한 · 두군 · 유성

1) 십이사항궁의 가차(假借)

유년과 소한 찾는 법을 말하기에 앞서 궁의 가차(假借)에 대해 설명하고자 한다.

위에서 선천의 십이사항궁 배치법을 배우고 나서, 대한과 대운수 찾는 법에서 대한배치법에 대해 배웠다.

궁의 가차라는 말은 '궁을 빌려쓴다'는 말로, 평생의 길흉이 결정되는 원국에 고정적으로 정해진 십이사항궁을, 운을 살필 때도 원국을 살필 때처럼 원국에서 쓰던 십이사항궁의 개념을 빌려서 사용하자는 것이다.

여기서 운이란 대한·소한·유년·유월·유일·유시를 모두 포함하는 개념이다. 이러한 궁의 가차의 개념은 중화민국 초기 관운주인(觀雲主人) 왕재산선생이 그의 책『두수선미(斗數宣微)』에서 선보인 개념인데, 운을 볼 때 매우 유용한 관점이다.

이렇게 궁의 가차를 운에 따라 쓰다보면 커다란 의문을 가지게 된다. 가령 인궁이 선천(원국) 관록궁이었는데, 대한 운을 볼때는 대한 형제궁이 될 수 있고, 유년운을 볼 때는 유년 부처궁이 될 수 있으며, 소한을 볼 때는 소한 천이궁이 될 수 있는 것이다. 이렇게 십이궁을 각 운마다 가차해보면, 원국 대한 유년 소한까지만 국한해서 이야기 한다 해도 십이사항궁이 12 × 4 = 48개가 되어 매우 혼란에 빠지게 된다.

대부분의 자미두수 초학자들이 자미두수를 포기하는 이유가, 배치되는 성이 많은 것과, 이렇게 십이궁의 복잡한 중첩 때문이다. 필자도 한때는 이런 부분 때문에 고민을 했으나, 지금은 아래와 같이 해결해서 보고 있다.

① 선천십이사항궁을 따진다.
② 대한십이사항궁도 따진다.
③ 유년십이사항궁은 특별한 경우를 제외하고는 사용하지 않는다.
④ 소한은 운을 볼 때 전혀 사용하지 않는다.

즉 필자는 엄밀한 의미에서 선천십이사항궁과 대한십이사항궁을 중점적으로 사용하고 있는데, 이와 같이 보면 운을 추론할 때 선천십이사항궁과 대한십이사항궁이 중첩하는 것을 살피는 것만으로 그 해에 무슨 일이 일어날 것인가를 알 수 있어 매우 신묘한 부분이 있다.

2) 유년과 소한 찾는 법

자미두수에서 1년운을 보는 방법으로 유년(流年)과 소한(小限)이 있다. 유년은 말 그대로 년이 흘러간다는 뜻이니, 유년운을 본다는 것은 올해는 올해운을 보고 내년에는 내년운을 보는 것으로, 운명을 판단하고 싶은 해의 운을 살피는 것이다.

유년은 명반상에서 당해 유년지지와 같은 십이궁을 일년의 중심궁으로 삼고, 위에서 말한 궁의 가차법으로 유년의 십이사항궁을 다시 배치해서 일년동안에 벌어질 일들을 판단하는 방법이다.

유년십이사항궁 배치법은 태세 지지를 유년명궁으로 삼고 유년명궁을 기준으로 나머지 11개 유년십이사항궁을 배치한다.

가령 유년이 정유년이라면 유궁이 유년명궁이 되고, 신궁이 유년형제궁, 미궁이 유년부처궁, 오궁이 유년자녀궁, … 해궁이 유년복덕궁, 술궁이 유년부모궁이 된다.

소한을 보는 법은 유년보다 조금 복잡하다.

소한을 찾기 위해서 우선 생년지지와 삼합되는 글자의 끝자를 충하는 글자를 찾는다. 예컨대 인년생이라면 인오술 삼합의 끝자 술을 충하는 진궁이 된다. 이 궁에서 1세를 일으켜 남명은 음양에 관계없이 순행으로 나이를 배치하고, 여명은 음양에 관계없이 역행으로 돌아가면서 나이를 배치한다.

해당 태세의 나이가 해당하는 궁을 소한의 명궁으로 삼게 되고, 소한의 십이사항궁을 배치해서 보는 학자도 있으나, 필자는 소한 자체를 사용하지 않고 있다.
아래 소한 찾는 표를 보면 쉽게 소한을 찾을 수 있다.

※ 소한 찾는 표

년지 \ 소한세수 \ 소한궁		1 13 25 37 49 61 73 85 97 109	2 14 26 38 50 62 74 86 98 110	3 15 27 39 51 63 75 87 99 111	4 16 28 40 52 64 76 88 100 112	5 17 29 41 53 65 77 89 101 113	6 18 30 42 54 66 78 90 102 114	7 19 31 43 55 67 79 91 103 115	8 20 32 44 56 68 80 92 104 116	9 21 33 45 57 69 81 93 105 117	10 22 34 46 58 70 82 94 106 118	11 23 35 47 59 71 83 95 107 119	12 24 36 48 60 72 84 96 108 120
인 오 술	남	진	사	오	미	신	유	술	해	자	축	인	묘
	녀	진	묘	인	축	자	해	술	유	신	미	오	사
신 자 진	남	술	해	자	축	인	묘	진	사	오	미	신	유
	녀	술	유	신	미	오	사	진	묘	인	축	자	해
사 유 축	남	미	신	유	술	해	자	축	인	묘	진	사	오
	녀	미	오	사	진	묘	인	축	자	해	술	유	신
해 묘 미	남	축	인	묘	진	사	오	미	신	유	술	해	자
	녀	축	자	해	술	유	신	미	오	사	진	묘	인

실례1 을축년 1월 2일 인시생 남명			
천천천용삼천화천 상수곡지태무성기 ○△ 녹 복지관 76~85 辛 명배부 【奴僕】絶巳 【大遷】【流子】 11 23 35 47 59 71	천대천문자 주모귀곡미 XX◎ 과 대함사 66~75 壬 모지부【遷移】墓午 【大疾】【流夫】 12 24 36 48 60 72	절천천 공사허 병월세 56~65 癸 부살파【疾厄】死未 【大財】【流兄】 1 13 25 37 49 61	홍해천태은천천문파 영신복보광희월창군 ◎○XX 희망용 46~55 甲 신신덕【財帛】病申 【大子】【流命】 2 14 26 38 50 62
천봉경좌칠 관고양보살 ◎◎◎ 관천태 86~95 庚 부살음【身官祿】胎辰 【大奴】【流財】 10 22 34 46 58 70	예제1, 陰男 을축년 1월 2일 인시생 命局 : 화육국, 벽력화 命主 : 탐랑, 身主 : 천상		비년봉팔천지 렴해각좌형공 ◎◎ 비장백 36~45 乙 렴성호【子女】衰酉 【大夫】【流父】 3 15 27 39 51 63
녹천태 존량양 ◎◎◎ 권 박재상 96~ 己 사살문【田宅】養卯 【大官】【流疾】 9 21 33 45 57 69			천과우천영 월수필부정 ◎◎◎ 주반천 26~35 丙 서안덕【夫妻】旺戌 【大兄】【流福】 4 16 28 40 52 64
고천음홍타천무 진공살라라상곡 XX◎X 역겁태 戊 사살양【福德】生寅 【大田】【流遷】 8 20 32 44 56 68	파천천지거천 쇄재요겁문동 △XX○XX 청화태 己 용개세【父母】浴丑 【大福】【流奴】 7 19 31 43 55 67	영천탐 성괴랑 XX○○ 소식병 6~15 戊 모신부【 命】帶子 【大父】【流官】 6 18 30 42 54 66	순천태 공마음 △○ 기 장세조 16~25 丁 군역객【兄弟】冠亥 【大命】【流田】 5 17 29 41 53 65

이 명의 20세 갑신년의 대한십이사항궁·유년십이사항궁·소한을 찾아보자.

① 20세 갑신년은 16~25세 정해대한 중에 해당하므로 해궁에 대한명궁을 배치하고 대한명궁부터 대한십이사항궁을 역행으로 배치한다.

② 태세 갑신의 지지 申궁부터 유년명궁을 일으킨다. 유년명궁부터 역행으로 유년십이사항궁을 배치한다.

③ 이 명은 축년생이고, 축의 삼합은 사유축인데 삼합의 끝자 축을 충하는 자는 미이므로 미궁부터 소한을 배치한다. 남명이므로 순행하여 미궁 1세, 신궁 2세, 유궁 3세 … 의 순서대로 소한을 배치한다. 갑신년 20세의 소한은 인궁에 해당하게 된다.

실례2 계해년 11월 29일 술시생 여명

천천천천천천천 복허귀마월상 △○△	해천삼음천 신관태살량 ◎	천천천화칠염 상곡형성살정 ××X○○	홍팔영 염좌성 ○
주세세 32~41 丁 서역파 【田宅】絕巳 【大父】 【流財】 9 21 33 45 57 69	비식용 42~51 戊 렴신덕 【官祿】胎午 【大福】 【流子】 8 20 32 44 56 68	희화백 52~61 己 신개호 【奴僕】養未 【大田】 【流夫】 7 19 31 43 55 67	병겁천 62~71 庚 부살덕 【遷移】生申 【大官】 【流兄】 6 18 30 42 54 66
대태홍거 모보란문 △ 권 장반사 22~31 丙 군안부 【福德】墓辰 【大命】 【流疾】 10 22 34 46 58 70	예제2, 陰女 계해년 11월 29일 술시생 命局 : 수이국, 대계수 命主 : 녹존, 身主 : 천지		파천천지 쇄사수겁 △ 대재조 72~81 辛 모살객 【疾厄】浴酉 【大奴】 【流命】 5 17 29 41 53 65
용은천탐자 지광괴랑미 ◎△○ 릉 소장관 12~21 乙 모성부 【父母】死卯 【大兄】 【流遷】 11 23 35 47 59 71			천과천천 월수희동 △ 복천병 82~91 壬 병살부 【身財帛】帶戌 【大遷】 【流父】 4 16 28 40 52 64
고천문좌태천 진무곡보음기 △◎X○ 과 청망태 2~11 甲 룡신음 【命】病寅 【大夫】 【流奴】 12 24 36 48 60 72	순절비천지경천 공공령재공양부 ××◎◎ 역월상 乙 사살문 【兄第】衰丑 【大子】 【流官】 1 13 25 37 49 61	천봉녹문우태 공고존창필양 ○○○X 박함태 甲 사지양 【夫妻】旺子 【大財】 【流田】 2 14 26 38 50 62	천년봉천타파무 주해각요라군곡 XXXX△△ 녹 관지태 92~ 癸 부배세 【子女】冠亥 【大疾】 【流福】 3 15 27 39 51 63

이 명의 23세 을유년의 대한십이사항궁·유년십이사항궁·소한을 찾아보자.

① 23세 을유년은 22~31세 병진대한 중에 해당하므로 진궁에 대한명궁을 배치하고 대한명궁부터 대한십이사항궁을 역행으로 배치한다.
② 유년태세 을유의 지지인 유궁에 유년명궁을 일으킨다. 유년명궁부터 역행으로 유년십이사항궁을 배치한다.
③ 이 명은 해년생이고, 해의 삼합은 해묘미인데 삼합의 끝자 미를 충하는 자는 축이므로 축궁부터 소한 1세를 배치한다. 여명이므로 역행하여 축궁 1세, 자궁 2세, 해궁 3세 … 의 순서대로 소한을 배치한다. 23세 을유년의 소한은 묘궁에 해당한다.

실례3 정미년 윤 6월 16일 자시생 남명

이 명의 40세 병술년의 대한십이사항궁·유년십이사항궁·소한을 찾아보자.

① 40세 병술년은 35~44세 을사대한 중에 해당하므로 사궁에 대한명궁을 배치하고 대한명궁부터 대한십이사항궁을 역행으로 배치한다.
② 유년태세 병술의 지지인 술궁에 유년명궁을 일으킨다. 유년명궁부터 역행으로 유년십이사항궁을 배치한다.
③ 이 명은 미년생이고, 미의 삼합은 해묘미인데 삼합의 끝자 미를 충하는 자는 축이므로 축궁부터 소한 1세를 배치한다. 여명이므로 역행하여 축궁 1세, 자궁 2세, 해궁 3세 … 의 순서대로 소한을 배치한다. 40세 병술년의 소한은 진궁에 해당한다.

천천타파무 주마라군곡 △XXX△ 역세조 35~44　乙 사역객【子女】冠巳 【大命】　【流疾】 5 17 29 41 53 65	태천녹태 보귀존양 ◎◎ 박식병 25~34　丙 사신부【夫妻】帶午 【大父】　【流財】 6 18 30 42 54 66	홍천경천 염요양부 ◎◎◎ 관화태 15~24　丁 부개세【兄弟】浴未 【大福】　【流子】 7 19 31 43 55 67	고천홍태천 진공란음기 △ X 녹과 복겁태 5~14　戊 병살양【身 命】生申 【大田】　【流兄】 8 20 32 44 56 68
과문우천 수곡필동 ◎◎ 權 청반천 45~54　甲 룡안덕【財帛】旺辰 【大兄】　【流遷】 4 16 28 40 52 64	예제3, 陰男 정마년 윤 6월 16일 자시생 命局 : 토오국, 대역토 命主 : 염정, 身主 : 천상		화천탐자 성월랑미 XX◎△△ 대재상　　己 모살운【父母】養酉 【大官】　【流兄】 9 21 33 45 57 69
순절비천천천년봉천 공공령사수재해각형 ◎ 소장백 55~64　癸 모성호【疾厄】衰卯 【大夫】　【流奴】 3 15 27 39 51 63			영문좌거 성창보문 ◎XX◎◎ 기 병천태　　庚 부살음【福德】胎戌 【大奴】　【流命】 10 22 34 46 58 70
해천봉음천천 신관고살무희 장망용 65~74　壬 군신덕【遷移】病寅 【大子】　【流官】 2 14 26 38 50 62	파천천팔삼칠염 쇄상허좌태살정 ◎◎ 주월세 75~84　癸 서살파【奴僕】死丑 【大財】　【流田】 1 13 25 37 49 61	대은천 모광량 ◎ 비함사 85~94　壬 렴지부【官祿】墓子 【大疾】　【流福】 12 24 36 48 60 72	천천천용지지천천 월복곡지겁공괴상 ◎XX◎△ 희지관 95~　　辛 신배부【田宅】絶亥 【大遷】　【流父】 11 23 35 47 59 71

3) 두군과 유월 · 유일 · 유시 찾는 법

(1) 두군

　유년과 소한으로는 일년운을 살피지만 매달 운은 유월(流月)로 본다. 보고자 하는 유월이 어느 궁에 해당되는지를 알기 위해서는, 우선 그 한해의 1월이 어디에서 시작되는가에 대한 기준을 정해야 하는데, 그 기준점을 두군(斗君)이라고 한다.
　쉽게 말하면 두군은 한해의 1월이 시작되는 궁인 것이다.
　대만학자들 중에는 이 두군을 가지고 여러 이론을 만들어서 쓰고 있는데, 필자가 보기에는 일고의 가치도 없는 이론들이다. 두군은 단순히 한해의 1월이 어느 궁인가를 찾는 기준점이 되는 궁이자 1월궁 자체라는 것에만 의미를 두는 것이 옳다고 본다.
　두군을 찾는 법은 유년궁에서 (유년이 갑신년이라면 申宮)자기가 태어난 생월까지 역행한 다음, 그 궁에서 다시 자기가 태어난 생시까지 순행한 곳이 두군이다.
　쉽게 두군을 찾는 방법은 인궁이 선천의 십이사항궁이 무슨 궁인가를 보고, 당해 유년의 십이사항궁에서 인궁의 선천십이사항궁과 같은 궁이 당해의 두군궁이 된다.
　가령 인궁이 선천의 재백궁이라면 두군은 매 유년의 유년재백궁이 되고, 인궁이 선천복덕궁이라면 두군은 매 유년의 유년 복덕궁이 된다.

이렇게 두군이 정해지면 나머지 열한 개 달을 찾을 수 있다.

두군은 한해의 1월궁이므로, 2월부터 12월까지는 두군궁에서 무조건 순행으로 한칸씩 돌아가며 배치된다. 즉 두군이 묘궁이라면 2월은 진궁, 3월은 사궁, ⋯, 축궁은 11월, 인궁은 12월이 되는 것이다.

(2) 유월

유년을 볼때는 유년 사화를 유년간지기준으로 쓰지만, 유월을 볼 때는 명리에서처럼 월두법으로 정해진 달의 천간을 가지고 유성(流星)을 붙여서 해당월의 길흉을 살핀다.

예를 들어 갑신년 7월(음력 7월이라면 절기와 상관없이 음력 7월 1일부터 30일까지를 말한다)이 인궁에 있다고 한다면, 인궁을 유월 명궁으로 삼고, 축궁이 유월의 형제궁, 자궁이 유월의 부부궁 ⋯ 하는 식으로 십이사항궁을 붙여서 해당월의 십이사항궁의 변화를 살핀다.

이달의 변화는 음력 7월의 궁간, 예컨대 갑신년 음력 7월이라면 임신월에 해당하므로 壬干의 사화 '량·자·보·무'를 명반상의 해당성에 붙여서 본다. 중주파에서는 유월에서도 유월록존, 유월괴월, 유월창곡, 유월양타, 유월천마 등을 찾아서 살피는데, 필자는 오로지 유월의 천간 사화만을 유월의 길흉을 살피는 유일한 재료로 삼으며 유월 십이사항궁은 보지 않는다.

유월을 보는데 있어서 오해하기 쉬운 부분이 있어서 지적하고 넘어가자.

경 5월 巳	신 6월 午	임 7월 未	계 8월 申
기 4월 辰	갑신년의 유월(流月)명반		갑 9월 酉
무 3월 卯			을 10월 戌
정 2월 寅	병 **두군** 丑	정 12월 子	병 11월 亥

　가령 위 명반처럼 갑신년 두군(일월)이 축궁에 있다고 할 때, 갑신년 10월의 유월을 본다고 하자.

　만세력을 살펴보면 갑신년의 1월은 병인월이니 10월은 을해월이 된다. 갑신년은 갑기년은 인월에 병이 붙는다는 월두법에 따라 1월은 병인이 되고, 2월은 정묘, 3월은 무진 … 의 순서로 붙는다.

　두군을 찾으면 1월부터 12월까지의 유월궁이 정해지는데, 유월의 길흉을 살피기 위해서 해당월의 궁간을 붙임으로써 사화 등의 유성을 쉽게 파악하게 되는데, 위의 명반을 보면 두군궁은 병축, 2월궁은 정인, 3월궁은 무묘…, 등으로 이상하게 되어 있다.

　초학자들이 이 부분을 오해하고는 질문을 많이 한다.

　결론을 말하자면 명반상의 고정적인 십이지지는 잠금장치를 해서 못쓴다고 생각하고, 무시하거나 없는 것으로 생각하라.

　단지 두군을 찾고나서 두군부터 해당년의 년간을 기준으로 1월의 천간이 무엇인지를 알면, 두군부터 순행으로 천간을 위의 표처럼 표시해서 그 천간으로 해당월의 유월 사화나 유월양타 등의 유성을 붙여서 보라는 것이다.

행여 명반상 고정되어 있는 십이지지를 습관처럼 해당지지에 해당되는 달로 오해하거나, 해당지지가 있는 것처럼 보고 '천간과 이상하게 조합된다, 달이 틀리다'고 생각할 수도 있는 부분이므로 언급한 것이다.

(3) 유일

유월로 특정한 달의 길흉을 살핀 다음, 그 일이 어느 날에 발생할 것인가를 알고 싶을 때는 유일(流日)을 본다.

유일이란 말 그대로 매일의 운을 보는 방법이다.

유일을 찾는 법은 유월궁에서 그 달의 1일을 시작하고, 순행으로 2일 3일 4일 ⋯ 30일 의 순서로 찾으며, 해당일의 길흉은 해당 일진의 간지로 유일의 사화나 유일의 양타·록마 등을 붙여서 사용한다. 필자는 유일도 유일사화만 쓴다.

(4) 유시

또 유일 중 어느 시에 일이 발생할 것인가를 알고 싶다면 유시(流時)를 찾아서 보면 되는데, 해당 일이 위치한 궁이 그 날의 자시가 되고, 순행으로 축시, 인시 ⋯ 의 순서로 유시(流時)를 배치하고, 찾고자 하는 시가 좌하는 궁에서 유시의 십이사항궁을 정한다.

유시의 천간은 일진에 의해 결정되는데, 가령 무진일 술시라고 하면 임술시가 되고, 여기에 사화를 붙여서 그 시간의 길흉을 살핀다.

필자는 운을 볼 때 유일과 유시는 가급적 보지 않고 유월까지만 본다.

실례1 을축년 1월 2일 인시생 남명

천천천용삼천화천 상수곡지태무성기 ○△ 녹 복지관 76~85 辛 병배부【奴僕】絶巳 【大遷】　【流子】 11 23 35 47 59 71	천대천문자 주모귀곡미 ××◎ 과 대함사 66~75 壬 모지부【遷移】墓午 【大疾】　【流夫】 12 24 36 48 60 72	절천천 공사허 **무진시** 명월세 56~65 癸 부살파【疾厄】死未 【大財】　【流兄】 1 13 25 37 49 61	홍해천태은천천문파 염신복보광희천월창군 ◎○×× 희망용 46~55 甲 신신덕【財帛】病申 【大子】　【流命】 2 14 26 38 50 62
천봉경좌칠 관고양보살 ◎◎◎ 관천태 86~95 庚 부살음【身官祿】胎辰 【大奴】　【流財】 10 22 34 46 58 70	예제1, 陰男 乙丑년 1월 2일 인시생 命局 : 화육국, 벽력화 命主 : 탐랑, 身主 : 천상		비년봉팔천지 렴해각좌형공 ◎◎ 비장백 36~45 乙 렴성호【子女】衰酉 【大夫】　【流父】 3 15 27 39 51 63
27갑 **일자** **일시** 녹천태 존량양 ○○○ 權 박재상 96~ 己 사살문【田宅】養卯 【大官】　【流疾】 9 21 33 45 57 69			**斗君** **정월** 천과우천영 월수필부정 ◎◎◎ 주반천 26~35 丙 서안덕【夫妻】旺戌 【大兄】　【流福】 4 16 28 40 52 64
고천음홍타천무 신공살라라상곡 ××◎× 역겁태　　戊 사살양【福德】生寅 【大田】　【流遷】 8 20 32 44 56 68	**4기** **월사** **월** 파천천지거천 쇄재요겁문동 △××○× 청화태　　己 룡개세【父母】浴丑 【大福】　【流奴】 7 19 31 43 55 67	영천탐 성괴랑 ××○○ 소식병 6~15 戊 모신부【　命】帶子 【大父】　【流官】 6 18 30 42 54 66	순천태 공마음 △○ 忌 장세조 16~25 丁 군역객【兄弟】冠亥 【大命】　【流田】 5 17 29 41 53 65

이 명의 20세 갑신년의 두군과 갑신년 4월이 어느 궁에 있는가를 찾아보고, 을유년 4월 27일의 유일과 27일 진시의 유시를 찾아보자.

① 인궁의 선천십이사항궁에 해당하는 유년십이사항궁이 곧 두군에 해당하는데, 인궁은 선천복덕궁이니 유년복덕궁(流福)인 술궁이 갑신년의 두군이 된다.
② 두군이 정월에 해당하니 술궁 1월 병인월, 해궁 2월 정묘월, 자궁 3월 무진월, 축궁 4월 기사월의 순서를 따라가면 4월의 유월궁이 축궁이 되며, 4월의 월건은 기사가 된다. 월의 천간은 기로, 기간 사화로 유월의 사화를 붙인다.
③ 27일 유일궁을 찾아보면, 4월의 월궁이 축궁이므로 축궁 1일, 인궁 2일, 묘궁 3일 … 인궁 26일, 묘궁 27일의 순서로 일자를 붙이면 27일의 유일궁은 묘궁에 해당한다. 유일의 천간은 만세력으로 찾는데, 만세력에 보면 2004년 갑신년 음력 4월 27일은 갑자일이니 천간 갑으로 유일의 사화를 붙인다.
④ 유시인 진시를 찾아보면, 27일이 묘궁이 되니 묘궁 자시, 진궁 축시, 사궁 인시 … 미궁 진시의 순서로 시진을 붙이면 진시는 미궁에 해당한다. 진시의 천간은 갑자일을 기준할 때 무진시가 되므로 무간으로 유시의 사화를 찾는다.

실례2 계해년 11월 29일 술시생 여명

이 명의 23세 을유년의 두군과 을유년 5월이 어느 궁에 있는가를 찾아보고, 을유년 5월 3일의 유일과 3일 오시의 유시를 찾아보자.
① 인궁의 선천십이사항궁에 해당하는 유년십이사항궁이 곧 두군에 해당하는데, 인궁은 선천명궁이니 유년명궁(流命)인 유궁이 곧 을유년의 두군이 된다.

천천천천천천 복허귀마월상 △○△ 주세세 32~41　丁 서역파【田宅】絶巳 　　　　【大父】【流財】 9 21 33 45 57 69	해천삼음천 신관태살량 ◎ 비식용 42~51　戊 렴신덕【官祿】胎午 　　　　【大福】【流官】 8 20 32 44 56 68	천천천화칠염 상곡형성살정 XX X ○○ 희화백 52~61　己 신개호【奴僕】養未 　　　　【大田】【流夫】 7 19 31 43 55 67	홍팔영 염좌성 ○ 병겁천 62~71　庚 부살덕【遷移】生申 　　　　【大官】【流兄】 6 18 30 42 54 66
대태홍거 모보란문 △ 　　권 장반사 22~31　丙 군안부【福德】墓辰 　　　　【大命】【流疾】 10 22 34 46 58 70	예제2, 陰女 계해년 11월 29일 술시생 命局 : 수이국, 대계수 命主 : 녹존, 身主 : 천지		斗君庚午時 파천천천지 쇄사수겁 △ 대재조 72~81　辛 모살객【疾厄】浴酉 　　　　【大奴】【流命】 5 17 29 41 53 65
3갑 일자 일	용은천탐자 지광괴랑미 ◎△○ 　　　　祿		천과천천 월수희동 △
	소장관 12~21　乙 모성부【父母】死卯 　　　　【大兄】【流遷】 11 23 35 47 59 71		복천병 82~91　壬 병살부【身財帛】帶戌 　　　　【大遷】【流父】 4 16 28 40 52 64
고천문좌태천 진무곡보음기 △◎X○ 　　과 청망태 2~11　甲 룡신음【命】病寅 　　　　【大夫】【流奴】 12 24 36 48 60 72	2임 월오 1일 임순절비천지경천 공공렴공양부 XX◎○ 역월상　　　　乙 사살문【兄弟】衰丑 　　　　【大子】【流官】 1 13 25 37 49 61	천봉녹문우태 공고존창필양 ○○○XX 박함태　　　　甲 사지양【夫妻】旺子 　　　　【大財】【流田】 2 14 26 38 50 62	천년봉천타파무 주해각요라군곡 XXXX△△ 　　　녹 관지태 92~　　癸 부배세【子女】冠亥 　　　　【大疾】【流福】 3 15 27 39 51 63

② 두군이 정월에 해당하니 유궁 1월 무인월, 술궁 2월 기묘월, 해궁 3월 경진월, 자궁 4월 신사월, 축궁 5월 임오월의 순서를 따라가면 5월의 유월궁이 축궁이 되며, 5월의 월건은 임오가 된다. 월의 천간은 임으로, 임간 사화로 유월의 사화를 붙인다.

③ 3일 유일궁을 찾아보면, 5월의 월궁이 축궁이므로 축궁 1일, 인궁 2일, 묘궁 3일의 순서로 일자를 붙이면 3일의 유일궁은 묘궁에 해당한다. 유일의 천간은 만세력으로 찾는데, 만세력에 보면 2005년 을유년 음력

5월 3일은 갑자일이니 천간 갑으로 유일의 사화를 붙인다.
④ 유시인 오시를 찾아보면, 3일이 묘궁이 되니 묘궁 자시, 진궁 축시, 사궁 인시 …유궁 오시의 순서로 시진을 붙이면 오시는 유궁에 해당한다. 오시의 천간은 갑자일을 기준할 때 경오시가 되므로 경간으로 유시의 사화를 찾는다.

실례3 정미년 윤 6월 16일 자시생 남명

2월 신묘월	천천타파무 주마라군곡 △XX X △	태천녹태 보귀존양 ◎◎	홍천경천 염요양부 ◎◎◎	고천홍태천 진공란음기 ◎ X 녹과
	역세조 35~44 乙 사역객【子女】冠巳 【大命】 【流疾】 5 17 29 41 53 65	박식병 25~34 丙 사신부【大妻】帶午 【大父】 【流財】 6 18 30 42 54 66	관화태 15~24 丁 부개세【兄弟】浴未 【大福】 【流子】 7 19 31 43 55 67	복검태 5~14 戊 병살앙【身命】生申 【大田】 【流夫】 8 20 32 44 56 68
두군	과문우천 수곡필동 ◎◎△ 權 청반천 45~54 甲 룡안덕【財帛】旺辰 【大兄】 【流遷】 4 16 28 40 52 64	예제3, 陰男 정미년 윤 6월 16일 자시생 命局 : 토오국, 대역토 命主 : 염정, 身主 : 천상		화천탐자 성월랑미 XX◎△△ 대재상 己 모살문【父母】養酉 【大官】 【流兄】 9 21 33 45 57 69
	순절비천천천년봉천 공공령사수재해각형 ◎ 소장백 55~64 癸 모성호【疾厄】衰卯 【大夫】 【流奴】 3 15 27 39 51 63			영문좌거 성창보문 ◎XX◎◎ 기 병천태 庚 부살음【福德】胎戌 【大奴】 【流命】 10 22 34 46 58 70
	해천봉음천천 신관고살무희 장망용 65~74 壬 군신덕【遷移】病寅 【大子】 【流官】 2 14 26 38 50 62	파천천팔삼칠염 쇄상허좌태살정 ◎◎ 주월세 75~84 癸 서살파【奴僕】死丑 【大財】 【流田】 1 13 25 37 49 61	대은천 모광량 ◎ 비함사 85~94 壬 렴지부【官祿】墓子 【大疾】 【流福】 12 24 36 48 60 72	천천천용지지천천 월복곡지겁공괴상 ◎XX◎△ 희지관 95~ 辛 신배부【田宅】絶亥 【大遷】 【流父】 11 23 35 47 59 71

이 명의 40세 병술년의 두군과 병술년 2월이 어느 궁에 있는가를 찾아보고, 병술년 2월 15일의 유일과 15일 축시의 유시를 찾

아보자.

① 인궁의 선천십이사항궁에 해당하는 유년십이사항궁이 곧 두군에 해당하는데, 인궁은 선천천이궁이니 유년천이궁(流遷)인 진궁이 곧 병술년의 두군이 된다.

② 두군이 정월에 해당하니 진궁 1월 경인월, 사궁 2월 신묘월의 순서를 따라가면 2월의 유월궁이 사궁이 되며, 2월의 월건은 신묘가 된다. 월의 천간은 신으로, 신간 사화로 유월의 사화를 붙인다.

③ 15일 유일궁을 찾아보면, 2월의 월궁이 사궁이므로 사궁 1일, 오궁 2일 … 오궁 14일 미궁 15일의 순서로 일자를 붙이면 15일의 유일궁은 미궁에 해당한다. 유일의 천간은 만세력으로 찾는데, 만세력에 보면 2006년 병술년 음력 2월 15일은 정미일이니 천간 정으로 유일의 사화를 붙인다.

④ 유시인 축시를 찾아보면, 15일이 미궁이 되니 미궁 자시, 申宮 축시의 순서로 시진을 붙이면 축시는 申宮에 해당한다. 축시의 천간은 정미일을 기준할 때 신축시가 되므로 신간으로 유시의 사화를 찾는다.

4) 유성(流星)을 붙이는 방법

말 그대로 대한이나 유년·유월·유일·유시를 볼 때 시간에 따라 붙는 성들을 통틀어 유성(流星)이라고 한다. 아래에 그 종류를 열거하였다.

필자는 이러한 유성을 호칭할 때는 같은 유성(流星)이라도 시간의 단위에 따른 유성들이 구분되도록 서로 다르게 이름을 붙이고 있다.

가령 유년의 유성은 유성(流星)앞에 유년(流年)의 '유(流)'자를 붙여서 유괴(流魁 : 유년에 붙은 천괴를 말함)니 유양(流羊 : 유년에 붙은 경양을 말함)의 식으로 이름을 붙이고, 대한의 유성은 대한(大限)의 '대(大)'자를 붙여서 대괴(大魁 : 대한에 붙은 천괴를 말함)니 대록(大祿 : 대한에 붙은 녹존을 말함)의 식으로 이름을 붙이며, 유월(流月)의 유성은 유월(流月)의 '월(月)'을 붙여 월괴(月魁 : 유월의 천괴를 말함), 월타(月陀 : 유월의 타라를 말함)라는 식으로 이름을 붙인다.

(1) 천괴·천월

대한·유년·유월·유일·유시에 모두 붙이되, 해당 천간을 기준하여 붙인다. 갑대한이면 축궁과 미궁에 대한천괴·대한천월이 붙으며, 壬유월이라면 묘궁과 사궁에 유월천괴·유월천월이 붙는 식이다.

(2) 녹존·타라·경양

대한·유년·유월·유일·유시 모두 붙인다.
방식은 역시 해당운의 천간을 기준으로 한다.

(3) 문창·문곡

대한·유년·유월·유일·유시 모두 붙인다.
단 유성이 되는 문창(유창)·문곡(유곡)은 선천의 문창·문곡과의 배치법이 다르다.

流干	갑	을	병	정	무	기	경	신	임	계
流昌	사	오	申	유	신	유	해	자	인	묘
流曲	유	申	오	사	오	사	묘	인	자	해

※ 필자는 유창, 유곡뿐만 아니라 유운의 사화를 제외한 여하한 유성도 쓰지 않는다. 그래서 만약 신대한이나 신유년이라면 문곡화과와 문창화기는 원국에 배치된 창곡에 화과와 화기를 붙이며, 위의 표에서처럼 유곡을 인궁에 유창을 자궁에 배치한 후, 문곡화과를 인궁 유곡에 문창화기를 자궁 유창에 붙이지 않는다는 것이다.

※ 홍콩의 진설도 선생은 유창 유곡에 대해 특별한 징험을 말하고 있는데, 가령 원국이 기년생이어서 문곡화기가 미궁에 있다고 할 때 신대운이나 신유년일 때 유문곡화과는 인궁에 있게 된다.(위표참조) 이미 원국에서 문곡화기가 되어 있기 때문에 유운에서 문곡이 인궁에서 화과가 되더라도 그 화과는 원국에서처럼 화기의 성질을 띠고 있게 된다는 것이다. 다시 말해 신대운이나 신유년일때 인궁에 유문곡화과가 있게 되지만, 이 문곡화과는 화과로써 작용하는 것이 아니라 원국과 똑같이 문곡화기의 속성을 가지고 인궁에 좌하고 있다는 것이다. 즉 이것은 미궁에 선천 문곡화기, 인궁에 유운(流運)의 문곡화기, 이렇게 두개의 문곡

화기가 있다고 보고 추론한다는 것이다.

(4) 사화(四化 : 화록·화권·화과·화기)

대한·유년·유월·유일·유시에 모두 붙이며, 해당 운의 천간을 기준한다.

(5) 천마(天馬)

대한·유년·유월·유일·유시 모두 붙인다.
해당 운의 지지를 기준으로 한다. 무자대한이면 인궁이 역마, 무오월이면 申궁이 유역마(流驛馬)하는 식이다.
필자는 위에서 밝혔다시피 대한·유년·유월·유일·유시 할 것 없이 유운의 사화만 쓴다.

실례1 을축년 1월 2일 인시생 남명

이 명의 20세 갑신년의 流星을 붙여보자.
① 갑년의 유년천괴(流魁)는 축궁, 유년천월(流鉞)은 미궁에 붙는다.
② 갑년의 유년록존(流祿)은 인궁, 유년타라(流陀)는 축궁, 유년경양(流羊)은 묘궁에 붙는다.
③ 갑년의 유년문창은 사궁, 유년문곡은 유궁에 붙는다.
④ 20세 갑신년은 정해대한에 속하니 대한의 사화는 정간을 기준으로 태음에 화록, 천동에 화권, 천기에 화과, 거문에 화기가 각각 붙는다. ⑤ 유년사화는 갑년이니 유년의 사화는 갑간을 기준으로 염정에 화록, 파군에 화권, 무곡에 화과, 태양에 화기가 각각 붙는다. 이때 선천사화와 대한사화, 유년사화가 서로 중첩하는데, 필자는 선천사화 아래에 대한사

화, 대한사화 아래에 유년사화를 표시하여 시간에 따른 사화를 구분하고 있다.

⑥ 유년천마는 태세 년지 삼합의 첫 자를 충하는 자에 해당하는데, 갑신년의 삼합은 신자진이고, 삼합의 첫 자 신을 충하는 자는 인이니 인궁에 유년천마가 붙는다.

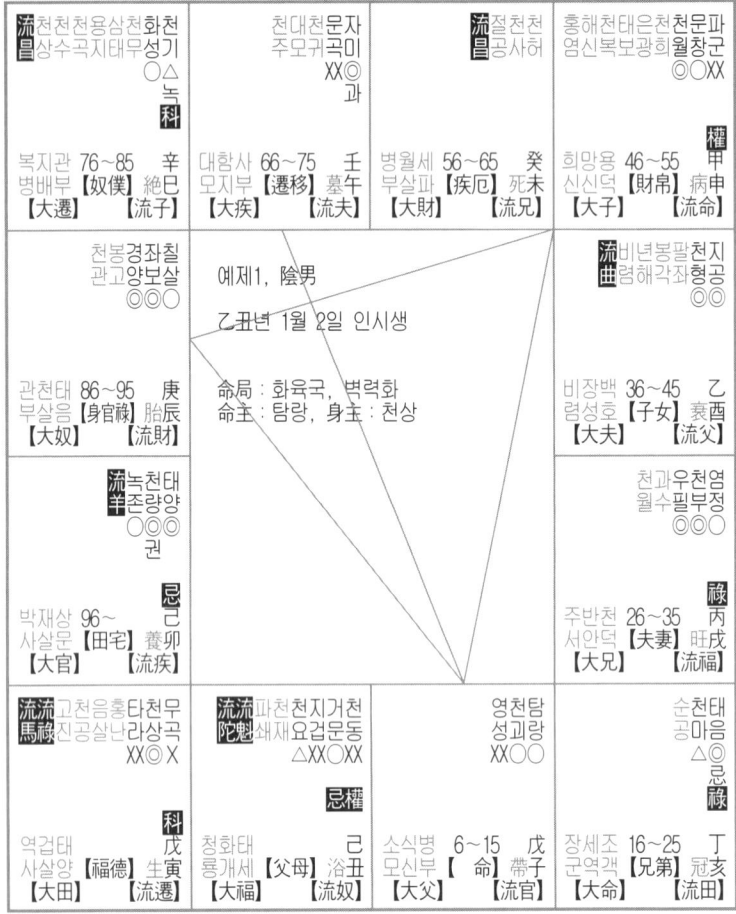

실례2 계해년 11월 29일 술시생 여명

천천천천천천천 복허귀천마월상 　　　　△○△	流해천삼음천 昌신관태살량 　　　　　◎ 【權】	천천천화칠염 상곡형성살정 XXX◎◎ 【忌】	流流홍팔영 曲鉞염좌성 　　　　○
주세세 32~41　丁 서역파【田宅】絶巳 【大父】　　【流財】	비식용 42~51　戊 령신덕【官祿】胎午 【大福】　　【流子】	희화백 52~61　己 신개호【奴僕】養未 【大田】　　【流夫】	병겁천 62~71　庚 부살덕【遷移】生申 【大官】　　【流兄】
流대태홍거 羊모보란문 　　　　△ 권	예제2, 陰女 　계해년 11월 29일 술시생		파천천지 쇄사수겁 　　　△
장반사 22~31　丙 군안부【福德】墓辰 【大命】　　【流疾】	命局 : 수이국, 대계수 　命主 : 녹존, 身主 : 천기		대재조 72~81　辛 모살객【疾厄】浴酉 【大奴】　　【流命】
流용은천탐자 祿지광괴랑미 　　◎△○ 기			천과천천 월수희동 　　　△ 祿
소장관 12~21　乙 모성부【父母】死卯 【大兄】【科】【流遷】			복천병 82~91　壬 병살문【身財帛】帶戌 【大遷】　　【流父】
流고천문좌태천 陀진무곡보음기 　△◎X○ 　　　　과 　　　　權 　　　　忌祿	순절비천지경천 공공령재공양부 XX◎◎	流천봉녹문우태 魁공고존창필양 ○○○XX 【科】	流천년봉천타파무 馬주해각요라군곡 XXXX△△ 녹
청망태 2~11　甲 룡신읍【命】病寅 【大夫】　【流奴】	역월상　　乙 사살문【兄弟】衰丑 【大子】　　【流官】	박함태　　甲 사지양【夫妻】旺子 【大財】　　【流田】	관지태 92~　癸 부배세【子女】冠亥 【大疾】　　【流福】

이 명의 23세 을유년의 유성을 붙여보자.

① 을년의 유년천괴는 자궁, 유년천월은 申궁에 붙는다.
② 을년의 유년록존은 묘궁, 유년타라는 인궁, 유년경양은 진궁에 붙는다.
③ 을년의 유년문창은 오궁, 유년문곡은 申궁에 붙는다.
④ 23세 을유년은 병진대한에 속하니 대한의 사화는 병간을 기준으로 천동에 화록, 천기에 화권, 문창에 화권, 염정에 화기가 각각 붙는다.

⑤ 을유년이니 유년의 사화는 을간을 기준으로 천기에 화록, 천량에 화권, 자미에 화과, 태음에 화기가 각각 붙는다.
⑥ 유년천마는 태세 년지 삼합의 첫 자를 충하는 자에 해당하는데, 을유년의 삼합은 사유축이고, 삼합의 첫 자 사를 충하는 자는 해이니 해궁에 유년천마가 붙는다.

❖ 다시한번 강조하지만, 필자는 유년운을 볼 때 대한사화와 유년사화만을 참고할 뿐으로 유성은 따로 참고하지 않는다. 따라서 유년운을 볼 때도 위 명반과 같이 대한십이사항궁과 유년십이사항궁, 대한과 유년의 사화만 표시하여 명반을 보고 있다.

1부. 추론을 위한 준비

아래는 40세 병술년의 유성을 배치한 것이다.

실례3 정미년 윤 6월 16일 자시생 남명

流祿 천주 천마 타라 파군 무곡 △XX△	流流 祿羊 태보 천귀 녹존 태양 ◎◎	홍염 천요 경양 천부 ◎◎◎	流流 馬昌 고진 천공 홍란 태음 천기 △X 녹과 忌祿權
역세조 35~44 乙 사역객 【子女】 冠巳 【大命】 【流疾】	박식병 25~34 丙 사신부 【夫妻】 帶午 【大父】 【流財】	관화태 15~24 丁 부개세 【兄第】 浴未 【大福】 【流子】	복겁태 5~14 戊 병살양 【身 命】 生申 【大田】 【流夫】
流陀 과수 문곡 우필 천동 ◎◎△ 權	예제3, 陰男 정미년 윤 6월 16일 자시생 命局 : 토오국, 대역토 命主 : 염정, 身主 : 천상		流鉞 화성 천월 탐랑 자미 XX◎△
祿甲 청반천 45~54 용안덕 【財帛】 旺辰 【大兄】 【流遷】			科 己 대재상 모살문 【父母】 養酉 【大官】 【流兄】
순공 절공 비렴 천사 천수 천재 년해 년각 봉형 天◎			영문 좌거 성창 보문 ◎XX◎◎ 기
소장백 55~64 癸 모성호 【疾厄】 衰卯 【大夫】 【流奴】			科 庚 병천태 부살음 【福德】 胎戌 【大奴】 【流命】
해천봉음천천 신관고살무희	파천천팔삼칠염 쇄상허좌태살정 ◎	대은천 모광량 ◎	流魁 천월 천복 천지 천용 지겁 지공 천괴 천상 ◎XX◎△
	忌 癸	權	
장망용 65~74 壬 군신덕 【遷移】 病寅 【大子】 【流官】	주월세 75~84 癸 서살사 【奴僕】 死丑 【大財】 【流田】	비함사 85~94 壬 렴지부 【官祿】 墓子 【大疾】 【流福】	희지관 95~ 辛 신배부 【田宅】 絶亥 【大遷】 【流父】

4. 천·지·인반

천·지·인반이란 주로 중주파에서 쓰는 명반 조식법을 말한다. 같은 생년월일시를 가지고 명반을 천반·지반·인반의 세 가지로 작성해서, 그 중 명조의 삶의 궤적과 일치하는 명반을 결정해서 보는 법이다.

우선 천·지·인반의 포국법을 설명한다.

(1) 천반(天盤)은 우리가 일반적으로 사용하는 방법대로 명반을 작성한 것을 말한다. 중주파 이외에는 거의 대부분이 천반을 기준하여 간명하고 있다.

(2) 지반(地盤)은 천반(원래 명반)의 身宮이 명궁이 된다. 따라서 身宮을 명궁으로 삼고 身宮 천간지지의 납음을 따라서 국수를 정하여 명반을 재구성한 것을 말한다.
이 경우, 십이사항궁이 변하고, 14정성이 변하며, 장생십이신도 변하고 대운도 변하게 된다. 身宮을 명궁으로 삼으니 명궁과 身宮은 항상 동궁하게 된다.

(3) 인반(人盤)은 천반(원래 명반)의 복덕궁이 명궁이 된다. 따라서 복덕궁을 명궁으로 삼고 복덕궁 천간지지의 납음을 따라서 국수를 정하여 명반을 재구성한 것을 말한다.

이 경우도 위의 지반처럼 십이궁이 변하고 14정성이 변하며 장생십이신이 변하고 대운이 변한다.

※ 자· 오시생은 천반과 지반이 같다.
　축· 미시생은 지반과 인반이 같다.

본래 천·지·인반은 중주파 책에서 주장하는 내용이지만 같은 중주파의 학자들 간에도 견해가 다르다.

왕정지 선생은 매 시진의 시작부터 15분까지를 지반으로, 시진의 끝부터 15분 전까지를 인반으로, 나머지 기간을 천반으로 본다. 가령 진시를 7시에서 9시 라고 할 때, 7시~7시 15분을 지반으로 보고, 7시 16분~8시 45분까지 1시간 30분을 천반으로 보며, 8시 46분~9시까지 15분을 인반으로 본다.

하지만 진설도선생의 견해에 의하면 "천지인반이 존재는 하되 왕정지 선생처럼 그렇게 기계적으로 나눠지지는 않는다"고 하며, 선생의 통계에 의하면 94% 내외의 명이 천반에 부합되고, 지반은 4%, 인반은 2% 정도 해당한다고 한다. 즉 대부분의 명이 천반에 해당하며, 단지 6% 정도의 명이 지반이나 인반의 명일 수 있다는 것이다.

또 그 사람이 천·지·인반 중 어떤 운의 삶을 사는지는 그 사람의 부모나 조상의 복택에 의해 결정되기 때문에, 고객과 대화를 통해서 어느 명반에 해당하는 인생을 사는가를 검증한 후에야 추론에 임한다고 한다.

지금까지 조식법의 번거로움으로 인해 검증작업을 할 수가 없었으나, 필자의 경험에 의하면 천·지·인반은 확실히 존재한다고 본다. 부록으로 제공하는 프로그램에서 천·지·인반을 포국할 수 있도록 하였으니 이 부분에 대한 이론적인 검증을 위한 기반을 제공하는 것이 필자의 역할이라고 본다.

　천·지·인반은 동일명조가 다른 삶을 사는데 대한 해결책을 가져다주기는 하지만, 자칫 이현령비현령이라는 비판을 받기도 쉬운 이론이다. 따라서 모든 명조를 우선 천반을 기준으로 과거에 일어난 상황을 검증해본 다음, 확실하게 명반과 부합되지 않는다면 인반이나 지반의 삶을 사는 명이 아닌가를 의심해보고, 지반인지 인반인지를 결정해 간명에 임하는 것이 비교적 현실적인 천·지·인반의 운용방법이라고 생각된다.

실례1　정묘년 9월 13일 인시생 여명의 천반

天廚破碎孤辰天貴天巫天刑陀羅天機 蜚△XX△ 廉　　　科	天祿文紫 喜存曲微 ○XX◎	紅年鳳龍恩擎 艶解閣池光羊 　　　　　◎	大台文破 耗輔昌軍 　○XX
官歲喪 95～ 乙 府驛門【子女】絕巳	博息太　　　丙 士神陰【夫妻】胎午	力華官　　　丁 士蓋符【兄弟】養未	靑劫死 5～14 戊 龍煞符【命】生申
解天封七 神空詰殺 　　　○	○○○, 陰女 丁卯년 9월 13일 寅時生 命局 : 토오국, 대역토 命主 : 염정, 身主 : 천동		天天地天 虛姚空鉞 　　◎◎
伏攀太　　　甲 兵鞍陽【財帛】墓辰			小災歲 15～24 己 耗煞破【父母】浴酉
截天天天天太 空使壽哭梁陽 　　　　◎◎			陰天廉 煞府貞 　◎◎
大將太　　　癸 耗星歲【疾厄】死卯			將天龍 25～34 庚 軍煞德【福德】帶戌
天天八右天武 月官座弼相曲 　◎◎Χ	寡天地巨天 宿傷劫門同 　ΧΧ○ΧΧ 　　　　忌權	三紅鈴左貪 台鸞星輔狼 　　ΧΧ○○	旬天天火天太 空福才星魁陰 　　　△○○ 　　　　　祿
病亡病 65～74 壬 符神符【遷移】病寅	喜月弔 55～64 癸 神煞客【奴僕】衰丑	飛咸天 45～54 壬 廉池德【身官祿】旺子	奏指白 35～44 辛 書背虎【田宅】冠亥

명반 포국법을 따라 포국한 기본 명반과 같다.

실례2 정묘년 9월 13일 인시생 여명의 지반			
破孤天天天天**天陀太** 碎辰傷貴巫刑**馬羅陽** 天蜚　　　　△XX◎ 廚廉 官歲喪 53~62　乙 府驛門【奴僕】病巳	天祿文破 喜存曲軍 　○XX◎ 博息太 63~72　丙 士神陰【遷移】死午	紅天年鳳恩**擎天** 艶使解閣池光**羊機** 　　　　◎XX 　　　　　科 力華官 73~82　丁 士蓋符【疾厄】墓未	大台文天紫 耗輔昌府微 　○△△ 青劫死 83~92　戊 龍煞符【財帛】絶申
解天封武 神空詰曲 　　　◎ 伏攀太 43~52　甲 兵鞍陽【官祿】衰辰	○○○, 陰女 丁卯년 9월 13일 寅時生 지반 命局 : 목삼국, 상자목 命主 : 탐랑, 身主 : 천동		天天地天天太 虛姚空鉞陰 　◎◎ 　　　　祿 小災歲 93~　己 耗煞破【子女】胎酉
截天天天天 空壽才哭同 　　　◎ 　　　權 大將太 33~42　癸 耗星歲【田宅】旺卯				陰貪 煞狼 　◎ 將天龍　　庚 軍煞德【夫妻】養戌
天天八右七 月官座**弼殺** 　◎◎ 病亡病 23~32　壬 符神符【福德】冠寅	寡地天 宿劫梁 　XX○ 喜月弔 13~22　癸 神煞客【父母】帶丑	三紅鈴左天廉 台鸞星輔相貞 　　XX○○△ 飛咸天　3~12　壬 廉池德【身 命】浴子	旬天火天巨 空福星魁門 　△○○ 　　　　忌 奏指白　　辛 書背虎【兄弟】生亥

　지반은 천반의 身宮을 명궁으로 삼고 身宮 천간지지의 납음에 따라서 국수를 정하여 명반을 재구성한 것이다.

　이 명의 천반의 명궁은 申宮이나, 지반에서는 身宮이 명궁이 되므로 子宮이 명궁이 된다.

　이 명의 천반의 국수는 천반의 명궁인 申宮 무신의 납음오행국수인 토5국이었으나, 지반의 국수는 신궁인 자궁 임자의 납음오행국수인 목3국이고, 그에 따라 장생십이신도 바뀌며, 대운수도 3으로 바뀌고 대운도 바뀐다.

실례3 정묘년 9월 13일 인시생 여명의 인반

破孤天天天**天陀巨** 碎辰使貴巫**馬羅門** 天蜚　　　刑　△XX△ 廚廉　　　　　　　忌 官歲喪 74～83　　乙 府驛門【疾厄】　　生巳	天祿文天廉 喜存曲相貞 　　○XX○△ 博息太 84～93　　丙 士神陰【財帛】浴午	紅年鳳龍恩**擎天** 艶解閣池光**羊梁** 　　　　　◎◎ 力華官 94～　　　丁 士蓋符【子女】帶未	大台文七 耗輔昌殺 　　○○ 青劫死　　　　　　戊 龍煞符【夫妻】冠申
解天封**貪** 神空詰**狼** 　　　◎ 伏攀太 64～73　　甲 兵鞍陽【遷移】養辰	○○○, 陰女 丁卯년 9월 13일 寅時生 인반 命局 : 김사국, 차천김 命主 : 녹존, 身主 : 천동		天天地天天 虛姚空鉞同 　　◎◎△ 　　　　　權 小災歲　　　　　　己 耗煞破【兄弟】旺酉
截天天天**太** 空傷壽哭**陰** 　　　　XX 　　　　祿 大將太 54～63　　癸 耗星歲【奴僕】胎卯			陰武 煞曲 　◎ 將天龍 4～13　　　庚 軍煞德【　命　】衰戌
天天八**右天紫** 月官座**弼府微** 　　　　◎◎◎ 病亡病 44～53　　壬 符神符【官祿】絶寅	寡天地天 宿才劫機 　　XXXX 　　　　科 喜月弔 34～43　　癸 神煞客【田宅】墓丑	三紅鈴左破 台鸞星輔軍 　　　XX○◎ 飛咸天 24～33　　壬 廉池德【身福德】死子	旬天火天太 空福星魁陽 　　△○XX 奏指白 14～23　　辛 書背虎【父母】病亥

　　인반은 천반의 복덕궁을 명궁으로 삼고 복덕궁 천간지지의 납음에 따라서 국수를 정하여 명반을 재구성한 것이다.

　　이 명의 천반의 명궁은 申宮이나, 인반에서는 복덕궁이 명궁이 되므로 술궁이 명궁이 된다.

　　이 명의 천반의 국수는 천반의 명궁인 申宮 무신의 납음오행국수인 토5국이었으나, 인반의 국수는 술궁 경술의 납음오행국수인 금4국이고, 그에 따라 장생십이신도 바뀌며, 대운수도 4로 바뀌고 대운도 바뀐다.

명반배치법 정답

실례3	정미년 윤 6월 16일 자시생 남명			34쪽 정답 십이궁 천간표시
乙巳	丙午	丁未	戊申	
甲辰	정미년 윤 6월 16일 자시 남명		己酉	
癸卯			庚戌	
壬寅	癸丑	壬子	辛亥	

실례3	정미년 윤 6월 16일 자시생 남명				39쪽 정답 십이사항궁 배치
자녀궁 乙巳	부처궁 丙午	형제궁 丁未	명궁·신궁 戊申		
재백궁 甲辰	정미년 윤 6월 16일 자시 남명		부모궁 己酉		
질액궁 癸卯			복덕궁 庚戌		
천이궁 壬寅	노복궁 癸丑	관록궁 壬子	전택궁 辛亥		

실례3 정미년 윤 6월 16일 자시생 남명

파군 무곡 乙巳 자녀궁	태양 丙午 부처궁	천부 丁未 형제궁	태음 천기 戊申 명·신궁
천동 甲辰 재백궁	정미년 윤 6월 16일 자시 남명 토5국		탐랑 자미 己酉 부모궁
癸卯 질액궁			거문 庚戌 복덕궁
壬寅 천이궁	칠살 염정 癸丑 노복궁	천량 壬子 관록궁	천상 辛亥 전택궁

52쪽 정답
14정성의 배치

실례3 정미년 윤 6월 16일 자시생 남명

천마 타라 파군 무곡 乙巳 자녀궁	녹존 태양 丙午 부처궁	경양 천부 丁未 형제궁	태음 천기 戊申 명궁·신궁
문곡 우필 천동 甲辰 재백궁	정미년 윤 6월 16일 자시 남명 토5국		화성 천월 탐랑 자미 己酉 부모궁
癸卯 질액궁			영성 문창 좌보 거문 庚戌 복덕궁
壬寅 천이궁	칠살 염정 癸丑 노복궁	천량 壬子 관록궁	지겁 지공 천괴 천상 辛亥 전택궁

58쪽 정답
보좌성, 살성의 배치

1부. 추론을 위한 준비

실례3 정미년 윤 6월 16일 자시생 남명   61쪽 정답
                                                          녹권과기의
                                                          배치

천타파무 마라군곡 乙 자녀궁 巳	녹태 존양 丙 부처궁 午	경천 양부 丁 형제궁 未	태천 음기 **록과** 戊 명궁·신 申 궁
문우천 곡필동 **권** 甲 재백궁 辰	정미년 윤 6월 16일 자시 남명 토5국		화천탐자 성월랑미 己 부모궁 酉
  癸 질액궁 卯			영문좌거 성창보문 **기** 庚 복덕궁 戌
  壬 천이궁 寅	칠염 살정 癸 노복궁 丑	천 량 壬 관록궁 子	지지천천 겁공괴상 辛 전택궁 亥

실례3 정미년 윤 6월 16일 자시생 남명   64쪽 정답
                                                          대운수와
                                                          대운을 정함

천타파무 마라군곡 (35~44) 乙 자녀궁 巳	녹태 존양 (25~34) 丙 부처궁 午	경천 양부 (15~24) 丁 형제궁 未	태천 음기 (5~14) 戊 명궁·신 申 궁
문우천 곡필동 (45~54) 甲 재백궁 辰	정미년 윤 6월 16일 자시 남명 토5국		화천탐자 성월랑미 己 부모궁 酉
 (55~64) 癸 질액궁 卯			영문좌거 성창보문 庚 복덕궁 戌
 (65~74) 壬 천이궁 寅	칠염 살정 (75~84) 癸 노복궁 丑	천 량 (85~94) 壬 관록궁 子	지지천천 겁공괴상 辛 전택궁 亥

실례3 정미년 윤 6월 16일 자시생 남명

천타파무 마라군곡 (35~44) 乙 자녀궁 巳	태천녹태 보귀존양 (25~34) 丙 부처궁 午	천경천 요양부 (15~24) 丁 형제궁 未	천태천 공음기 (5~14) 戊 명궁·신궁 申	74쪽 정답 잡성의 배치 형요성/공 망성/백관 조공성
문우천 곡필동 (45~54) 甲 재백궁 辰		정미년 윤 6월 16일 자시 남명 토5국	화천탐자 성월랑미 己 부모궁 酉	
순절봉천 공공각형 (55~64) 癸 질액궁 卯			영문좌거 성창보문 庚 복덕궁 戌	
봉 고 (65~74) 壬 천이궁 寅	팔삼칠염 좌태살정 (75~84) 癸 노복궁 丑	은천 광량 (85~94) 壬 관록궁 子	용지지천천 지겁공괴상 … 辛 전택궁 亥	

실례3 정미년 윤 6월 16일 자시생 남명

천천타파무 주마라군곡 (35~44) 乙 자녀궁 巳	태천녹태 보귀존양 (25~34) 丙 부처궁 午	천경천 요양부 (15~24) 丁 형제궁 未	천태천 공음기 (5~14) 戊 명궁·신궁 申	80쪽 정답 잡성의 배치 사선성/삼 덕성
천문우천 덕곡필동 (45~54) 甲 재백궁 辰		정미년 윤 6월 16일 자시 남명 토5국	화천탐자 성월랑미 己 부모궁 酉	
천천년순절봉천 수재해공공각형 (55~64) 癸 질액궁 卯			영문좌거 성창보문 庚 복덕궁 戌	
용해천천봉 덕신관무고 (65~74) 壬 천이궁 寅	팔삼칠염 좌태살정 (75~84) 癸 노복궁 丑	은천 광량 (85~94) 壬 관록궁 子	천천용지지천천 괴복지겁공괴상 辛 전택궁 亥	

1부. 추론을 위한 준비

실례3   정미년 윤 6월 16일 자시생 남명

천천타파무 주마라군곡 (35~44) 乙 자녀궁 巳	태천녹태 보귀존양 (25~34) 丙 부처궁 午	화홍천경천 개염요양부 (15~24) 丁 형제궁 未	겁고홍천태천 살신라공음기 (5~14) 戊 명궁·신궁 申	87쪽 정답 잡성의 배치 도화성/ 고독손모성
과문우천 수곡필동 (45~54) 甲 재백궁 辰			화천탐자 성월랑미 己 부모궁 酉	
천비천천년순절봉천 사렴수재해공공각형 (55~64) 癸 질액궁 卯	정미년 윤 6월 16일 자시 남명 토5국		영문좌거 성창보문 庚 복덕궁 戌	
음천해천천봉 살희신관무고 (65~74) 壬 천이궁 寅	천파천팔삼칠염 상쇄허좌태살정 (75~84) 癸 노복궁 丑	함대은천 지모광량 (85~94) 壬 관록궁 子	천천천용지지천천 월곡복지겁공괴상 … 辛 전택궁 亥	

실례3   정미년 윤 6월 16일 자시생 남명

천천타파무 주마라군곡 역세조 35~44 乙 사역객【子女】 관巳	태천녹태 보귀존양 박식병 25~34 丙 사시부【夫妻】대午	홍천경천 염요양부 관화태 15~24 丁 부개세【兄弟】욕未	고천홍천태천 진공난음기 복겁태 5~14 戊 병삼양【身 命】샌申	93쪽 정답 십이신의 배치 징생/빅 사/태세
과문우천 숙곡필동 청반천 45~54 甲 룡안덕【財帛】왕辰	예제3, 陰男 丁未년 윤 6월 16일 자시생 命局: 土五局, 大驛土 命主: 廉貞, 身主: 天相		화천탐자 성월랑미 대재상 己 모살문【父母】양酉	
순절비천천년봉천 공공렴사수재해각형 소장백 55~64 癸 모성호【疾厄】쇠卯			영문좌거 성창보문 병천태 庚 부살음【福德】태戌	
해천봉음천천 신관고살무희 장망용 65~74 壬 군신덕【遷移】병寅	파천천팔삼칠염 쇄상허좌태살정 주월세 75~84 癸 서살파【奴僕】사丑	대은천 모광양 비함사 85~94 壬 령지부【官祿】묘子	천천천용지지천천 월복곡지겁공괴상 희지관 95~ 辛 신배부【田宅】절亥	

실례3 정미년 윤 6월 16일 자시생 남명

천천타파무 주마라군곡 △XX X △ 역세조 35~44 을 사역객【자녀】관사	태천녹태 보귀존양 ◎◎ 박식병 25~34 병 사신부【부처】대오	홍천경천 염요양부 ◎◎◎ 관화태 15~24 정 부개세【형제】욕미	고천홍태천 진공란음기 △X 녹과 복겁태 5~14 무 병살양【신명】생신
과문우천 수곡필동 ◎◎△ 권 청반천 45~54 갑 룡안덕【재백】왕진	예제3. 음남 정미년 윤 6월 16일 자시생 명국 : 토오국, 대역토 명주 : 염정, 신주 : 천상		화천탐자 성월랑미 XX◎△△ 대재상 기 모살문【부모】양유
순절비천천천년봉천 공공령사수재해각형 ◎ 소장백 55~64 계 모성호【질액】쇠묘			영문좌거 성창보문 ◎XX◎◎ 기 병천태 경 부살음【복덕】태술
해천봉음천천 신관고살무희 장망용 65~74 임 군신덕【천이】병인	파천천팔삼칠염 쇄상허좌태살정 ◎◎ 주월세 75~84 계 서살파【노복】사축	대은천 모광량 ◎ 비함사 85~94 임 령지부【관록】묘자	천천천용지지천천 월복곡지겁공괴상 ◎XX◎△ 희지관 95~ 신 신배부【전택】절해

97쪽 정답
별의
묘왕평한
함을 표시

2부. 궁과 성의 의미를 읽는 방법

2부. 궁과 성의 의미를 읽는 방법

이 편에서는 자미두수 명반을 어떻게 볼 것인지, 그 명반들을 어떻게 분류할 것인지에 대한 개략적인 설명을 한다.

'어떻게 명반을 볼 것인가'에서는 궁을 보는 순서와 성의 우선순위, 명반을 보는 십이사항궁의 순위 등을 설명하여 실제 명반을 보는 순서에 대해 설명한다. 또한 명반을 볼 때 간과하기 쉬운 부분들을 설명하고, 대한과 유년명반을 포국할 때 더 복잡해지는 명반에서 우선순위를 정하는 요령과 사화를 보는 간단한 요령 등에 대해 설명한다. 더불어 자미두수를 위시한 명학이 가진 한계에 대해 생각해 보고, 명반 이외의 후천적인 사항도 같이 살펴야 한다는 점을 설명한다.

'기본명반의 분석'에서는 14정성이 가진 배치의 특징을 살펴보고, 14정성을 성격별로 크게 넷으로 나누어서 그 성격을 살펴보며, 자미두수를 대표하는 기본명반에 대해 설명한다.

1. 어떻게 명반을 볼 것인가

이 장에서는 명반을 보는 순서를 설명한다.

12궁에 12사항궁이 배치되며, 12사항궁 중 명궁이 그 명반의 기준이 되는데, 이것은 사주명리에서 사주 여덟 글자 중 일간을 본 명의 기준으로 삼는 것과 유사하다.

명궁을 본궁으로 삼고 본궁을 살피게 되는데, 궁에서 무엇을 위주로 어떻게 어떤 순서로 볼 것인지는 아래 '궁과 성을 보는 순서'에서 그 개략을 설명한다.

명반을 볼 때 명궁을 기준하여 궁과 성을 보는 순서대로 십이사항궁을 살핀다. 명궁과 신궁을 우선 살펴서 이 두 궁을 기준삼고, 천이궁·관록궁·재백궁·복덕궁·자녀궁·전택궁·부모궁·형제궁의 순서로 매 궁의 삼방사정과 협궁을 참작하여 십이사항궁의 의미를 파악한다. 아래 '명반을 보는 순서'에서 구체적인 내용을 설명한다.

1) 궁과 성을 보는 순서

자미두수는 크게 궁·성·사화의 세 부분으로 구성된다고 전제하였다. 궁은 성이 위치하는 자리이고, 성은 길흉을 비롯한 인간 제반사를 관장하는 어떤 기운이다. 사화는 궁과 성의 작용을 드러나게 하는 특정한 기운으로, 어느 때에 무슨 일이 일어날 것인지를 가리킨다. 궁을 본다는 것은 궁에 좌한 성을 본다는 것이고, 성을 본다는 것은 성의 의미를 파악하는 것인데, 인간사의 어떤 사항에서 발생할 것인지를 가리키는 십이사항궁을 배경으로 두고 그 의미가 나타나는 것이므로, 궁과 성은 서로를 관련지어서 파악해야 한다.

(1) 궁을 보는 순서

명반을 보기 위해서는 우선 궁을 보는 순서를 아는 것이 우선이다. 궁을 보는 순서는 다음과 같다.

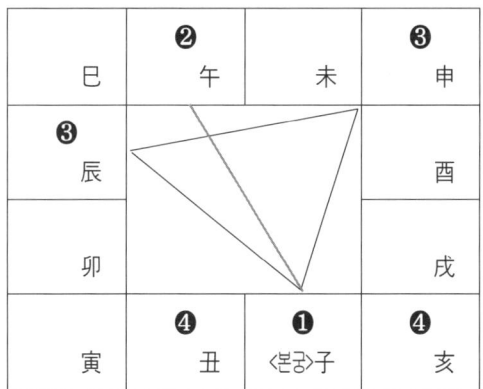

자궁을 본궁이라 할 때 ❶ 기준에 되는 본궁이 우선이고, ❷ 대궁을 보며, ❸ 삼방궁을 보고, ❹ 협궁을 살핀다. 이것은 본궁에 작용하는 영향력의 정도에 의해 순서를 매긴 것으로, 대체적으로 이렇다는 것이지 반드시 이와 같은 순서가 된다고는 할 수 없다.

(2) 궁에 좌한 14정성을 살핀다

궁을 본다는 것은 궁에 좌한 성의 의미를 파악한다는 뜻이다.
성은 크게 14정성과 보좌길성 잡성으로 구분하며, 성을 보는 순서도 위의 순서를 따른다. 14정성을 기준으로 삼고, 보좌살성과 잡성은 14정성의 의미를 가감하는 보조적인 작용으로 보는데, 궁을 주재할 만한 역량이 있는 것은 14정성으로, 나머지 보좌살성과 잡성은 궁을 주재할 만한 역량을 갖추고 있지 못하다. 즉 14개 정성의 성정을 확실히 파악하는 것이 1순위가 된다.

정성이 좌하는 12궁에 따라 동궁하는 14정성과 나머지 14정성이 배치되는 유형이 정해져 있으므로 14정성의 기본적인 배치 유형을 알고 있어야 한다. 정성의 성정과 그 성들의 조합은 아래 '14정성(十四正星)'편에 설명하고, 14정성의 배치유형은 아래 '14정성의 12가지 배치유형' 편에 설명한다.

12가지 배치유형을 보면 알겠지만, 궁에 14정성이 없는 경우가 종종 있다. 정성이 궁의 주인역할을 한다고 했는데, 정성이 없다면 어떤 식으로 궁을 파악해야 할까? 아래 '(5) 정성이 없는 궁을 보는 요령'에서 답을 제시한다.

(3) 정성에 영향을 주는 성을 살핀다

정성에 영향을 주는 성을 살펴보고 정성의 의미를 가감한다. 영향을 준다는 것은 성이 동궁 대조 회조 협으로 정성의 뜻을 변화시키는 것을 말한다. 영향을 주는 성의 우선순위는 보좌살성이 잡성에 비해 우선이다.

학자에 따라서는 14정성·보좌성·살성만으로 추명하기도 하므로 14정성과 보좌성·살성을 공부하면 절반 정도는 자미두수에 대한 감을 잡을 수 있다.

12개 보좌성·살성에 관한 설명은 아래 '보좌길흉성(補佐吉凶星)과 사화(四化)' 편에 설명한다.

① 영향력의 정도는 어떻게 정할까

성 하나만을 두고 영향력의 정도를 매기자면 앞의 궁을 보는 순서에서 설명한 대로 '본궁에서 동궁하는 경우' 〉 '대궁에서 대조하는 경우' 〉 '삼방에서 회조하는 경우' 〉 '협궁에서 영향을 주는 경우'가 된다. 그러나 성의 성질에 따라 그 순서가 다른 경우가 있고, 대궁과 삼방 협궁 등의 상황에 따라 영향력의 정도가 달라지기도 한다. 예컨대 천상과 같은 별은 본궁보다 협궁이 더 중요하고, 태양·태음 천부·천상 자미·천부 등이 협하거나 회조하는 경우 이 성이 좌하는 협궁 또는 삼방의 영향력이 우선한다.

② 짝성으로 작용하는 경우의 영향력의 정도는?

대개 성은 경양·타라, 화성·영성, 지공·지겁 등 짝성으로 구성되는 경우가 많은데, 이러한 짝성은 대부분 음양·명암·문무·물질과 정신·동정 등 성정의 차이가 있다. 쌍으로 작용하게 되면 그 영향력이 커지므로, 짝성으로 작용하는 경우의 영향력의 정도에 대해서도 알아두어야 한다.

짝성으로 작용하는 경우의 영향력의 정도는

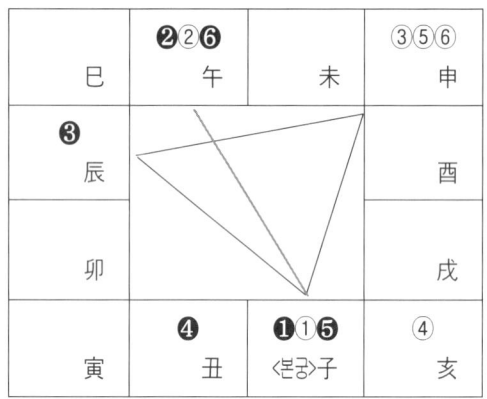

1. 짝성이 모두 동궁하는 경우
2. 짝성이 모두 대조하는 경우
3. 짝성이 모두 삼방에서 비추는 경우
4. 짝성이 협하는 경우
5. 하나는 본궁에 하나는 삼방에 있는 경우
6. 하나는 대궁에 하나는 삼방에 있는 경우의 순서가 되며,

짝성 중 하나가 동궁·대궁·삼합궁에 있는 경우는 영향력이 3할 정도로 떨어지고, 짝성 중 하나만 협궁에 있는 것은 영향력이 미미하다.

이 순서 역시 성의 성질이나 14정성의 배치에 따라 조금씩의 차이가 있어서, 좌보·우필과 같이 보좌하는 속성의 성은 짝성이 대조하는 경우보다 협하는 경우의 역량이 더 강하다.

(4) 잡성도 모이면 영향력이 커진다

　전장에 나아간 군대에서 제일 중요한 것은 군대를 통솔하는 장군이고, 그 다음으로 중요한 것은 장군을 보좌하는 부장과 참모일 것이다. 그러나 장군의 지휘가 없는 병사들이라도 그 수가 많다면 상당한 위력을 낼 것이다. 잡성도 이와 유사해서 그 하나하나의 역량은 14정성·보좌살성에 비해 미약할 수 있으나 비슷한 의미의 잡성이 많으면 그 영향력을 무시할 수 없게 된다. 또 독특한 의미를 가진 잡성은 그것 자체로 다양한 통변을 가능하게 하므로 버리기에는 아까운 부분이 많다.

　잡성은 매우 종류가 많으나 필자가 분류한 것처럼 7가지(형요성, 공망성, 백관조공성, 기타 길성, 도화성, 고독손모성, 십이신)로 구분하여 공부하면 조금 번잡함이 줄어들 것이다.

　예컨대 절공·순공·천공은 각각으로 보면 세 개지만, 이것을 공망성이라는 기본적인 의미로 묶어서 이해하면 같은 성격의 성으로 이해할 수 있다. 도화성도 천요·함지·대모·목욕·홍란·천희 등이 있지만, 도화라는 기본성질에 의해 이런 성들을 파악하면 비교적 이해가 쉬워진다.

　나머지 성도 이와 같은 식으로 보면, 성의 갯수가 많음으로 인한 번거로움을 줄일 수 있다.

(5) 정성이 없는 궁을 보는 요령

　14정성과 보좌살성 및 제 잡성을 배치하면 명반의 십이궁에 성이 가득 들어차게 된다. 이 성들 중에 12궁의 주체가 되는 것은 14정성인데, 경우에 따라서 14정성이 없는 경우가 있다.

14정성을 제외한 나머지 성들은 궁의 주체가 되기에는 그 역량이 부족하다. 즉 14정성이 좌하지 않는 궁은 궁의 주인이 없는 것이니 외부의 14정성이 그 궁의 주인 노릇을 하게 된다.

공궁(空宮) 이 명반은 자미가 술궁에 있을 때의 14정성을 배치한 명반이다. 축궁과 묘궁에는 14정성이 좌하지 않았는데, 14정성이 좌하지 않는 궁을 공궁(空宮)이라고 한다. 즉 위 명반에서는 축궁과 묘궁이 공궁이 된다.

天同◎ 巳	天府 武曲 ◎◎ 午	太陰 太陽 △△ 未	貪狼 △ 申
破軍 ◯ 辰			巨門 天機 ◎◎ 酉
卯	자미가 술궁에 있을 때		天相 紫微 ×× 戌
廉貞 ◎ 寅	丑	七殺 ◯ 子	天梁 ×× 亥

차성안궁(借星安宮) 이때 축궁의 입장에서는 본궁에 정성이 없으므로 축궁의 삼방사정인 사·유·미궁에서 각각 축궁에 영향을 주게 되는데, 축궁의 삼방사정 중 대궁인 미궁에 좌한 성들의 영향이 가장 크게 된다. 즉 미궁의 14정성인 태양·태음을 빌려서

〈借星〉 축궁에 있는 것으로 가정하고 명반을 추론하는데, 이것을 차성안궁(借星安宮)이라고 한다.

이 경우 정성의 묘왕리한함은 미궁을 기준한다. 축궁에 태양·태음이 있게 되면 태양은 함지이고 태음이 묘왕지가 되나, 이렇게 축궁에 정성이 없는 상황에서 미궁의 태양·태음을 차성안궁하게 되면 성의 묘왕리한함도 미궁의 기준을 따른다는 것이다. 즉 축궁이 공궁이라서 미궁에서 차성안궁한 태양·태음의 묘왕리한함은 태양이 묘왕지이고 태음이 함지가 된다.

차성안궁할 때 주의할 점이 있다. 가령 위와 같은 경우 미궁의 일월은 미궁의 삼방인 묘·해궁의 성에 의해 영향을 받는 일월이라는 것이다. 단순히 미궁의 일월만 끌어다 쓰는 것만 알고, 미궁의 일월이 묘·해궁의 길흉의 영향을 받는다는 사실을 간과하기 쉽다는 것이다.

가령 미궁의 일월이 직접 록을 보거나 하지는 않지만, 임년생이라면 일월의 삼방 즉 해궁의 천량이 록존과 천량화록이 되어 일월에 영향을 주므로 이 일월은 쌍록을 보는 일월이 되는 것이고, 축궁입장에서는 이렇게 쌍록의 영향을 받은 길한 일월을 끌어다 쓰는 것이다. 어느 궁이 공궁(정성이 없는 궁)일 때는 차성안궁해서 보되 모두 이와 같은 식으로 봐야 한다.

공궁일 때는 차성안궁하여 대궁의 장생십이신을 제외한 모든 성들을 공궁으로 끌어와서 사용한다. 그러나 이런 경우 본궁에 정성이 있는 경우와는 그 상황이 조금 달라서, 궁을 보는 방법이 약간 다르다.

본궁에 정성이 있는 경우라면 ①본궁과 동궁한 보좌살성·잡성,

②대궁의 정성과 보좌살성·잡성, ③삼방의 정성과 보좌살성·잡성, ④협궁의 정성과 보좌살성·잡성의 순서로 보겠지만,

본궁에 정성이 없는 경우라도 우선 정성이 없는 본궁의 상황을 파악하는 것이 우선이므로

① 본궁의 보좌살성·잡성, ② 협궁의 정성·보좌살성·잡성, ③ 대궁의 정성·보좌살성·잡성까지 보고

차성안궁할 대궁의 상황을 살펴야 하므로

④ 대궁의 삼방사정, ⑤ 대궁의 협궁을 본 후에

⑥ 대궁의 정성·보좌살성·잡성이 모두 본궁에 있는 것으로 가정하고

⑦ 본궁의 삼방사정을 보게 된다.

이 순서는 본궁이 공궁으로 차성안궁할 때 궁을 살피는 순서이며, 본궁에 가해지는 영향력의 순서라고 할 수는 없다. 본궁에 가해지는 영향력의 순서는 위 '(1) 궁을 보는 순서'와 같다.

(6) 사화(四化)를 공부하라

사화는 화록·화권·화과·화기 네 개에 불과하지만, 사화에 대한 공부는 자미두수에서 매우 중요하고 시간도 많이 걸리는 부분이다. 사화의 의미는 '보좌길흉성(補佐吉凶星)과 사화(四化)'편을 참고하라.

사화의 추가적인 의미를 설명하기 위해서, 우선 '화록 화권 화과가 붙으면 좋고, 화기가 붙으면 좋지 않다'는 정도로 이해한다.

사화는 정성이나 보좌성에 붙어서 그 성이 가지고 있는 본래 성질을 가감시키고 증폭시키며 드러나게 한다. 가령 태양화록이

라고 한다면 태양과 화록을 분리해서 보는 관점보다는, "태양의 속성이 화록에 의해 긍정적으로 드러나겠구나" 하는 식으로 연결 지어서 봐야지, 별개의 것으로 파악하는 것은 공부에 도움이 안 된다.

이렇게 사화를 파악하는 것은 원국을 살필 때 꽤 유용한 관점이다. 가령 부처궁에 천동화기가 있다고 한다면, '천동은 복성인데 이를 방해하는 천동화기가 된다면, 복에 시비를 걸거나 복에 불만이 있는 것이니 처와의 관계가 불만스럽다'는 식으로 파악한다.

특히 화록과 화기는 유심히 살펴야 하는데, 운의 변화는 모두 이 화록과 화기의 작용으로 일어난다.

운을 볼 때 대한은 본명반의 해당 대한의 궁간(궁의 천간)으로, 유년은 매년 태세의 천간으로 사화를 돌려서 붙이는데, 이 경우 사화의 입체적인 응용이 필요하다. 왜냐하면 원국에서처럼 어느 궁에 화록이 붙었다면, ㄱ 궁이 원국에서처럼 길한 작용이 일어날 수도 있고 오히려 화록이 붙으므로 인해서 흉하기도 하기 때문이다.

운에 작용하는 사화에 대한 좀 더 구체적인 설명은 아래 '운을 보는 법'으로 번호를 바꾸어 설명한다.

2) 본명반 보는 법

②-4　辛巳 노복궁	❸ ①-2　壬午 천이궁	癸未 질액궁	❹ ①-3 ②-3　甲申 재백궁
❷❹ ①-3 ②-1　庚辰 관록궁· 신궁			❼ ①-3　乙酉 자녀궁
❼ ②-4　己卯 전택궁			❻ ②-2　丙戌 부처궁
❺　戊寅 복덕궁	❽ ①-4　己丑 부모궁	❶ ①-1 ②-3　戊子 명궁	❾ ①-4　丁亥 형제궁

　　명반에서 명을 나타내는 중심은 명궁이다. 따라서 최우선은 명궁(❶)을 살피는 것이다. 궁을 본다는 것은 그 궁에 좌한 십사정성에 대궁과 삼방궁 협궁에 있는 성이 주는 영향을 보는 것이라 했으므로, 명궁(①-1)을 살피면서 대궁인 천이궁(①-2), 삼방궁인 재백궁·관록궁(①-3), 협궁인 부모궁·형제궁(①-4)을 같이 살피게 되는데, 이 과정만 거친다고 해서 명반을 다 보았다고 할 수는 없다.

　　그다음으로 볼 것은 신궁(❷)이다. 신궁은 명궁과 음양의 한 짝과 같은 관계이기 때문에 명궁을 본 후에 신궁을 살펴야 한다. 신궁을 볼 때도 신궁의 본궁(②-1)·대궁(②-2)·삼방사정(②-3)·협궁(②-4)을 참고하여 신궁에 좌한 14정성의 의미에 나머지 성들의 의미를 가감하여 파악한다.

한가지 주의할 것은, 명궁과 신궁에 좌한 성들은 삼방이나 사정으로 관계되지 않더라도 서로 상호작용을 한다는 것이다. 예컨대 녹존과 천마가 만나면 록마교치(祿馬交馳)라 하여 부지런히 활동하여 많은 재산을 얻을 수 있는 암시가 있는데, 명궁에 녹존이 있고 신궁에 천마가 있으면서 신궁이 명궁의 삼방사정에 없는 경우라도 명신궁에서 록마교치가 되는 것으로 본다. 또 무곡이 화성을 만나면 과수격*이 되는데, 명궁에 화성이 있으면서 무곡을 삼방사정에서 만나지 않는다 하더라도 신궁에 무곡이 있다면 과수격이 형성되는 것으로 본다.

❖ 과수격(寡宿格):무곡과 화성이 같이 있으면 고독하기 쉬워서 여명인 경우 과부와 같은 상황이 되기 쉽다고 하여 과수격이라 한다.

그 다음으로 천이궁(❸)을 살피고, 관록궁·재백궁(❹)을 살피며, 그 다음으로 복덕궁(❺)과 부처궁(❻), 자녀궁·전택궁(❼), 부모궁(❽)과 형제궁(❾)의 순서로 나머지 12사항궁을 살피게 된다. 이때 기준하는 본궁의 14정성을 기준으로 본궁·삼방사정·협으로 비추는 성을 참작해야 함은 물론이다.

궁을 살피는 순서에 따라 본궁과 대궁 삼방궁 협궁을 참고하면서 십이사항궁 전반을 살피다 보면 매 십이사항궁을 계속 중복하여 살피게 되고, 그러다 보면 특정한 격국을 이룬 성계의 의미가 오히려 십이사항궁보다 우선하게 되는 것이 아닌가 생각할 수도 있다. 그러나 궁과 성의 체용(體用)을 따지면 궁이 체(體)이고 성이 용(用)에 해당하니, 반드시 궁을 통변의 기초로 삼고 성계의 의미를 아는 것이 기본이다.

    일단 이와 같은 요령을 숙지하고, 'Ⅲ. 궁과 성의 의미'에서 설명한 기본적인 내용을 숙지한 다음, 본인명반이나 주변사람의 명반들을 출력하여 명·신궁의 성으로 성격이나 대강의 길흉을 파악해 본다. 이와 같은 방법으로 가볍게 접근하여 익숙해진 후에, 『실전자미두수』와 『전서』등으로 더 상세한 성의 특징을 익혀나간다면 자미두수를 어렵지 않게 정복할 수 있을 것이다.

3) 명반을 볼 때 유의점

격국을 중요하게 살핀다거나 여러 가지 세부적인 내용들에 관한 사항들은 『실전자미두수』나 『전서』에 자세하게 언급했으므로, 여기서는 명반을 살필 때 소홀히 하기 쉬운 몇 가지를 실제 예를 들어 언급한다.

실례1 78년 11월 26일 사시생 남자

破恩祿文天 碎光存昌同 ◎◎◎ 博亡病　　　丁 士神符【身夫妻】冠巳	解天陰地火擎天武 神廚煞空星羊府曲 ◎◎△△ 力將太　　　戊 士星歲【兄弟】旺午	天封天天太太 空詰刑鉞陰陽 ○△△ 權 靑攀太 6~15 己 龍鞍陽【命】衰未	孤天鈴貪 辰馬星狼 ○○△ 祿 小歲喪 16~25 庚 耗驛門【父母】病申
紅寡年鳳地陀破 艶宿解閣劫羅軍 XX◎◎ 官月弔 96~　丙 府煞客【子女】帶辰	陽男 1978년 11월 26일 巳時生 命局 : 火六局, 天上火 命主 : 武曲, 身主 : 火星		天紅文巨天 貴鸞曲門機 忌 將息太 26~35 辛 軍神陰【福德】死酉
天天三天 福官台喜 伏咸天 86~95 乙 兵池德【財帛】浴卯			天龍天紫 月池相微 XX 奏華官 36~45 壬 書蓋符【田宅】墓戌
輩天天左廉 廉使巫輔貞 ◎◎ 大指白 76~85 甲 耗背虎【疾厄】生寅	天大天 才耗魁 病天龍 66~75 乙 符煞德【遷移】養丑	旬截天天右七 空空傷虛哭弼殺 ○○ 科 喜災歲 56~65 甲 神煞破【奴僕】胎子	天台八天天 壽輔座姚梁 XX 飛劫死 46~55 癸 廉煞符【官祿】絶亥

(1) 협궁에 유의한다

많은 책에서 삼방사정과 협궁을 보라고 이야기하지만, 필자가 사람들을 가르쳐보면 종종 삼방사정만 보고 협궁은 간과하는 경우가 많다.

명궁의 협궁이 중요하다 위 명을 보면 명궁에 태양·태음이 있고 천형이 있기는 하나 대체로 깨끗하며, 부모궁은 탐랑화록에 천마가 동궁하여 록마교치(祿馬交馳 : 록존이나 화록은 그 성정이 무거워서 발달하는 것이 느려서 천마를 만나는 것을 좋아하는데 녹이 천마를 만나는 것을 록마교치라 한다)가 되고, 영성과 탐랑이 영탐격(鈴貪格 : 탐랑은 육살성 중에서 화성과 영성을 만나는 것을 좋아해서 멀리 나가 공을 이루게 된다 하였으며, 현대에서는 갑작스러운 발복(發福)을 뜻한다)을 이루고 있어서 상황이 좋게 보임에도, 이 명은 4살 때 아버지가 돌아가셨다. 원인은 명궁의 태양·태음을 육친분리를 뜻하는 성인 화성·영성·경양이 협했기 때문이다.

정성이 없는 경우의 명궁의 협궁에 유의한다 또 이렇게 미궁에서처럼 정성이 있는 경우의 협도 있지만, 축궁에서처럼 정성이 없는 궁의 협도 유의해서 보아야 한다.

축궁처럼 정성이 없는 경우는 일반적으로 정성이 없으니 대궁인 미궁의 성을 차성안궁해서 봐야한다고 하지만, 그보다 우선하여 축궁 본궁과 협의 상황을 먼저 보고 난 뒤에 차성안궁을 해야 하는 것이다. 본궁의 보좌·살성·십이운에 유의해서 본궁의 성질을 살피고 난 뒤 협궁의 상황을 보아야 한다.

정성의 협에 유의한다 협궁을 볼 때 살성이나 길성의 짝성만 보는 경향이 있으나 정성의 협도 부득불 봐야한다. 예컨대 위 명에서 인궁에 염정·좌보, 자궁에 칠살·우필이 있다. 축궁을 협하는 보필은 당연히 보았겠지만 염정·칠살의 협은 간과하는 경우가 많은데, 반드시 같이 살펴야 한다. 즉 염정·칠살이 축궁에서 보필과 동궁한 것과 비슷한 의미가 있다고 판단해도 무방한 것이다.

운에서의 협에 유의한다 운에서도 마찬가지다. 운은 사화의 변화를 살펴야 하므로 공궁이라 하더라도 협으로 화록과 화록, 화록과 녹존, 화기와 화기 등이 협할 개연성이 많으므로 주의해야 한다.

(2) 잡성을 무시하지 말아야 한다.

위 명은 명궁에 태양·태음이 있으므로 성격이 매우 양명하고, 身宮에 천동이 있으니 생각이 긍정적일 것 같아 보이나 실은 정반대다. 숫기가 없고 대인관계가 원활하지 않으며 매사에 부정적이며 적극적이지 못하다.

그것은 태양이 천형과 동궁하여 생활에 절제와 규범이 있기 때문이고, 여기에 다시 화령의 협도 큰 작용을 했겠지만, 申宮의 고신과, 오궁의 무곡·화성 과수격에 음살이 동도하면서 미궁을 협하고 있어서 남과 잘 어울리지 못하는 개성과 소극적인 성향을 더하는 데다, 명궁과 동궁한 천공과 십이운성인 쇠 등은 모두 이 명조로 하여금 소극적이고 생기 없게 하는데 일조를 한다.

그리고 복덕궁을 보면 천기·거문에 문곡이 있지만, 생기가 없게 하는 십이운성인 사(死)와 식신(息神)이라는 성이 있어 정신적으로 소극적인 사려가 많게 만든다.

정성이나 잡성이나 성자체가 십이궁에 좌할 때의 묘왕평한함도 중요하지만, 십이사항궁에 따른 희기(喜忌)도 간과할 수 없다.

가령 정성을 예로 들자면 자미와 같은 성은 노복궁에 들어가는 것을 좋아하지 않는다. 그것은 자미의 황제적인 성향이 아랫사람을 의미하는 노복궁에 들어가면 자미의 성질과 궁의 성질이 맞지 않기 때문이다.

잡성도 마찬가지다.

가령 잘게 부수고 깨는 파쇄와 같은 성은 재백궁에 들어가면 좋지 않을 것이다. 그것은 돈을 깨고 부수는 의미가 되어 다른 궁에서보다 특별히 그 피해가 더해진다. 만약 질액궁에 병부와 같은 성이 들어간다면 다른 어떤 잡성보다 그 작용력이 두드러지게 될 것이다.

천복이라면 원래 복덕궁을 주재하니 복덕궁에 들어가는 것이 좋겠고, 천관(天官)이라면 관록궁에 들어가는 것이 좋다.

위에 예로 들은 명에서 복덕궁의 식신(息神)도 다른 궁에 있을 때보다 격외로 의미가 커진다. 식신이 복덕궁에 있으면 소극적이 되거나 범사를 비관적이고 염세적으로 생각하도록 만들기 때문이다. 더구나 이러한 의미를 가진 식신이 사려가 많은 천기와 동궁하게 되면 생각만 많고 실행에 옮기지 못하고 그만두기 쉬운 성격이 되기 쉽다.

그런데 이 명은 식신이 천기와 동궁하고 천기가 화기까지 되어 있으니 이러한 성향이 더욱 강화되게 된다.
 이 사람이 소극적이고 부정적이며 숫기가 없는 등의 성격은 위와 같이 명·신궁의 정성과 함께 잡성의 작용이 컸던 것이다.

4) 운을 보는 법

대만 등에서 발간된 책을 보면 운의 추론에 관한 온갖 관념적인 이야기들이 있으나, 실제 임상에서는 큰 도움없이 오히려 혼란만 가중시킨다. 필자 나름대로의 임상과 연구에 의해 필자가 운세 추론에 사용하는 몇가지 전제들을 설명한다. 이 책은 입문자를 대상으로 쓴 책이므로 요점별로 반드시 알아두어야 할 전제들을 설명하고 있으며, 구체적인 운세 추론에 대한 더 자세한 설명은 필자가 쓴 『실전자미두수』의 '이두식추론법'으로 미룬다.

(1) 원명반의 궁과 성 그리고 사화를 체(體)로 놓고, 운의 궁·성·사화는 용(用)으로 본다

① **선천명반은 체, 대한명반은 용으로 삼는다.**

원명반, 즉 선천명반은 미궁이 선천명궁이고, 申궁은 선천부모궁, 유궁은 선천복덕궁이 된다. 해당 궁에는 각기 여러 성들이 배치되어 있다(다음 장의 명반을 참고하라).

가령 신유대한(26세에서 35세까지의 대한)을 본다고 하면 유궁은 선천의 복덕궁이지만 대한에서는 명궁이 된다. 나머지 궁들도 申궁은 대한형제궁, 미궁은 대한부처궁, … 술궁은 대한부모궁이 된다.

대만의 많은 자미두수 서적에서 선천십이사항궁은 무시하고 무조건 대한십이궁만을 보는데, 필자는 선천명반을 항상 체로 보는 입장을 견지한다. 즉 대한십이사항궁을 쓰면서 선천십이사항궁도 아울러 본다. 이렇게 보면 선천십이사항궁과 대한십이사항궁이 중첩되는 것을 볼 수 있는데, 이렇게 중첩된 궁을 사용하면 임상에서 그 징험이 드러나므로 소홀히 할 수 없다.

실제 명반을 놓고 설명해 보기로 한다.

실례1 78년 11월 26일 사시 남자

破恩祿文天 碎光存昌同 ◎◎◎ 博亡病　　　丁 士神符【身夫妻】冠巳	解天陰地火擎天武 神廚煞空星羊府曲 ◎◎△△ 力將太　　　戊 士星歲【兄弟】旺午	天封天天太太 空詰刑鉞陰陽 　　○△ 　　　權 青攀太 6~15　己 龍鞍陽【　命　】衰未	孤天鈴貪 辰馬星狼 ○○○ 　　祿 小歲喪 16~25　庚 耗驛門【父母】病申
紅寡年鳳地陀破 艷宿解閣劫羅軍 XX◎◎ 官月弔 96~　丙 府煞客【子女】帶辰	陽男 1978년 11월 26일 巳時生 命局：火六局, 天上火 命主：武曲, 身主：火星		天紅文巨天 貴鸞曲門機 ◎◎◎ 　　　忌 將息太 26~35　辛 軍神陰【福德】死酉
天天三天 福官台喜 伏咸天 86~95　乙 兵池德【財帛】浴卯			天龍天紫 月池相微 　　XX 奏華官 36~45　壬 書蓋符【田宅】墓戌
蜚天天左廉 廉使巫輔貞 　　　◎◎ 大指白 76~85　甲 耗背虎【疾厄】生寅	天大天 才耗魁 　　○ 病天龍 66~75　乙 符煞德【遷移】養丑	旬截天天右七 空空傷虛哭弼殺 　　　　　○○ 　　　　　　科 喜災歲 56~65　甲 神煞破【奴僕】胎子	天台八天天 壽輔座姚梁 　　　　XX 飛劫死 46~55　癸 廉煞符【官祿】絶亥

가령 申궁은 대한형제궁이고 선천부모궁이다. 이런 경우 선천 부모궁을 체로 보고 대한형제궁을 용으로 보는 것이다.

이 대한 중 27세 갑신년은 申궁에 해당한다. 일단 다른 모든 것을 배제하고 유년이 좌한 申궁의 십이사항궁만 살펴보자.

申궁은 선천부모궁이면서 대한형제궁에 해당한다. 이 해에 발생할 문제의 체(體)는 선천십이사항궁 중 부모궁에 해당하는 암시인 부모 또는 문서와 관계된 일이다. 대한형제궁으로 부모의 일에 대한 구체화(用)를 해볼 수 있는데, 형제궁은 형제나 친구 넓은 의미로는 인간관계를 뜻하니 부모(또는 문서)의 형제 또는 부모의 인간관계의 문제로도 볼 수 있고, 또 부모궁을 본궁으로 볼 때 부처궁에 해당하니 아버지의 처 즉 어머니에 관계된 일일 수도 있으니 부모 중 어머니에 관계된 문제로도 볼 수 있다. 실제로 이 명은 갑신년에 어머니에게 문제가 발생했다.

② 선천명반의 성을 대한에서 그대로 쓴다.

궁뿐만 아니라 성 또한 선천적으로 배치된 상태를 체로 삼는다. 즉 신유대한의 운을 볼 때 궁만 바뀔 뿐 선천적으로 배치되어 있는 성은 모두 그대로 쓴다. 중주파라면 대한이라도 대한양타, 대한록존, 대한괴월, 대한천마, 대한창곡 등을 더불어 쓰므로 이러한 성들을 用으로 삼겠지만, 필자는 운을 볼 때 사화 이외의 유성(流星)은 쓰지 않고 선천적으로 배치된 성들을 위주로 본다. 즉 성에 관련해서는 선천의 성을 운에서 그대로 쓰는 것으로, 성만큼은 선천과 운을 가리지 않고 체용을 하나로 본다.

③ 선천사화는 체, 대한 사화는 용으로 본다.

사화도 위의 궁과 성처럼 선천의 사화를 체로 놓고 대한의 사화를 용으로 보고 사용한다.

가령 위 명이 신유대한이 아니라 을유대한이라고 가정하고 을

간의 대한사화를 붙여보자. 대한천기화록은 대한명궁 유궁, 대한천량화권은 대한복덕궁 해궁, 대한자미화과는 대한부모궁 술궁, 대한태음화기는 대한부처궁 미궁에 각각 붙게 된다. 이때 유궁에는 선천천기화기가 있는데, 대한에서 천기화록으로 바뀐다. 이것을 어떻게 볼까 궁금할 것이다.

대부분의 대만 책에서는 이런 경우 대한에서 천기화록이 되었으므로 천기화록에 초점을 맞추어 길하다고 보거나 혹은 선천의 화기를 고려하여 먼저 나쁜 일이 있다가 나중에 좋아진다는 식으로 해석한다.

그러나 필자는 사화 역시 선천사화를 체로 보고 대한사화는 용으로 보기 때문에, 이 경우는 선천의 체에 해당하는 천기화기를 대한의 천기화록이 움직여서 천기화기의 흉상이 일어나는 것으로 본다. 즉 천기화록의 길상은 없는 것이다. 다시 말해서 대한의 화록이 가만히 있는 선천의 화기를 건드려서 화기의 흉한 일을 발생할 뿐, 대한화록의 좋은 일은 발생하지 않는다는 것이다.

④ 유년을 볼 때는 대한이 체, 유년이 용이 된다.

유년에서도 이러한 관점을 그대로 쓴다. 선천은 체, 운은 용이 된다. 운도 대운과 유년·유월·유일 등으로 나뉘므로 운끼리 새로운 체용관계가 발생한다.

가령 선천과 대한 그리고 유년을 놓고 본다면, 대한은 선천의 用이기 때문에 유년은 用의 用이 된다. 그래서 선천과의 관계에서는 대한도 용이고 유년도 용이 되지만, 단순히 대한과 유년만을 놓고 본다면 대한이 체가 되고 유년이 용이 되는 것이다.

예를 들어 탐랑이라는 성에 대한탐랑화록이 붙어 있을 때 계년을 만나면, 대한탐랑화록에 더하여 유년탐랑화기가 붙게 된다. 이런 경우 대만에서는 대한과 유년을 분리하여 이 유년에서만큼은 탐랑화기가 된 것이니 흉으로 본다.

그러나 필자는 대한을 체, 유년을 용으로 보고 유년탐랑화기가 대한탐랑화록(이 대한탐랑화록은 흉한 성질을 가지고 있을 수도 있고 길한 성질을 가질 수도 있다. 즉 화록이라고 하여 무조건 길한 것이 아님을 유의해야 한다)을 움직여서 대한의 탐랑화록적인 면이 일어난다고 보지, 유년탐랑화기에 초점을 맞춰서 일방적으로 흉하다고 판단하지 않는다.

(2) 화록·화기는 길흉과 더불어 인과(因果)의 의미가 있다.

화록은 길한 의미와 더불어 발생의 의미가, 화기는 흉한 의미와 더불어 결과의 의미가 있으며, 화록과 화기는 서로 연결되어 있다는 관점을 가져야 한다.

일반적으로 화록은 길상, 화기는 흉상으로 본다. 이외에 필자는 화록은 발생·시작·원인으로 보고, 화기는 종료·끝·결과로 보는 관점을 견지하며, 화록과 화기는 서로 연결되어 있다고 본다.

또 화록과 화기는 각기 진(眞)과 가(假)가 있다고 보고, 내궁(內宮 : 명궁·부처궁·재백궁·천이궁·관록궁·복덕궁)에 들어가면 화록이든 화기든 진정한 록이나 기로서의 영향력을 행사하고, 외궁(外宮 : 형제궁·자녀궁·질액궁·노복궁·전택궁·부모궁/이러한 궁의 구분은 선천, 대한, 유년 공히 적용한다)에 들어가면 록이든 기든 실질적인 작용보다는 해당궁을 단순히 움직이는 역할, 즉 가록(假祿) 또는 가기(假忌)로써의 작용만 한다고 본다. 다만 길흉을 뜻하지 않고 인과를 가리키는 가록이나 가기도 길흉을 가지는 예외적인 경우가 있는데, 거문이 있는 궁과 연관되어 내궁의 천상에 영향을 주는 경우나 협으로 내궁에 영향을 주는 경우 등의 가록 또는 가기는 길흉의 의미를 가지게 된다. 자세한 것은 『실전 자미두수』를 참조하라.

(3) 동하지 않으면 움직이지 않는다

운(運)은 운동(運動)이다. 아무리 훌륭한 자동차라고 해도 키를 꼽고 시동을 걸어야 가는 것이지 그렇지 않으면 고물이나 마찬가지다.

마찬가지로 운은 사화에 의해 궁과 성이 움직여야(發動) 길흉이 발생하는 것이지, 사화에 의한 움직임이 없으면 살성이나 길성이 아무리 많아도 흉이나 길이 발생하지 않는다.

'인동(引動)되어야 움직인다'는 이 말을 이해한다면, 유년운을 볼때 유년이 좌한 궁에 육살이 서너개씩 있다고 무조건 나쁘게 판단하거나 육길성이 서너개씩 있다고 무조건 좋게만 판단할 수 없는 것이다.

(4) 선천·대한·유년사화의 경중을 살필 때 삼대이론(三代理論)에 따라 그 경중을 살핀다.

운을 살핀다는 것은 위에서 말한 것처럼 선천과 운간의 체용관계를 설정하고 난 뒤에, 사화의 작용으로 체용간의 변화를 따지는 것이므로 각 단계별 사화의 경중을 가리는 것이 매우 중요하다.

자미두수에 처음 입문하는 초학자들이 어려워하는 문제 중 하나가 바로 선천사화·대한사화·유년사화간의 경중(輕重)을 판단하는 것이다. 기존의 책에서도 이런 부분이 명확하게 정리되지 않고 중구난방이므로 어느 정도 공부한 사람이라도 핵심을 잡기 쉽지 않다. 이 부분에 대한 명확한 이론적인 정리가 되어있지 않으면 어느 사화에 우선순위를 두어야 할지 몰라 잘못된 추론을 하기 쉽다.

삼대이론(三代理論)이란 선천·대한·유년의 셋을 가족관계에 비유하여 할아버지·아버지·나의 삼대(三代)에 빗대어서, 각 단계간의 선후·동정·경중 등을 이해하기 위해 사용하는 필자의 용어다.

여기서 할아버지는 선천사화, 아버지는 대한사화, 나는 유년사화로 비유한다.

이 삼단계간의 사화의 경중은 아래와 같다.

선천사화 〉 대한사화 〉 유년사화

선천사화는 체가 되므로 세단계의 사화 중 가장 강한 힘을 가지고 있고, 유년사화는 가장 영향력이 적은데, 이러한 원리는 길한 것이나 흉한 것이나 모두 적용된다.

이제 각 단계별 교호(交互)관계를 살펴보자.

위에서 화록은 발생이고 화기는 결과라고 했는데, 가령 선천에 거문화기가 있다고 할 때, 年대한이나 年유년은 거문화록이 되므로 이론적으로 거문화기에 화록이 붙으면 거문화기의 흉상이 인동한다(화록은 발생의 상이 있으므로 화기에 붙으면 그 화기를 발생시키게 된다). 그러나 선천거문화기가 대한에서 거문화록이 되면 반드시 선천거문화기가 인동되나, 유년에서 거문화록이 되는 경우 선천거문화기는 인동될 수도 있고 안될 수도 있다.

유년에서 선천의 거문화기를 인동시킬 수 있는 경우란, 반드시 대한에서 먼저 대한의 화록으로 선천의 화기를 인동시킨다음 재차 유년에서 화록으로 다시 인동할 경우에 한하며, 대한에서 화록의 인동이 없는 경우라면 유년의 화록만으로 선천의 화기를 인동시킬 수 없다.

이것을 정리해보면 선천과 유년과의 관계는 원칙적으로 길흉간에 서로 간섭하거나 반응하지 않는 관계며, 그 중간에 대한사화라는 매개체가 중간에서 작용했을 때만 유년과 선천이 서로 간섭하고 반응하게 된다는 것이다.

이것을 쉽게 비유하자면 이렇다.

가령 할아버지(선천) 수염을 손자(유년)가 잡아당기면 애교로 봐줄 뿐 할아버지의 진노(길흉)를 사지 않는다. 즉 선천의 화기를 유년의 화록이 인동시킬 때 길흉이 발생되지 않는 것과 같다. 그러나 만약 아버지(대한)가 할아버지(선천)의 수염을 잡아당긴다면 이는 그야말로 패륜에 가까우므로 할아버지는 크게 노여워할 것이다. 이것은 선천의 화기를 대한의 화록이 인동시킬 때 길흉이 발생되는 것과 같다.

그런데 손자가 할아버지의 수염을 잡아당길 때라도 할아버지가 대노(大怒)하는 경우가 있다. 그것은 할아버지의 수염을 아버지가 잡고 흔들고 있는 상태에서 손자가 다시 합세하여 할아버지의 수염을 잡고 흔드는 경우로, 이때는 아무리 손자에게 자상한 할아버지라도 아들과 손자가 합세하여 할아버지를 죽이려 든다고 분노하게 되는 것이다. 즉 선천의 화기를 대한의 화록이 인동시키는데 다시 재차 유년의 화록이 선천의 화기를 인동시키는 것과 같은 경우다.

그러나 아버지의 수염을 아들(손자)이 잡아 흔들면 그 자리에서 혼나는 것처럼, 대한(아버지)의 화록이나 화기를 유년의 화록과 화기가 인동시키면 직접적인 길흉이 발생하게 된다.

선천은 평생의 시간대, 대한은 십년이라는 시간대, 유년은 일년이라는 시간대이므로 우리가 길흉을 직접적으로 느낄 수 있는 시간의 단위는 유년이라는 시간대이며, 유년은 늘 대한과 밀접한 관계가 있으므로 우리가 느끼는 거의 대부분의 길흉은 유년과 대한에서 결정되는 경우가 많기 때문에 유년과 대한의 사화를 주로 많이 따지게 되는 것이다. 그러나 위에서처럼 대한에서 이미 선천의 사화를 인동시키고 있는 상태인데 유년에서 선천사화를 다시 인동시키면 매우 커다란 길흉변화가 일어나게 되니 주의해야 한다.

(5) 차성안궁으로 인동된 궁들에 유의 한다.

자미가 인신궁에 있는 명반은 공궁(空宮)이 없기 때문에 차성안궁이 없지만, 나머지 명반에서는 모두 차성안궁이 있게 된다.

이렇게 공궁이 있을 때는 반드시 차성안궁의 현상에 유의해야 한다. 운을 볼 때는 더 말할 것도 없고 원국에서도 그렇다.

가령 위의 명반에서 묘궁에 지공이 있고 미궁에 지겁이 있다고 가정한다면 해궁에서 묘궁의 지공과 미궁의 지겁을 보므로 지공·지겁의 직접적인 영향을 본다고 할 수 있지만, 차성안궁해서 협된 인궁도 지공·지겁의 영향을 받게 된다. 즉 묘궁의 지공과 미궁에서 축궁으로 차성안궁한 지겁이 인궁을 협하므로 인궁은 겁공협이 되는 것이다. 이는 살성뿐만 아니라 길성·잡성들까지 모두 이렇게 보아야 한다.

운을 추론할 때 이 차성안궁은 너무 중요하다.

가령 위 명의 신유대한을 보면 신간 대한 거문화록이 유궁에 있게 되는데, 묘궁에 정성이 없으니 유궁의 성계를 다 차성하여 (이때 십이운성은 차성하지 않는다) 빌려쓰는데, 사궁에 녹존이 있으므로 진궁은 일반적인 이론으로는 쌍록협이 되고 이두식록기법으로는 문제궁위가 되어 진궁이 움직이게 된다.

이렇게 공궁이 있을 때는 대한이나 유년에서 사화의 인동을 따져볼 때 차성해서 보지 않으면 풀리지 않는 경우가 많으므로 반드시 명반을 볼 때 차성안궁 현상에 유의해야 하는 것이다.

이상에서 자미두수에 입문하는 개략적인 부분을 언급해 보았다. 하고싶은 말이 많으나 이상의 내용만 소화해도 명반을 보는 안목이나 운추론을 하는 방법 등에 대한 많은 눈을 뜨게 될 것이다.

5) 운명학의 한계

이 편은 대만의 자운선생의 책 『종두수 간인생(從斗數 看人生)』에 나온 '두수추론의 기본방법'장에 실린 내용을 간략하게 정리한 것으로, 자미두수에서 뿐만 아니라 명리를 공부하는 사람에게도 새겨들어야 할 내용이므로 싣는다. 자운선생의 자미에 대한 이런 관점은, 아무런 전제조건 없이 사주명식이나 자미두수명반만을 가지고 문점자의 일거수 일투족을 맞춰내야 진정한 역학인이라는 비현실적인 이상론이 지배하는 한국 역학계에 참신한 도전이 될 것이라고 본다.

(1) 명리와 실제의 현상 사이에는 일정한 경향이 있다.

대개 명리상의 격국 유형과 그것이 현상에 드러나는 특징 사이에는 일정한 경향성이 있다. 어떤 특정한 격국을 가진 인명이 실제 현상에서 활동할 때 그 특정한 격국에 따른 활동의 특징·형태·결과 등이 어느 정도 정해져 있고, 이것이 사주로 어느 정도 정해져 있기 때문에 우리가 사주나 명반을 보고 추론하여 현상에 어떻게 나타날 것인지를 예측할 수 있는 것이다.

예를 들어 살파랑(殺破狼)격국이라면 천성적으로 적극적이고 진취적이라서 매사에 창조적이고 파격적인 경향이 강한 것으로 나타나고, 기월동량의 사람은 성격이 침착하고 조용하여 매사에 현상유지를 잘하므로 이런 명격은 기존의 것을 지키고 유지·관리하는 성질의 일에 종사하면 아주 좋다.

그러나 이러한 성향은 종종 태생적 요소가 아닌, 후천적인 환경의 영향으로 인해 변화가 생기게 된다.

(2) 명반 조합은 한계가 있다.

자미두수 명반은 생년태세와 음력 월 일, 시지에 의해 결정되므로 가능한 명반의 개수를 계산해 보면

$$\frac{생년태세}{60} \times \frac{음력월}{12} \times \frac{음력일}{30} \times \frac{시지}{12} = 259,200이 된다.$$

오행국수와 생일로 자미를 찾으므로, 같은 오행국이면서 음력월이 같고 출생한 시진이 같으면 날짜가 달라도 자미가 있는 궁이 같을 가능성이 많다. 이러한 현상은 특별히 수2국인 경우 두드러지는데, 1일과 30일 양일을 제외한 매 2일마다 자미가 같은 궁에 있게 된다. 기타 오행국에서도 마찬가지로 일자의 공백이 비교적 크기는 하지만 역시 비슷한 현상이 있다. 자미가 같은 궁에 배치되면서 년주와 월 및 생시가 같으면 생일에 의해 배치되는 은광·천귀, 삼태·팔좌의 위치만 다른 비슷한 명반이 된다. 그러나 생일에 의해 배치되는 네 개 별은 실제 논명에 사용되는 기회가 많지 않다.

즉 유사한 조건의 명반이 많다는 것인데, 문제는 명반으로 명리를 추론할 때 그것이 유일한 논명의 조건이라는 것을 지나치게 강조하는 것이다. 그래서 명반이 결국 어떻다느니 하는 논쟁이 생긴다.

(3) 명리상의 조건 외에 후천적 요소도 운명에 변화를 준다

명반상 성의 조합은 단지 개인의 명리 조건을 대표할 뿐이며, 이러한 명리조건은 단지 현상에서 드러나는 일종의 유형과 성향을 대표할 뿐이다. 이러한 유형은 개인의 일생 속에서 모종의 성향을 나타낼 뿐으로, 마땅히 탄생일시에서 비롯되는 명리 이외의 조건도 같이 참고해야 한다.

예컨대 1년에 50만명이 태어난다고 한다면 한시진 동안 약 100명의 아이가 출생하게 된다. 만약 남녀가 각기 반씩 태어난다고 가정하면 명반 포국의 규칙상 50명의 남자는 하나의 명반으로 대표되고 50명의 여자도 단지 한 장의 명반으로 대표된다.

그러면 아래와 같은 문제를 살펴보아야 한다.

1. 형제나 자매의 구성이 모두 같은가?
2. 출생 후에 첫 번째 대한의 건강상황이 모두 같은가?
3. 그들의 부모와 가정배경이 모두 유사한가?
4. 그들이 태어난 지역과 위치는 모두 유사한가?
5. 그들의 직업에 대한 장래희망이 모두 유사한가?

출생시가 같으면 기본적인 명리조건이 비슷하다.

단 명리 이외의 요소로 인해 서로 차이가 생기고 이것이 각각 운명의 방향에 영향을 준다. 이러한 점을 이해한다면 자연히 명반만 가지고 다투지는 않게 될 것이다.

(4) **후천적 요소를 어떻게 살필 것인가?**

　자운선생의 이러한 문제제기에 대한 필자 나름의 해답을 제시한다.

　실제로 운명을 만들어가는 요소는 천·지·인 삼재(天地人 三才)의 요소가 같이 작용한다.

　여기서 천(天)이란 태양과 달의 운행에 따른 기운을 표시한 연월일시로 보면 될 것이고, 지(地)란 하늘의 태양과 달에 의해 정해진 기운에 의해 영향을 받는 공간과 환경으로 보면 될 것이며, 인(人)이란 천(天)으로 대표되는 시간과 지(地)로 대표되는 공간의 주체가 되는 사람을 각각 뜻한다. 이 셋은 서로 영향을 주고받으면서 서로 변화를 주고받는다.

　이 중에서 연월일시의 사주는 시간의 조각에 불과하니 천(天)에 해당하는 요소다. 사람의 출생에 따른 환경은 지(地)에 해당하는 별개의 것으로, 서로 영향을 주고받기는 하지만 천(天)에 완전히 종속되는 요소는 아니라고 보는 것이 타당하다. 이것이 우리들에게 보일 때는 같은 사주를 타고남에도 불구하고 부모의 재산 정도나 형제자매의 구성이 다른 것으로 나타나는 것이다. 여기서 인(人)의 작용은 또 다른 역할로써 운명에 영향을 미친다. 개인의 의지·노력·연습·생활습관 등은 그 정도에 따라 다르겠으나, 역시 개인의 운명에 영향을 미친다.

　천·지·인 삼재는 서로 영향을 주고받는다고 했다. 사주가 후천적인 조건을 완전히 결정짓지는 못하지만 후천적인 조건의 상황에 일정 영향을 미치는 것은 사실이다. 사주가 개인적인 모든 부분을 조건짓지 못하지만 그 개인의 자유의지에도 일정한 영향을 주는 것이 또한 사실이다.

위에서 제시한 문제에 대한 대답을 제시해 보자.

형제자매의 구성이나 출생 후의 건강상황, 부모와 가정배경, 지역과 위치 등은 사주로 반드시 알 수 있는 조건이라고 할 수 없다. 그러나 그런 후천적인 환경과 그 사람의 타고난 명이 어떤 반응을 일으키고 또 그것의 유불리가 어떠한지는 따져 볼 수 있다.

형제자매와의 관계와 주성의 특징간의 관계를 예로 들어서 살펴본다면, 자미·태양·파군·칠살·천량 등 주체적인 성향이 강한 별은 장자인 것이 좋고, 천상·천부·태음·천기·천동·좌보·우필 등 수동적인 성향이 강한 별은 장자가 아닌 것이 좋다. 특히 파군과 같은 별은 장자가 아니더라도 장자의 역할을 하기 쉬우므로 장자로 태어나는 것이 좋다. 또 독자로 태어나는 경우와 독자가 아닌 경우를 비교해 볼 때, 성의 특성상 독립성이 강한 성 예컨대 염정·무곡·칠살·탐랑·태양·천량 등은 독자라도 무방할 것이나, 주변의 영향에 민감한 성 예컨대 자미·천부·천상·거문·천기·태음 등의 별은 독자인 경우 형제자매와의 관계가 없는 것이 불리할 수도 있다.

가정환경과 명반과의 관계를 살펴볼 때 부모·형제궁이 불리하게 되어있는 경우와 부모·형제궁이 유리하게 되어있는 두 가지의 경우로 나누어 볼 수 있을 것이다. 부모·형제궁의 상황이 좋게 구성된 명의 가정환경이 좋지 못한 경우라면 후천적 상황의 흉이 더 크게 나타날 것이고, 부모·형제궁의 상황이 불리하게 구성된 명의 가정환경이 좋은 경우라면 명반 상의 흉이 어느정도 경감이 될 것이다. 이런 여러 가지 경우를 따져보기 위해서는 자미두수에 대한 지식과 사회에 대한 지식 이외에 많은 경험이 있어야 할 것이다.

자미두수 상에서 후천적인 인간관계를 보는 다른 방법이 있다. '태세입괘법'이 그것인데, 상대방을 대표할 수 있는 천간과 지지를 가지고 상대방의 천간으로 본명반에 사화를 붙이고, 상대방의 지지로 본명반의 십이궁을 살펴서 상대방과의 길흉을 살펴보는 방법이다. 부모나 형제도 또한 명반이 정해지는데, 그 명의 상황에 따라 본명에 주는 영향이 다를 것이다. 일반적인 태세입괘법으로는 부모형제의 생년 간지로 본명과 대조해서 길흉을 판단하게 된다.

이 태세입괘법은 응용할 수 있는 여지가 많고 또한 검증이 필요한 부분이기도 하다. 예컨대 물건이나 지방을 대표할 수 있는 간지를 찾아낼 수 있다면 그 간지를 응용하여 본명반과의 길흉을 유추해 낼 수 있을 것이다. 이 태세입괘법의 구체적인 실례는 『실전자미두수』의 '태세입괘' 편을 참고하라.

사회변화나 지역에 의한 차이 등은 운명학으로 알 수 있는 부분이 아닌 듯하다. 이런 경우는 그 한계를 명확히 알고 우리 학인들이 역사와 현대생활에 대한 여러 가지를 통찰하는 것이 우선이다.

한가지 더 생각해 보아야 할 것은, 자미두수의 고전은 고대에 쓰여진 것이고, 고대에 비해 현대의 생활방식이나 풍속 사상 관념 등이 변화되었으므로 그런 점을 감안하여 자미두수 고전을 읽어야 한다. 예컨대 전서에서 '도재(屠宰)'라는 표현은 도축업이나 요리사를 뜻했을 것인데, 직업에 대한 귀천의 정도가 고대와 현대가 다르다는 것을 이해한다면 단순히 천한 직업으로 생각하지는 않을 것이다.

또 현대 자미두수 서적의 대부분은 대만이나 홍콩에서 출간되고 있고, 우리가 접하는 자미두수에 대한 정보도 대만이나 홍콩의 서적이 그 원전인 경우가 많다. 염두에 두어야 할 것은, 홍콩이나 대만의 서적은 홍콩이나 대만이라는 시대와 사회를 반영하고 있어서 우리의 정서와 다른 부분이 있을 수 있다는 것이다.

참고로 전서에서는 음질(陰隲)이 있는 명은 수명이 늘고 복이 많으며, 좋지 않은 운에서도 다치지 않는다고 했다. 이것은 평소에 사람과 동물을 이롭게 하고 구제하며, 몸을 닦는데 힘쓰고 선한 덕을 쌓았기 때문이라고 설명하고 있다. 자미두수에서 외부와의 관계와 상황을 살피는 여러 가지 기법들도 중요하겠으나, 고인이 이야기한 음질(음덕) 또한 운명에 영향을 주는 중요한 요소가 아닌가 싶다.

2. 기본명반의 분석

1) 14정성의 12가지 배치유형

　14정성은 자미가 좌하는 12궁에 따라 나머지 13개 성이 배치되기 때문에, 각 14정성의 배치도 또한 12가지로 정해지게 된다. 이것은 각 14정성이 배치되는 12궁에 따라 나머지 정성의 배치가 고정된다는 뜻이 된다.

　아래는 14정성이 배치되는 12가지 유형과 그에 따른 성의 묘왕평한함을 자미를 기준하여 표로 정리한 것이다. 이 12가지 유형을 자세히 보면 14정성이 어떻게 어떤 식으로 배치되는지 그 특징을 알 수 있으므로 잘 기억하고 있어야 한다.

(1) 12가지 배치 명반

巳	午	未	申
巨門△	天廉相貞○△	天梁○	七殺
辰 貪狼◎			酉 天同△
卯 太陰ⅩⅩ	자미가 인궁에 있을 때		戌 武曲◎
寅 天紫府微◎◎	丑 天機ⅩⅩ	子 破軍◎	亥 太陽ⅩⅩ

巳	午	未	申
太陽	破軍◎	天機ⅩⅩ	天紫府微△○
辰 武曲◎			酉 太陰○
卯 天同○	자미가 신궁에 있을 때		戌 貪狼◎
寅 七殺○	丑 天梁○	子 天廉相貞○△	亥 巨門○

巳	午	未	申
太陰ⅩⅩ	貪狼○	巨天門同ⅩⅩⅩⅩ	天武相曲◎△
辰 天廉府貞◎◎			酉 天太梁陽△Ⅹ
卯	자미가 자궁에 있을 때		戌 七殺○
寅 破軍ⅩⅩ	丑	子 紫微△	亥 天機△

巳	午	未	申
天機△	紫微◎		破軍ⅩⅩ
辰 七殺○			酉 天廉府貞◎◎
卯 天太梁陽◎◎	자미가 오궁에 있을 때		戌
寅 天武相曲◎Ⅹ	丑 巨天門同○ⅩⅩ	子 貪狼○	亥 太陰◎

巳	午	未	申
天梁ⅩⅩ	七殺○		廉貞
辰 天紫相微○ⅩⅩ			酉
卯 巨天門機◎◎	자미가 진궁에 있을 때		戌 破軍○
寅 貪狼△	丑 太太陰陽○ⅩⅩ	子 天武府曲△△	亥 天同◎

巳	午	未	申
天同○	天武府曲◎◎	太太陰陽△△	貪狼△
辰 破軍○			酉 巨天門機◎◎
卯	자미가 술궁에 있을 때		戌 天紫相微Ⅹ ⅩⅩ
寅 廉貞○	丑	子 七殺○	亥 天梁ⅩⅩ

2부. 궁과 성의 의미를 읽는 방법

자미가 사궁에 있을 때

巳	午	未	申
七殺 紫微 ○△			
辰 天機 天梁 ○○			酉 廉貞 破軍 xx△
卯 天相 xx			戌
寅 太陽 巨門 ○○	丑 武曲 貪狼 ○○	子 天同 太陰 ○○	亥 天府

자미가 해궁에 있을 때

巳 天府	午 天同 太陰 xxxx	未 武曲 貪狼 ○○	申 太陽 巨門 ○xx
辰			酉 天相 xx
卯 廉貞 破軍 ○x			戌 天機 天梁 ○○
寅	丑	子	亥 紫微 七殺 ○△

자미가 묘궁에 있을 때

巳 天相 △	午 天梁 ○	未 廉貞 七殺 ○○	申
辰 巨門 xx			酉
卯 紫微 貪狼 ○△			戌 天同 △
寅 天機 太陰 ○x	丑 天府 ○	子 太陽 xx	亥 武曲 破軍 △△

자미가 유궁에 있을 때

巳 武曲 破軍 △x	午 太陽 ○	未 天府 ○	申 天機 太陰 △△
辰 天同 ○			酉 紫微 貪狼 △△
卯			戌 巨門 xx
寅	丑 廉貞 七殺 ○○	子 天梁 ○	亥 天相 △

자미가 축궁에 있을 때

巳 廉貞 貪狼 xxxx	午 巨門 ○	未 天相 x	申 天同 天梁 xx
辰 太陰 xx			酉 武曲 七殺 x○
卯 天府 △			戌 太陽 xx
寅	丑 紫微 破軍 ○○	子 天機 ○	亥

자미가 미궁에 있을 때

巳	午 天機 ○	未 紫微 破軍 ○○	申
辰 太陽 ○			酉 天府 xx
卯 武曲 七殺 xxxx			戌 太陰 ◎
寅 天同 天梁 ◎x	丑 天相 ○	子 巨門 ○	亥 廉貞 貪狼 xxxx

(2) 배치 유형의 특징

　12가지 배치유형 도표를 보면 알겠지만 배치 유형에 관계없이 고정적인 몇가지 규칙이 있다.

① 자미와 무곡과 염정은 항상 규칙적으로 만난다.

　자미가 있는 궁을 명궁으로 볼 때 재백궁에는 항상 무곡이 있고 관록궁에는 항상 염정이 있다. 역으로 무곡이 명궁이라면 재백궁에는 항상 염정이 있고 관록궁에는 항상 자미가 있게 되고, 염정이 명궁이라면 재백궁에는 반드시 자미가 있고 관록궁에는 무곡이 있게 된다.

② 칠살 파군 탐랑은 항상 시계방향으로 칠살→파군→탐랑의 순으로 위치해 있으며 삼방에서 반드시 만난다.

　이 삼성에서 한 글자씩 따서 흔히 "살파랑"이라고 약칭한다. 칠살이 명궁이라면 재백궁에는 탐랑이 있고 관록궁에는 파군이 있으며, 파군이 명궁이라면 재백궁에는 칠살이 있고 관록궁에는 탐랑이 있게 되며, 탐랑이 명궁에 있다면 재백궁에는 파군이 있고 관록궁에는 칠살이 자리하게 된다.

③ 파군의 대궁에는 반드시 천상이 있고, 반대로 천상의 대궁에는 반드시 파군이 있다.

④ 칠살의 대궁에는 반드시 천부가 있고, 반대로 천부의 대궁에는 반드시 칠살이 있다.

⑤ 천부의 관록궁에는 반드시 천상이 있으며, 천상의 재백궁에는 반드시 천부가 있다.

⑥ 태음의 관록궁에는 반드시 천량이 있으며, 천량의 재백궁에는

반드시 태음이 있다.

⑦ 천기의 재백궁에는 반드시 천동이 있으며, 천동의 관록궁에는 반드시 천기가 있다.

※ 이상의 배치표를 아래와 같이 정리해본다.

아래 표중에 가령 자미에서 자·오·묘·유궁의 란 아래 '자탐조합'이라 한 것은 자미가 자·오·묘·유궁에 있으면 자미와 탐랑이 동궁하거나 서로 마주보고 있다는 것을 말하고, 그 아래 자오궁에 '자미 대 탐랑'이라 한 것은 자·오궁 자미의 대궁에 탐랑이 있다는 뜻이며, 묘·유궁란 아래 '자탐 대○'라 한 것은 묘·유궁에서는 자미·탐랑이 동궁하고 대궁은 공궁이 된다는 뜻이다.

자미가 자궁에 있을 때, 오궁에 있을 때, 묘궁에 있을 때, 유궁에 있을 때의 성질을 각기 따로 파악하기 전에, 이와같이 자·오·묘·유궁의 네 개 궁을 하나의 조합인 '자탐조합'으로 보고 자탐의 성질을 익히면서 궁의 묘왕이나 독좌인가 동궁인가 등에 관한 부분만 고려해서 성질의 강약을 가감승세하면 좀 더 효율적인 공부를 할 수 있다.

자탐이니 자부살이니 하는 것은 정성 조합을 줄여서 지칭한 것이며, 아래에 따로 표시한다.

나머지 14정성도 이와같이 이해하면 되는데, 위의 배치표를 참고하면서 아래 표를 숙지하면 14정성이 십이궁에서 어떻게 분포되는가를 알 수 있다.

자미성계의 배치

성\궁	자오묘유 궁				인신사해 궁				진술축미 궁			
자미	자탐조합				자부살조합				자파상조합			
	자오궁		묘유궁		인신궁		사해궁		진술궁		축미궁	
	자미 대탐랑		자탐 대 ○		자부 대칠살		자살 대천부		자상 대파군		자파 대천상	
천기	기거조합				기월조합				기량조합			
	자오궁		묘유궁		인신궁		사해궁		진술궁		축미궁	
	천기 대거문		기거 대 ○		기월 대 ○		천기 대태음		기량 대 ○		천기 대천량	
태양	양양조합				거일조합				일월조합			
	자오궁		묘유궁		인신궁		사해궁		진술궁		축미궁	
	태양 대천량		양양 대 ○		거일 대 ○		태양 대거문		태양 대태음		일월 대 ○	
무곡	무부살조합				무파상조합				무탐조합			
	자오궁		묘유궁		인신궁		사해궁		진술궁		축미궁	
	무부 대칠살		무살 대천부		무상 대파군		무파 대천상		무곡 대탐랑		무탐 대 ○	
천동	동월조합				동량조합				거동조합			
	자오궁		묘유궁		인신궁		사해궁		진술궁		축미궁	
	동월 대 ○		천동 대태음		동량 대 ○		천동 대천량		천동 대거문		거동 대 ○	
염정	정파상조합				정탐조합				정부살조합			
	자오궁		묘유궁		인신궁		사해궁		진술궁		축미궁	
	정상 대파군		정파 대천상		염정 대탐랑		정탐 대 ○		정부 대칠살		정살 대천부	

천부성계의 배치

성\궁	자오묘유 궁		인신사해 궁		진술축미 궁	
천부	무부살조합		자부살조합		정부살조합	
	자오궁	묘유궁	인신궁	사해궁	진술궁	축미궁
	무부 대 칠살	천부 대 무살	자부 대 칠살	자살 대 칠살	정부 대 칠살	천부 대 정살
태음	동월조합		기월조합		일월조합	
	자오궁	묘유궁	인신궁	사해궁	진술궁	축미궁
	동월 대 o	태음 대 천동	기월 대 o	태음 대 천기	태음 대 태양	일월 대 o
탐랑	자탐조합		정탐조합		무탐조합	
	자오궁	묘유궁	인신궁	사해궁	진술궁	축미궁
	탐랑 대 자미	자탐 대 o	탐랑 대 염정	정탐 대 o	탐랑 대 무곡	무탐 대 o
거문	기거조합		거일조합		거동조합	
	자오궁	묘유궁	인신궁	사해궁	진술궁	축미궁
	거문 대 천기	기거 대 o	거일 대 o	거문 대 태양	거문 대 천동	거동 대 o
천상	정파상조합		무파상조합		자파상조합	
	자오궁	묘유궁	인신궁	사해궁	진술궁	축미궁
	정상 대 파군	천상 대 정파	무상 대 파군	천상 대 무파	자상 대 파군	천상 대 자파
천량	양양조합		동량조합		기량조합	
	자오궁	묘유궁	인신궁	사해궁	진술궁	축미궁
	천량 대 태양	양양 대 o	동량 대 o	천량 대 천동	기량 대 o	천량 대 천기
칠살	무부살조합		자부살조합		정부살조합	
	자오궁	묘유궁	인신궁	사해궁	진술궁	축미궁
	칠살 대 무부	무살 대 천부	칠살 대 자부	자살 대 천부	칠살 대 정부	정살 대 천부
파군	정파상조합		무파상조합		자파상조합	
	자오궁	묘유궁	인신궁	사해궁	진술궁	축미궁
	파군 대 정상	정파 대 천상	파군 대 무상	무파 대 천상	파군 대 자상	자파 대 천상

2) 기본명반의 분석

앞에서 자미가 자궁부터 해궁까지 있을 때의 12가지 명반조합표를 표시하였는데, 그 중에서 자미두수의 이론적 얼개나 구조적인 부분을 파악할 수 있는 명반이 자미가 申宮에 있으면서 명궁이 되는 명반이다. 필자는 이것을 '기본명반'이라고 한다. 이 기본명반은 십이사항궁을 주재하는 성들과 14정성의 가장 기본적인 배치를 보여주는 명반이므로 이 기본명반에서 14정성과 십이사항궁을 서로 대응시켜 보면 궁과 성을 이해하는 데 많은 도움이 된다.

사람의 기운은 인에서 열리기 시작하여 신에서 닫히기 시작한다. 그래서 申宮에 자미두수의 기본골격과 성격이 가장 잘 나타나는 것이다.

太陽○ 巳 자녀궁	破軍◎ 午 부처궁	天機 XX 未 형제궁	天府 紫微 △○ 申 명궁
武曲◎ 辰 재백궁			太陰○ 酉 부모궁
天同○ 卯 질액궁	자미가 신궁에 있을 때 〈기본명반〉		貪狼◎ 戌 복덕궁
七殺◎ 寅 천이궁	天梁○ 丑 노복궁	天相 廉貞 ◎△ 子 관록궁	巨門○ 亥 전택궁

(1) 명궁

우선 申궁이 명궁이면서 자미와 천부가 있다.

사람으로 치면 자미는 영혼(정신)이고 천부는 영혼을 담는 그릇인 몸(물질)과 같다. 즉 십이사항궁의 사령부격인 명궁에 남두의 주성과 북두의 주성이 좌하면서 각기 정신과 물질을 대표하는 의미를 가지게 된다.

십이사항궁은 명궁부터 형제궁·부처궁의 순서로 시계반대방향으로 배치하는데 가까운 육친의 순으로 배치되어 있다.

(2) 형제궁

명궁 바로 옆에 형제궁이 있으며 천기성이 좌하고 있다. 그래서 천기는 형제를 의미하는 성이 되는 것이다. 형제간에 돕기도 하지만 경쟁하며 크는 것이 천기의 기미 기틀을 보는 것과 상응한다.

(3) 부처궁

내가 있고나서 형제가 있고, 그런 다음 장성하여 배우자를 얻으니 부처궁이 형제궁 다음이다. 부처궁에는 파군이 좌하므로 파군은 배우자를 의미하는 성이 된다. 부부는 일심동체로 촌수가 없을 정도로 친하지만, 경우에 따라서는 남남이 되어 언제 친했냐 싶은 것이 파군의 성격과 상통한다.

(4) 자녀궁

배우자와 성혼한 후 자녀를 갖게 되므로 그 다음이 자녀궁이 되며, 자녀궁에는 태양이 좌하고 있다. 태양은 14정성 중에서 유일하게 빛을 내는 성으로, 다른 성뿐만 아니라 만물에게 빛과 열을 가져다주므로 이 태양의 향배는 매우 중요하다 하지 않을 수 없다.

구조적으로 보면 태양은 명궁과 사신(巳申)으로 암합하고 있으며, 부모궁·전택궁·노복궁과 삼방으로 만나고 있다.

나와 부모 집안 그리고 집안의 하인들 모두 이 자녀궁인 태양 때문에 생기가 넘치게 됨을 볼 수 있다. 그래서 이렇게 태양의 삼방에서 만나는 모든 성들, 특히 태음·거문·천량은 태양이 묘왕지냐 함지냐에 따라 길흉에 지대한 영향을 받게 되므로, 이 세 성들은 태양과의 관계를 반드시 살펴야 하는 것이다.

(5) 재백궁

자녀를 낳고 나면 가정을 이끌어갈 재물이 필요하므로 재백궁에 재성(재물을 관장하는 성)인 무곡이 있게 된다. 그래서 무곡은 財를 주한다.

돈은 함부로 쓰면 안되니 금고나 깊은 창고에 감춰두는데, 무곡이 앉은 자리가 辰宮으로 고장지(庫藏地)다. 돈은 본래 보관해야 한다는 옛사람의 의식을 엿볼 수 있다.

(6) 질액궁

돈을 벌고 난 뒤에는 몸생각을 해야하니 재백궁 다음에 질액궁이 있으며, 천동의 복성이 좌하고 있다. 건강해야 복인 것이다.

(7) 천이궁

건강하면 힘있게 활동해야 하니 질액궁 다음에는 천이궁이 있으며 칠살이 좌하고 있다. 칠살은 사망성이라고 했는데, 고인이 칠살을 천이궁에 배치한 것은 바깥세상으로 나가는 것을 그만큼 두려워했음을 반증하는 것이라 하겠다.

(8) 노복궁

밖을 나갈 때는 늘 하인들이 시중을 들게 되니 천이궁 다음에는 노복궁이 있으며, 주인의 일거수일투족에 주의를 잘 기울일 수 있는 감찰능력 뛰어난 천량을 배치하였다.

(9) 관록궁

그렇게 하인들을 거느리고 살려면 명실상부한 직업이 있어야 하니 관록궁이 그 다음에 있고, 염정과 천상과 같은 관록을 주하는 성을 배치하였다. 옛날에는 과거에 합격하여 관직에 나가는 것이 가장 출세하는 것이었기 때문이다.

옛사람들은 염정을 악성의 하나로 보았는데, 관직에는 항상 위험이 도사리기 때문이다. 한편으로『전서』에 '천상이 염정의 악을 제거한다'고 했듯이 염정의 악함과 천상의 보좌함을 붙여 놓음으로써 서로 견제하게 하였다.

(10) 전택궁

관직에 출사했다면 전답이 늘어나니 관록궁 다음으로 전택궁이 있으며, 궁안에 시비를 주관하는 거문을 배치한 것은 가장 큰 시비와 다툼은 땅 때문에 일어나기 때문이다.

(11) 복덕궁

관록과 전답이 있으면 인생을 향유할 수 있으니 전택궁 다음에 복덕궁이 있고, 그래서 욕망이 무한하며 집착이 강한 탐랑을 배치시켰다.

(12) 부모궁

자기가 태어나서 처자식을 얻고 출사하여 성공한 것은 모두 부모님이 나를 낳아주신 덕택이니 복덕궁 다음에 부모궁이 있으며, 또 부모는 내가 태어나 활동하기 이전에 가장 가까운 사람이므로 나를 뜻하는 명궁의 바로 앞에 놓이는 것이다. 부모는 달과 같이 늘 나서지 않으면서도 우리를 밝게 비춰주니 태음이 배치된 것이다.

3) 기본명반과 사대계통

위 기본명반을 보면 14개 정성의 배치에 나름대로의 질서가 있는데, 이것을 4가지 계통 또는 격국이라고 한다.

성의 4가지 계통
① 자부염무상(紫府廉武相) 계통
② 살파랑(殺破狼) 계통
③ 거일(巨日) 계통
④ 기월동량(機月同梁) 계통

14개의 정성은 이 4가지 계통(이하부터는 격국으로 표기함)으로 크게 나눌 수 있다.

(1) 자부염무상

'자부염무상'이란 자미·천부·염정·무곡·천상의 다섯 성에서 한 글자씩만 따서 약자로 쓴 것이고, '살파랑'은 칠살·파군·탐랑을 약자로 쓴 것이며, '거일'이란 거문·태양을 약자로 쓴 것이고, '기월동량'은 천기·태음·천동·천량을 약자로 쓴 것이다.

이것을 이렇게 4가지로 구분하는 이유는, 이 4가지 격국마다 특징이 또렷이 있어서 성질을 파악하기 아주 용이하기 때문이다.

위의 기본명반을 보면 첫째 '자부염무상 격국'과 '살파랑 격국'은 삼방에서 서로 만나거나 동궁하거나 중첩되는 일이 많고, '거일격국'과 '기월동량격국'도 서로 잘 만나지만, 이 두 조합과 앞서의 두 조합인 '자부염무상격국' 또는 '살파랑격국'과는 만나지 않는다.

자부염무상을 보면 자미가 명궁일 때 명궁의 삼방에 배치되어 있으므로, 4가지 계통중에 최고의 지위와 최고의 파워를 가지고 있음을 볼 수 있다.

이 자부염무상에서 자미와 염정·무곡은 자미가 명궁에 있으면 반드시 재백궁에 무곡, 관록궁에 염정이 있으므로, 흔히들 '자부염무상격'을 '자부상격(紫府相格)'으로 줄여 부르기도 한다.

(2) 살파랑

그다음은 살파랑인데 칠살·파군·탐랑 이 세 별의 조합을 말한다. 자부염무상은 명궁의 삼방사정, 즉 명궁을 위주로 한 삼방사정에 배치되는데, 살파랑은 천이궁을 중심으로 한 삼방사정에 배치된다. 즉 천이궁의 칠살을 위시로 하여 삼방에서 파군·탐랑이 놓임으로써 살파랑을 이루고 있다. 천이궁을 중심으로 놓였기 때문에 네 계통 중에서 가장 변화와 변동이 많은 성계다.

현대적으로 이 살파랑은 '창·창조·변혁·변동' 등의 의미가 있다고 본다. 실제로 대한이나 유년에서 이런 궁으로 가면 변화가 많음을 볼 수 있다.

그리고 기본명반에서 이들 자부염무상과 살파랑의 위치를 자세히 보면 명궁을 1, 형제궁을 2 … 라고 할 때 1·3·5·7·9·11의 陽數궁에 있음을 알 수 있으며, 또 양수궁에만 身宮이 들어간다는 것을 유념해 두자.

즉 고대인의 관점으로 볼 때 나와 가장 밀접한 궁들에 있어야 할 성들로는 이렇게 자부염무상과 살파랑이고 이들과 만날 때 가장 동적이라는 것을 알 수 있다.

(3) 거일

그 다음은 거문·태양조합으로 흔히 거일격이라 하는데, 명반의 삼방사정에서 만나는 자부염무상과 살파랑 다음으로 중요한 조합이다.

이 '거일격국'은 살파랑과 기월동량의 교량역할을 하는 격국으로, 중개·전달·전파·경쟁·시비 등의 의미를 띄고 있다.

(4) 기월동량

기월동량격이란 천기·태음·천동·천량의 네 성의 조합을 말하는 것으로 기본명반에서 음수궁(陰數宮)에 있으면서 형제궁·노복궁·부모궁·실액궁에 위치한다. 이 격을 고인들은 "기월동량 작리인(機月同梁 作吏人)"이라고 하여 하급관리가 된다고 해서 격을 낮게 보았으나, 오늘날에는 사업 등에는 부적합하다해도 전문업 등에서 출세하는 경우가 많으므로 고인의 견해는 참고만 해야 한다.

이제 기본적인 골격인 네 개의 격을 둘러봤는데 이 기본적인 격도 상황에 따라 여러가지로 세분된다. 즉 명반들을 자세히 보면 알겠지만 기월동량이라도 여러가지로 나뉠 수 있다.

가령 인신궁의 동량이면서 기월동량이 되는 경우도 있고, 기월동량 중에서 태음이 빠지거나 천량이 빠지던가 해서 하나가 모자 란 4분의 3의 기월동량격이 된다든지, 기월동량과 거일이 같이 섞여서 만난다든지 하여서 순수한 기월동량의 범주에서 벗어나 혼합된 격을 이루는 경우가 더 많다.

『전서』의 격국편을 보면 기월동량이 인신궁에 있을 때 기월동 량격이라고 이름하는 것 외에, 기거동임격(機巨同臨格)이니 기량 가회격(機梁嘉會格)이니 하는 특수한 격국의 이름을 붙이는 경우 가 많으며, 나머지 세 가지 계통의 격국도 이와 같은 변화가 많 다.

이 책에서는 크게 4대 계통으로 나눌 수 있고 그것 나름대로의 특징이 있다는 정도에서 정리하기로 한다.

3부 궁과 성의 의미

3부. 궁과 성의 의미

궁과 성이 가진 특징에 대해 본격적으로 살펴보는 장이다.

'십이사항궁의 의미'에서 십이사항궁에 대한 구체적인 설명을 하고, '14정성'에서는 화기를 위주로 한 14정성의 기본적인 성정, 14정성끼리의 동궁에 대한 설명, 14정성에 록·권·과·기가 붙을 때의 변화, 십이사항궁에 들어갈 때의 의미 등에 대해 설명하고 있다. 기본명반을 가지고 분석할 수 있도록 논리적으로 글을 쓴다고 노력하였으며, 특히 14정성끼리 동궁할 때의 설명은 기존에 공개하지 않았던 필자의 노하우를 담았으므로 자미두수를 어느 정도 알고 있는 독자들께 큰 도움이 될 것으로 믿는다.

'보좌길흉성과 사화'와 '잡성'에서는 전서를 위주로 하여 요긴한 내용을 정리하였으며, 소흘히 하기 쉬운 장생·박사·태세·장전십이신에 대한 설명도 충분히 하였다.

1. 십이사항궁의 의미

① **명궁** 넓은 의미에서 명궁은 나머지 11개 사항궁을 대표한다. 주로 자기의 본질 생김새 격국 등을 살펴 볼 수 있다.

身宮은 명궁과 체용관계이면서 건강·격국의 고저·성격·후반생의 길흉여부 등에 영향을 미친다.

명궁과 나머지 11개 사항궁은 그물과 벼리와 같은 관계여서 다른 11궁을 살필 때도 반드시 명궁과 체용관계로 보고 판단해야지, 명궁을 도외시한 독립적인 궁의 득실만 따지다 보면 추론을 잘못하기 쉽기 때문에 특히 유의해야 한다.

가령 부모궁을 볼 때도 반드시 명궁과 부모궁을 배합하여 부모와의 정의 후박을 보고, 부모의 존몰 상황, 부모의 건강상황(장자라야 맞음)을 보며, 윗사람과 접촉할 연분의 후박을 봐야 하는 것이다. 다른 궁도 이렇게 본다.

② **형제궁** 형제자매와의 관계, 형제자매의 다소와 연분, 합작파트너, 친구와의 관계, 어머니(형제궁은 부모궁의 부처궁에 해당한다)에 대해 살펴 볼 수 있다

③ **부처궁** 배우자나 이성의 유형, 얼굴 형태, 체형, 배우자와의 관계와 감정적인 성향 등을 살펴볼 수 있다.

④ **자녀궁** 자식, 심복과 같은 부하, 제자의 다소와 연분의 유무, 자신의 성적인 능력 등을 살펴볼 수 있다.

⑤ **재백궁** 돈을 다루는 능력의 우열, 물질생활의 풍요와 곤궁, 재백의 강약, 순역, 돈에 대한 태도, 어떤 성질의 일로 돈을 버는가, 유동자산, 현금 등을 살펴볼 수 있다.

⑥ **질액궁** 체질의 좋고 나쁨, 질병, 재액의 유무, 건강상황 등을 본다.

⑦ **천이궁** 대외활동의 길흉, 외출했을 때의 길흉, 교통사고 유무, 일반적인 인간관계, 자기에 대한 외부사람들의 평가, 시국의 대세, 조류 및 추세 등도 파악할 수 있다.

⑧ **노복궁** 주로 아랫사람, 고용인, 연애 중의 이성 등을 보며, 넓게는 광대한 사회군중을 포괄적으로 지칭한다. 자기와 사회군중 간의 관계를 표시한다.

⑨ **관록궁** 직업선택, 직위의 고저, 일할 때의 태도, 직업의 성질, 학업성적과 시험운의 호괴, 사업운, 공명 등의 성취여부 등을 알 수 있다.

⑩ **전택궁** 재고(財庫), 자기와 가정구성원간의 상대적인 관계를

살펴 볼 수 있으며, 그 사람의 고정자산, 처한 환경, 부동산, 저축 능력, 집이 위치한 환경, 집안의 흥쇠여부, 회사 등을 판단할 수 있다.

⑪ **복덕궁** 품성, 성격취향, 품격의 고저, 정신생활의 고저, 수명의 장단 등을 살펴볼 수 있다.

기호, 정신, 아이큐, 사고, 수명, 복분(福分), 내면세계, 처세태도와 향락정도, 죽고 난 뒤의 명예여부 등을 알 수 있다. 정신병이나 자살, 불면증, 우울증 등은 복덕궁으로 관찰한다.

십이사항궁 중 유일하게 복덕궁만이 자기의 의지로 고칠 수 있는 궁이다.

⑫ **부모궁** 포괄적으로 윗사람을 지칭한다. 예를들어 부모, 선생, 상사 등 자기와 윗사람간의 상대적인 관계와 연분의 후박을 나타낸다. 또 손님, 정부기구, 관할기관 등을 의미하기도 한다.

부모의 신체, 외모나 직업적인 상황을 추측할 수 있다. 부모궁은 의식(衣食)이 비롯되는 궁이다.

2. 14정성(十四正星)

1) 자미(紫微)

(1) 기본적인 성정

帝 자미는 '임금 제(帝)' 자로 그 특성을 유추할 수 있다. 지존무상·리더쉽·권위·권력·개창능력·포용력·행정능력·자존심·체면·명분·흑백분명·명예·도화 등 황제가 가지는 특징들을 대부분 가지고 있다.

자미는 일국을 다스리는 황제지만 보필하는 신하가 있어야 국정운영이 순조롭게 되기 때문에 자미를 볼 때는 백관이 조공하고 있는가의 여부를 우선적으로 살펴야 한다.

여기서 백관이란 옛날 조정의 문무 백관의 대신들을 말하는 것으로 그 대신과 같은 역할을 하는 보좌성과 잡성을 말한다. 그러한 성들이 비추면 보

자미성군(紫微星君)
❖ 이 그림은 乙德上人이 지은 『紫微斗數精技傳授 : 1998년 대만 무릉출판사』란 책에서 발췌하였으며, 앞으로 나오는 그림들도 같다.

필하는 신하들의 보좌를 받아 국정을 원만하게 수행해서 황제의 위엄과 능력을 제대로 발휘하게 되므로 위와 같은 자미의 성정들이 긍정적으로 드러난다.

그러나 만약 자미에 백관조공이 없다면 고군(孤君 : 외로운 임금)이라 하고, 백관조공도 없으면서 살까지 보면 무도지군(無道之君 : 무도한 임금)이 되는데, 이런 경우 자미의 속성은 독야청청·패도·강권·강제·무능력·고립·권모술수·고집·체면불구·허풍·탈속·음란 등으로 나타나게 된다.

백관조공(百官朝拱) 백관조공의 성으로는 좌보·우필, 천괴·천월, 문창·문곡, 삼태·팔좌, 은광·천귀, 태보·봉고, 용지·봉각 등이 있다. 여기서 보좌하는 역량이 가장 강한 것은 좌보·우필이고, 다른 성 없이 보필만 비추더라도 백관조공이 된다고 본다. 괴월과 창곡 역시 보좌하는 역량이 강한 편이나 보필에 미치지는 못한다. 나머지 성들은 그 역량이 미미하다고 본다.

부상조원(府相朝垣) 정성 중에는 재물을 의미하는 천부와 명예와 신용을 의미하는 천상을 보는 것을 좋아하며, 이런 성들이 비추는 것을 부상조원(府相朝垣 : 천부와 천상이 조원함)이라 한다. 그러나 부상조원이 되더라도 반드시 백관조공을 봐야 고군이 되지 않는다.

삼태(三台) 또 『전서』에는 자미가 있는 궁을 중태·부모궁을 상태·형제궁을 하태라고 해서 이 삼태가 좋아야 한다고 하는데,

이는 성이 아니라 궁(宮)의 측면에서도 보좌가 필요함을 말한 것이다.

　자미가 이렇게 성과 궁 양면으로 백관조공이나 보좌가 필요하다는 것을 뒤집어 생각해보면, 자미가 좌한 명의 성패는 주위의 인재를 선용하는 것과 그 사람이 처한 환경에 있다고 해도 과언이 아니라는 뜻이다. 그래서 특별히 자미가 좌한 명은 백관조공뿐만 아니라 협궁인 부모·형제궁의 상황을 유심히 살펴야 한다.

　성격　자미의 성격은 곧고 바르며 행동거지가 무겁고 기품이 있으며 관대하다. 약자에게 약하고 강자에게 강하며, 자기속내를 잘 드러내지 않으나 내심 주관이 강하고 흑백이 매우 분명하여 종종 극단적이기 쉽다. 체면과 명분을 중요시하는 속성 때문에 고대사회에서는 적응력이 강했으나, 현대사회에서처럼 분방하고 평등한 사회 속에서는 적응력이 좀 떨어지는 감이 있다.
　인생이 뜻대로 되지 않으면 타협하지 않고 고립을 자초하거나 탈속해서 고고하게 살려고 하는 경향이 있다.
　자미는 왕으로써 온갖 신민(臣民)을 상대해야 하므로 포용력과 도량이 있는데, 이러한 자미의 속성은 살성에 대한 저항력과 해액능력(解厄能力)으로 나타나므로 다른 성처럼 살을 보는 것을 꺼리지 않으나 살성의 부작용을 혼자 감내해야 하므로 몸과 마음에 고생이 많고 고립되며 성격도 치우치고 극단적이 되기 쉽다.
　정성 중에서 파군·칠살 등은 꺼리지 않고 유독 탐랑만을 꺼려 '도화범주(桃花犯主)'라고 해서 좋지 않게 보는데, 이는 자미의 본질이 부드럽고 나긋나긋한 성향(陰柔)의 성을 싫어하므로 유독 탐랑을 꺼리는 것이다. 자미가 명궁에 있는 사람은 상대가 강경하게 압력을 가하면 가할수록 투지가 더욱 더 강해지고 커지지만, 상대가 눈물을 보이거나 하면 약해져버리는 특성이 있다.

| 어울리는 직업 | 공무원·교사·교수·정치인·임원·법조계·문화예술인·신문·방송인·의료인 등에 적합하다.

(2) 다른 성과 동궁할 때

위의 기본적인 성정은 자미가 독좌하는 경우를 말한 것이고 14정성이 공식에 의해 배치됨에 따라 다른 정성과 배합되는데, 그런 경우는 독좌할 때의 의미와는 다르게 된다. 자미와 배합되는 성은 파군(자미·파군), 천상(자미·천상), 탐랑(자미·탐랑), 천부(자미·천부), 칠살(자미·칠살)의 다섯 개 성으로 각 조합마다 독특한 성향을 갖는다. 자미뿐만 아니라 천기부터 파군까지 정성들도 위의 '14정성의 12가지 배치유형'의 표에서 보듯이 각기 배합되는 성들이 있다.

흔히 이렇게 배합되는 성의 조합을 '쌍성(雙星)'이라고 이름하는데, 이러한 쌍성의 특성을 파악하는 것은 자미두수를 공부하는 데 매우 중요한 과정의 하나라 할 수 있으므로 잘 숙지해야 한다.

| 자미 · 파군 | 축미궁에서 자미·파군이 동궁한다.

파구창신(破舊創新)하며 부단한 혁신과 개창의 본성을 가진 파

군과 황제성인 자미가 동궁하므로, 이 조합은 개창력이 강한 조합이다. 보수적인 사회 속에서 혁신과 개창을 꿈꾸는 것은 좋지 않게 보았으므로 고인(古人)은 '신하는 불충하고 자식된 이는 불효한다' 하고 '흉악한 서리(胥吏)의 무리'라고 해서 좋지 않은 평가를 내렸다.

그러나 이것을 뒤집어 보면 그만큼 이 조합이 혁신적이고 창조적이라는 것이다. 육길성과 길화를 보아 조합이 좋으면 건설적인 혁신과 발전이 있어 안정되고 성격이 시원시원하며 리더쉽이 있으나, 길성을 보지 않고 살성과 화기등을 보면 파괴적이고 반항적이며 좋고 싫음을 지나치게 분명히 하므로 대인관계에 변화가 많고 이기적이며 극단적이 되어 인생이 불안정하게 된다.

고인이 '흉악한 서리'가 된다고 한 것에서 알 수 있듯이 이 조합은 대표적인 공직(公職)성계로, 실제로 이 조합이 있으면 공직으로 나가는 경우를 종종 본다.

좌명하면 파군이 가진 쌍(雙)의 의미로 인해 겸직하는 경우가 많으며, 두 가지 이상의 직업을 경영하는데 이롭다.

축미궁은 백관조공하는 대표적인 성들인 보필과 창곡이 동궁하거나 협할 확률이 높으며, 천괴·천월도 좌귀향귀가 될 확률도 높고, 축미궁 자체도 자미에게는 묘왕지가 되므로 좋은 격국이 형성되기 쉽고 또 발달하는 사람이 많다.

| 자미·천상 | 진술궁에서 자미와 천상이 동궁한다.

이 경우 대궁에서 파군을 보게 되어 축미궁 자파조합과 비슷한 성향이 있어서 이 역시 고인(古人)이 '신하는 불충하고 자식된 이

는 불효한다'고 했다. 단 축미궁에서는 자미가 행동력있는 파군과 동궁하므로 자미의 독립적인 기개를 해치지 않으나, 진술궁에는 자미가 함지로 힘을 쓰지 못하는 궁일 뿐만 아니라, 외적인 요인(要因)의 영향을 많이 받는 천상의 견제를 받으므로, 황제의 리더쉽과 자존심이 제대로 발휘되기 어려워 부귀를 겸하기 어려운 조합으로 보았다.

성격은 자미·파군과 비슷하나, 자미·파군이 행동적이고 적극적인데 반해 자미·천상은 소극적이고 수동적인 경향이 있다.

천상이 동궁한 것 때문에 이 조합은 백관조공 여부뿐만 아니라 재음협인(財蔭夾印 : 아래 '천상'을 참고하라)의 여부까지 봐야하므로 제대로 된 격국이 이뤄지기 어려우며, 천상의 보좌적인 성향 때문에 '근주자적(近朱者赤) 근묵자흑(近墨者黑)'하는 경향이 있으므로 상사나 동료를 의미하는 부모·형제궁이 좋아야하며, 문창·문곡과 같이 노력에 의지하는 좌성(佐星)보다는 괴월·보필과 같이 노력과 상관없이 발탁과 기회가 주어지는 보성(輔星)을 보아야 성공하고 높은 지위를 가질 수 있다. 살성을 보면 자녀·처(妻)·재(財) 등에 결함이 있거나 질병을 앓기 쉬우며 반역적인 기상이 있고 무정무의(無情無義)하다.

자미·천상이 명궁이면 身宮이 유력하고 강한 곳에 있어야 성공하기 쉽다. 타라와 동궁하면 타라의 지체되는 성향이 자미·천상의 불리함을 더하기 때문에 싫어하나, 반면 보필이 진술궁에 있으면 불리한 상황을 헤쳐나오는 데 도움을 준다.

| 자미 · 탐랑 | 묘유궁에서 자미와 탐랑이 동궁한다.

자미가 대표적인 애욕과 욕망의 성인 탐랑과 동궁하므로 주지육림(酒池肉林)에 빠졌던 은(殷)나라의 폭군 주왕(紂王)과 같은 황제의 모습이다. 고인은 이 조합을 도화(탐랑)가 주군(자미)을 범한다하여 '도화범주(桃花犯主)'라 칭하면서 지극히 음란하다고 했다. 도화성을 보면 실제로 그러하다.

그러나 자미·탐랑성계가 이러한 성향을 가지게 되는 이면에는 복덕궁성계인 천상의 불안정함에 원인이 있다. 사궁·해궁이 복덕궁인 천상은 함지의 거문(거문 대 천동조합 : 감정고충이 있기 쉬운 조합이다)의 협을 받아 감정적으로 노출되기 쉽고, 대궁 재백궁 무곡·파군은 '파조파가다노록(破祖破家 多勞碌 : 조상의 업을 없애고 집안을 망가뜨리며 고생함이 많다)'의 속성이 있어 천상으로 하여금 극단적인 성향을 가져다주게 한다. 그래서 도화성을 보면 '도화'로, 지공·지겁·절공·천공·순공 등의 공망성을 보면 '탈속승(脫俗僧)'으로 그 성질이 극단적으로 나타나게 되는 것이다.

자탐조합이 길화·길성을 보게 되면, 도화성을 보너나노 노화로 연상되는 주색잡기로 발현되지 않고 예술·예능방면 즉 음악·미술·무용·전통문화연구 등으로 발현되므로 명궁의 상황과 복덕궁의 상황을 면밀히 살펴서 판단해야 한다. 물론 도화를 보면서 살성 등을 보면 주색으로 패가망신하게 된다.

또 자탐이 공망성을 보아 '탈속승(脫俗僧)'의 조합이 되면 꼭 스님이 된다는 말이 아니라, 종교·철학·심리학·한의학·역학·기공·단전호흡 등에 관심이 있거나 심취하는 것으로도 나타나게 된다.

자탐조합의 성격은 대인관계가 원만하고 낭만적이며 포용력이 있으나 점유욕과 질투심이 강하며 자존심이 매우 세다.

자미 · 천부 인신궁에서 자미와 천부가 동궁한다.

 단순하게 본다면 자미는 북두주성이고 천부는 남두주성이므로 이 두 성이 명궁에 있으면 더할 나위 좋을 것이고, 재백궁에는 재성인 무곡, 관록궁엔 관록의 성인 염정·천상이 있으며, 천이궁에는 경쟁력이 강한 칠살이 있을 뿐만 아니라, 십이궁 모두 정성이 가득차서 빈 곳이 없으므로 그야말로 완전무결한 삶을 살 것 같다. 그러나 보름달이 되면 그 다음날부터 달이 기울어지기 시작하듯, 지나치게 완미(完美)하게 보이는 이 조합은 오히려 현대사회에서 적응력이 떨어지고 고립되기 쉬우며 지나치게 이상에 치우치기 쉬운 점 등 단점도 간과하기 어렵다.

 이러한 단점의 중심에는 자미와 천부의 성질상의 충돌이 자리해있는데, 자미는 정신·주동·개창의 의미가 있는데 반해, 천부는 물질·수동·수성(守成)의 성질이 있어서 두 속성이 서로 충돌하기 때문이다.

 길성을 보면 그래도 정계·관계·학계·대기업·금융업 등에 진출해서 비교적 안정된 삶을 살지만, 흉성을 보면 고립되고 재주는 없으면서 눈만 높아 이것도 저것도 이루지 못하면서 기회를 놓치는 삶을 살기 쉽다.

 대체적으로 이 조합은 학계나 공직·교육직으로 진출해서 발달하는 경우가 많으며 사업 등에는 오히려 부적합하다.

 성격은 대체적으로 명예를 중시하고 군자의 풍모가 있으며 완벽주의적인 성향이 강하고 독야청청하나, 사살(四殺 : 경양·타라·화성·영성의 네 별을 말한다)에 천요 등을 보면 말로만 군자인체 하고 행동은 간사하고 권모술수를 일삼는 위선자가 될 수도 있다. 공망성에 화개 등을 보면 종교나 이상·예술·자선사업 등에 몰두하여 청정하고 청고한 삶을 지향하게 된다. 보좌성이 짝성으로 비추면 개창력이 있고 분발하게 되지만, 없으면 대궁의 칠살을 제어할 수 없어 오히려 결단력이 부족한 것으로 변해버린다.

요약하자면 천부는 富, 자미는 貴를 뜻하는데, 부귀를 모두 가지기는 어려우니 오히려 고독의 의미가 있는 성계다.

자미·칠살 사해궁에서 자미와 칠살이 동궁한다.

고인은 이 조합을 화살위권(化殺爲權 : 살이 변해서 권세가 됨)하여 오히려 상서롭게 된다고 했는데, 장수(將帥)의 성인 칠살을 황제성인 자미가 제어하여 칠살이 가지고 있는 살기를 억제하고 좋은 쪽으로 인도하기 때문에 살기가 권력으로 화해지게 되는 것이다. 이는 폭력배를 좋은 권력자가 길들여서 경호원으로 삼아 권력자의 성세를 드높히는 것과 같다.

이 자미·칠살조합은 자미쌍성조합 중에서 유일하게 복덕궁에 정성이 없는데, 이는 매우 의미심장하다.

보통 어느 궁에 정성이 없어 공궁(空宮)이 되면, 협궁에는 대체로 정성이 자리하여 공궁의 부실함을 협으로나마 보완하는 것이 일반적인데, 자살의 복덕궁은 공궁(空宮)일 뿐만 아니라 복덕궁을 협하는 협궁 또한 공궁(空宮)이 되는 매우 특이한 구조를 가지고 있다. 정신·사상을 의미하는 복덕궁이 이렇듯 본궁과 협궁에 정성이 없다는 것은 견제나 걸림이 없다는 것을 의미한다.

견제나 걸림이 없는 모양새가 길하게 나타나면 대단한 창조력과 상상력·발상의 능력·발명의 능력으로 발현되지만 흉하게 나타나면 권력지향적이고 광적이며 무슨 일이든 거리낌없이 행하는 것으로 나타난다. 즉 자미·칠살조합의 박력과 매력이 넘치고 적극적일 뿐만 아니라 창조적이며 일 벌리는 것을 겁내지 않는 성향은, 자살성계의 본래 속성에다 위에서 말한 복덕궁의 구조적인 문제로 말미암는 것이다.

자살조합의 성격은 리더쉽과 개창력, 관리능력이 매우 뛰어나며 일생 환경의 변화가 많고 귀인의 조력이 많다. 또 새로운 생각이나 아이디어가 많고 견해가 독특하여 기술계통이나 문화예술·군경·언론분야 등에서 두각을 나타내는 경우가 많으나, 흉성을 보면 성격이 사납고 패도적이며 일처리에 용두사미가 되는 경우가 많아 일생 횡발횡파가 많고 뜻을 얻지 못하는 삶을 살게 된다.

자살조합이 육친궁에 들어가면 형극을 뜻한다. 형제궁에 자살이 들어가면 형제가 짝수가 되어야하고 그렇지 않으면 짝수가 될 때까지 극하게 된다.

(3) 녹권과기가 붙을 때

자미화권 화권이 붙으면 리더쉽 결단력 주관 이기심 고집 등을 증가시킨다. 자미화권이 되면 재백궁 무곡화기가 복덕궁에 영향을 주어 생각이 짧게 변하고 치밀하지 못하며 지나치게 자신하고 잘난체한다.

자미화과 화과를 만나더라도 자미의 기본성질은 변하지 않으나, 고군이면서 화과가 되면 오히려 간교하게 변한다. 자미화과가 수명하면 노복궁의 삼방사정에서는 반드시 태음화기를 보게 되므로 친구가 적고 고독해진다.

※ 1부의 8) 십간사화를 찾는 법을 보면 자미화록과 자미화기가 없다. 59페이지 참조. 녹권과기는 10干에 붙는 것이므로 별에 따라서 붙지 않는 것도 있다.

(4) 12사항궁에 들어갔을 때

형제궁 자미가 형제궁에 있으면 자미의 성질을 그대로 형제궁에 대입해서 추론하면 된다(14정성이 십이사항궁에 들어갈 때의 해석은 모두 이런 식으로 보면 된다). 가령 자미는 황제이므로 귀한 성질이 있기 때문에, 자미가 형제궁에 있으면 형제자매가 나의 귀인이 되어 도움을 준다는 식으로 추론할 수 있다. 가령 형제궁을 동업자나 파트너로 해석한다면, 파트너가 내게 황제처럼 굴 것이니 이런 경우는 종종 파트너에게 휘둘리기 쉽다고 통변할 수 있을 것이다.

이런 자미의 기본성정에 파군이 더해지면 어떨까, 칠살과 만나면 어떨까 등 자미와 조합되는 성들의 관계도 똑같이 해석해 볼 수 있다. 가령 자미·탐랑은 도화범주라고 해서 도화조합의 성계인데, 도화성이 많이 비춘다면 '형제 중에 여자형제가 많을 것이다' 하는 식으로 추론해 볼 수 있는 것이다. 단 보좌성이나 살성 등은 명궁에서 보는 것과는 다르게 해석하기도 하므로 주의해야 한다. 가령 형제궁에 자미가 좌보·우필을 보면, 형제의 조력보다는 형제자신에게 조력이 있는 것이니 형제의 수가 많을 뿐이고 형제자신에게만 좋으며, 문창·문곡을 보면 감정을 증가시킬 뿐 창곡이 가지고 있는 문장의 의미는 나와 하등 관계가 없게 되며, 기회나 발탁을 주관하는 천괴·천월을 봐야 내가 실제로 형제나 파트너에게 도움을 얻을 수 있게 된다. 가령 동성(動星)인 천마를 본다면 형제가 각자 동분서주한다는 식으로 해석한다.

　형제궁에 이런 길성이나 살성이 있을 때 모두 이렇게 해석하는 것이 아니라, 정성의 성질에 따라 좋아하고 싫어하는 길성과 흉성이 달라지고 의미도 달라지며 해석하는 요령도 달라진다. 또 같은 자미성이라도 형제궁이 아닌 자녀궁 등 다른 궁에 있을 때 보필을 보는 경우, 창곡을 보는 경우, 괴월을 보는 경우 등에 대한 의미와 해석이 달라질 수 있으므로, 자미두수를 심도있게 공부하려면 각 성이 모든 궁에 있을 때의 공통적인 사항과 궁에 따라 달라지는 특별한 의미들에 주의할 필요가 있다.

　그리고 체용에 대해서도 신경써야 한다. 가령 자미가 형제궁에 있을 때 보좌길성에 록권과까지 다 본다면, 명궁에는 살성이 비추기 쉽게 되므로 명궁이 좋지 못하게 되는데 형제궁만 좋다고 좋아할 일이 아닌 것이다. 항상 십이사항궁의 중심은 명궁이라는 것을 명심하고 체와 용의 관계로 명궁외의 기타 11개 사항궁을 살펴야 한다.

　부처궁　황제성인 자미가 배우자궁에 있으니 배우자가 본인을 컨트롤하고 지배하려는 경향이 있어서 여명은 좋고 남명은 불리하다. 감정에 불리한 살파랑과 조합되는 것을 싫어한다.

　추론 요령은 위의 형제궁에서처럼 자미의 모든 성향을 그대로 부처궁에 응용해서 추론하면 된다. 예를들어 부처궁에 자미가 무도지군이라면 폭력적인 배우자를 얻는다는 식으로 응용해볼 수 있다. 자미가 다른 성과 조합되어 있을 때도 기본적인 성질을 염두에 두고 추론하면 된다. 가령 자미·파군조합은 본래 반역성과 창조성이 강한 조합이므로 이런 조합이 부처궁에 있다면 '부인이 고분고분하지 않고 반항적이다, 무미건조한 것을 싫어한다'는 등으로 추론해 볼 수 있다. 조합이 좋다면 부인이 사업을 하거나 직장생활을 하는 사람으로 추론할 수 있다.

단, 부처궁·자녀궁·부모궁·형제궁 등의 육친궁에서는 보좌성이나 살성 등이 명궁에 있을 때와 조금 다른 의미를 가지는데, 특히 부처궁에서는 보좌성이 짝성이 아닌 단성(가령 보필이라면 좌보나 우필 하나만 보는 것)으로 보게 되면 삼자개입 등 불리한 암시가 있으니 주의해야 한다. 살성은 명궁에서 판단할 때처럼 흉하게 보면 큰 대과가 없으나, 화성·영성은 육친분리의 뜻이 강하니, 만나게 되면 다른 살성들보다 특히 민감하게 반응하여 심하면 육친과 사별하고 가벼우면 떨어지게 되거나 감정적으로 원만하지 못하게 되는 작용을 한다.

|자녀궁| 자녀궁에 자미가 있어도 역시 자미의 본성을 그대로 응용할 수 있다. 자녀궁은 또 부하나 후배 또는 문하생을 의미하는 궁이기도 하니 그들과의 관계도 똑같이 판단할 수 있다. 일단 황제성이 자녀궁에 있으면 자녀를 황제처럼 모셔야 하니 자녀를 마음대로 하기가 쉽지 않을 것이고, 자식과 같은 아랫사람인 경우도 내가 부리기 쉽지 않을 것이다. 조합이 좋지 않다면 말썽만 피우고 이기적인 자녀가 되나 내가 어떻게 해볼 수 없게 된다. 그러

나 조합이 좋다면 나보다 훨씬 성취가 뛰어난 자녀를 두게 된다고 추론할 수 있다. 또 자미는 진중하고 노숙하므로 자녀궁에 자미가 있으면 늦게 자녀를 둘수록 좋다.

다른 성과 조합될 때도 궁의 의미와 연결지어 해석하면 된다. 가령 자미가 파군을 본다면 자파는 원래 반항적인 조합이므로 자녀와 불화하거나 자녀가 반항적이기 쉽다. 창곡·화과와 같은 문성을 보면 자녀가 총명해진다.

형제궁에서와는 달리 자녀궁에서 자미가 보필을 보면 내가 자녀나 후배의 조력을 입을 수 있다. 괴월을 보면 귀한 자녀가 있으나 내가 자녀로부터 기회를 입거나 하는 의미는 없다.

화록을 보면 자녀가 재물에 대한 능력이 커지고, 화권이 되면 자녀가 권력을 쥐거나 사회지위가 있으며, 화과가 되면 자녀가 학술적인 성취를 볼 수 있으나 내가 그 도움을 받는 것은 일정하지 않다.

재백궁 재백궁에서도 자미의 성질을 그대로 응용해서 추론한다. 자미는 본래 황제성으로 명예와 권력의 의미가 있는 성이므로, 아무리 조합이 좋다해도 무곡·태음·천부와 같은 재성이 재백궁에 있을 때와는 돈을 버는 크기나 규모 등에 차이가 난다.

재백궁에 딱히 어울리는 성이 아니라서 조합이 조금만 부실해도 외화내빈할 소지가 있으며, 모으기가 쉽지 않다.

이처럼 어느 궁을 파악할 때 단순히 성의 속성이 좋다 나쁘다는 것뿐만 아니라, 그 속성이 십이사항궁과 성질상 조합이 되느냐의 여부가 매우 중요하므로 다른 성들도 이런 예에 준해서 판단하면 된다.

　재백궁을 볼 때 주의할 것은 흔히 명·신궁의 성향은 도외시하고 재백궁만을 따로 떼어서 돈을 버느니 마느니 하는데, 이것은 잘못된 관점이다. 반드시 명·신궁의 상황을 체로 놓고 재백궁을 용으로 봐야한다. 모든 십이사항궁을 이렇게 보지만 특히 재백궁·관록궁 등을 볼 때는 더욱 이러한 관점을 가지는 것이 중요하다.

　가령 자미·파군이 재백궁에 있으면 의외의 돈을 번다는 의미가 있는데, 이것은 자파의 속성이 혁신의 의미를 가지고 있어서도 그러겠지만, 자파가 재백궁에 있으면 명궁은 염정·탐랑이 되어 기본적으로 횡발횡파의 속성이 있기 때문에 그런 의미를 가지는 것이다.

　또 자미·칠살이 재백궁에 있어도 횡발의 의미가 있는데, 자미·칠살이 재백궁에 있으면 명궁은 염정·파군이 되어 파격적인 투자를 할 수 있는 성향이 있는데다가, 관록궁에서 선빈후부하는 암시를 가진 무곡·탐랑성계의 영향을 받으므로 큰 돈을 벌려고 하는 기도심이 자리하게 되니 운이 맞으면 횡발이 가능하게 되는 것이다.

　재백궁에서 길성이나 살성을 볼 때의 의미는 다른 궁과 또 다른 측면이 있다. 가령 자미가 재백궁에서 보필을 보면 돈이 다방면에서 들어온다는 의미가 있다. 살성 중 양타·화령 등은 흔히 격발이나 횡발의 암시가 있는 경우가 많다. 그러나 지겁·지공은 재백궁에서만큼은 치명적이어서 또다른 손재의 잡성인 대모와 같이 만나면 돈을 모으기 쉽지 않으나 다만 학자나 연구가·종교가 등에게는 크게 흉하지 않고 오히려 창조력·발상이나 발명의 능력·이상적인 성향으로 돈을 버는 의미 등으로 전화(轉化)된다.

> 질액궁

자미가 질액궁에 있을 때의 의미를 알기 전에 자미두수에서 질액궁의 효용성부터 따져 봐야한다.

질액궁에 살이 하나도 없고 육길성에 록권과를 다 봐도 신체장애인이 있고, 질액궁에 육살성이 다 비춰도 건강하게 사는 사람이 있다. 요는 질액궁만으로 질액의 여부를 판단할 수 없다는 것이다. 대만의 자운선생은 아예 질병을 보는 것은 질액궁을 무시하고 십이사항궁 어느 궁이든지 살이 가장 많이 비추는 궁에 초점을 맞춰서 질병여부를 판단한다.

필자의 경험으로는 질병여부는 반드시 명·신궁을 가장 우선적으로 고려해야 한다고 본다. 질액궁과는 상관없이 명·신궁에서 살을 많이 보고 질병성을 보면 필히 신체적인 질병이나 사고 등으로 인해서 몸에 문제가 있게 된다.

그러나 운에서는 질액궁이 의미가 있다. 운에서 운의 화록과 화기에 의해 질액궁과 身宮, 질병성이 인동되면 질병이 발생하게 되므로 운에서는 질액궁을 무시해서는 안된다.

질액궁에 어떤 성이 있을 때의 의미를 알기 위해서는 성의 본래 속성과 함께 성이 가지고 있는 오행이 무엇인가에 유의해야 한다. 자미두수에서 오행의 생극제화를 봐야할 유일한 궁이 질액궁이다. 가령 자미는 오행으로 토성이므로 위장질환과 관련된 질환이 있을 암시가 있다. 또 자미·탐랑은 도화범주의 조합이므로 이런 조합에 도화성과 살성을 본다면 자궁이나 성기관 신장 등에 문제가 있거나 과도한 성생활로 말미암은 질환 등이 있다고 판단한다. 어떤 정성과 동궁하든지 간에 경양·천형 등은 수술의 의미를 띤다.

천이궁 천이궁에 자미가 있을 때는 자미의 귀적인 측면에 착안해서 판단한다. 즉 존귀한 신분인 황제가 있는 것이니 밖에 나가서 귀인의 조력이 있다. 백관조공을 보면 그 조력이 더욱 성세가 있어 온전할 것이나, 고군이나 무도지군이 되면 조력이 적거나 고립될 것이다.

이러한 성향은 자미가 어느 성과 조합되느냐에 따라 약간씩 다른 의미를 띤다. 가령 파군과 같은 성과 조합되면 파군이 가진 파구창신(破舊創新)의 의미로 인하여 파(破)하는 소인과 창(創)하는 귀인의 의미가 같이 있게 된다. 천부와 같이 있으면 밖에 나가서 부귀쌍전하며 록마를 봐도 밖에서 발전한다.

살성을 보면 시비구설 등 밖에서 편안치 못하게 된다.

어느 운의 명궁으로는 육살성이 다 들어오고 천이궁에서는 육길성과 길화가 비추고 있다면 고향보다는 타향, 본국보다는 타국으로 가서 발전을 꾀하는 것이 유리하다.

노복궁 노복궁에 자미가 있을 때도 역시 자미의 성향을 궁에 대입해 판단한다. 노복궁이란 부하·동료·합작파트너와의 관계의 좋고 나쁨을 보는 궁인데, 이 궁에 황제를 의미하는 성이 있으니 노복이 너무 강해 내가 함부로 부리기 쉽지 않다.

노복궁을 현대 두수가들은 교우궁(交友宮)이라고도 부른다.

길화와 길성이 많으면 많을수록 나는 약해지고 노복만 강해지기 때문에 흔히 주객전도의 상황이 일어나기 쉽다. 이 궁에 녹존이 동궁하면 천이궁과 관록궁에서 양타를 보게 되니, 노복은 록을 깔고 있어서 편하지만 나는 양타를 보아 고생스럽게 된다. 자미가 동궁한 성이 칠살이면 더욱 이런 경향이 강해진다.

   자미·파군과 같은 반역성의 조합은 노복궁에 있는 것을 더욱 꺼리는데, 살을 보면 나쁜 친구를 사귀다가 손해보기 쉽다.

   타라와 동궁하면 친구를 위해 지나치게 나서다가 복잡해지며, 경양과 동궁하면 친구나 아랫사람이 은혜를 원수로 갚는다.

   관록궁   관록궁은 흔히 사업이나 직업 등을 보는 궁인데, 재백궁에서 말했던 것처럼 반드시 명·신궁과 같이 보고 판단해야지 단순히 관록궁만 보고 직업이 무엇인가를 판단하면 맞지 않게 된다.

   자미가 관록궁에 있으면 명궁에는 반드시 무곡이 있게 된다.

   자미가 천형·경양을 보면 주로 군인이나 경찰 등 무관직에 종사하는 경우가 많은데, 그것은 명궁에 무곡이라는 금성(金星)이 좌하기 때문에 그와 같은 의미로 나타나게 되는 것이다.

   또 자미가 관록궁에 있으면서 공겁·대모를 보면 일생 사업에 파모가 많고 공중에 누각을 짓듯 상상을 현실화 하는 경향이 있어서 벤처사업 등이 적합하며, 공망성은 창조성이기도 하기 때문에 철을 깎고 물건을 고안해서 만드는 공업 등도 적합한데, 이것 역시 명궁에 무곡이 있기 때문에 이런 의미를 가지게 되는 것이다.

   단순히 관록궁에 자미가 있을 때의 의미는 자미의 본질을 궁과 결합해서 판단하면 된다. 관록궁은 부귀 중에서 귀를 조율하는 궁이므로 이 궁에 귀와 권력의 의미가 있는 자미가 들어가는 것은 일단 길하다 할 수 있다.

백관조공을 보면 명리와 권귀(權貴)함이 있다. 록마·화록을 보면 경제계나 재경계에서 대권을 쥘 수 있다.

관록궁에서 약간의 살은 일반적으로 격발을 의미한다. 칠살과 만나면 자미가 관리능력이 크게 강해지고 파군을 만나면 개창력이 크게 강해진다.

전택궁 전택궁은 동산·부동산에 관련한 문제뿐만 아니라 집안의 운세·집안의 분위기·풍수·집주위의 환경 등 여러 가지를 살펴보는 궁이다. 전택궁에 자미가 있을 때의 의미를 동산·부동산의 의미로만 한정한다면, 자미는 황제로 지고무상한 존재이기 때문에 자미가 전택궁에 있으면 그런 의미를 따라 집도 지대가 높거나 고층에서 사는 것이 좋고 부동산도 산이나 언덕 등 평지보다 높은 부동산을 장만하는 것이 좋다.

또 파군과 조합되면 조업을 없애는 암시가 있는데, 자미의 높다는 의미가 조상이나 부모의 의미로 전화되고 파군은 파구창신하는 성이므로 조업을 없애고 스스로 개창하게 되기 때문이다.

또 천상과 조합되면 천상이 항상(恒常)의 의미가 있으므로 길성을 보면 현재 이뤄놓은 가업이 있는 것으로 나타난다. 자미가 화성과 동궁하고 다른 살이 충하면 화재의 의미가 있다. 다른 성과 조합할 때의 의미도 이런 식으로 추리하면 된다.

복덕궁 복덕궁은 정신이나 사상·가치관·내면세계 등을 살펴보는 궁인데, 이 궁에 자미가 들어가면 자미가 상징하는 황제의 지고 무상·고고함 등에 착안하여 궁의 의미와 조합해서 해석하면 된다.

황제이기 때문에 주관이 강하며 많은 신민을 거느리지만 자기의 고민은 토로할 데가 없는 고독함이 있기 때문에, 자기의 감정을 잘 드러내지 않고 매사를 직접 하려 하고 완벽주의적인 성향이 강하게 되어 생각과 잔근심이 많게 된다.

일을 많이 만드는 파군과 조합되면 노심초사 노력하는 경향이 많다.

화성을 보면 성격이 급해지고, 타라와 동궁하면 스스로 번뇌를 찾아서 하며, 화기를 만나면 우려가 많게 된다.

부모궁 부모궁에 자미가 있어도 자미가 상징하는 의미를 궁과 결합해서 여러 가지 의미를 파악할 수 있다.

황제의 의미가 있기 때문에 부모의 권위가 있고 황제가 신민을 부리듯 부모의 교육방식도 유사한 형태를 띤다.

역시 백관조공이 되면 완미한 부모의 복을 누릴 수 있지만, 고군이나 무도한 혼군이 되면 심지어 부모가 폭군이 되기도 한다.

도화성인 탐랑과 동궁하면서 다른 도화잡성을 보면 부모가 외도하는 경우가 많고 부모의 혼인에 문제가 있을 수 있다. 살과 화기를 보면 형극하고 어릴 때 부모의 사랑을 받지 못한다.

이상으로 자미가 십이사항궁에 있을 때의 의미를 살펴보면서, 자미가 십이사항궁에 들어갔을 때 자미의 기본성정이 어떻게 변화되고 어떤 식으로 해석하는가를 장황하게 설명했는데, 나머지 성들도 이와 같은 식으로 해석하면 된다.

　아래 천기부터 파군까지 십이사항궁에 있을 때의 성질은, 명궁의 성을 체로 놓고 각 궁의 성을 용으로 놓아 해당궁의 성만을 고려하는 단순논리에서 벗어나, 명궁의 성을 고려해서 해당궁의 성을 이해하는 입체적인 설명방식을 택해 독자들로 하여금 진일보한 학습을 하게 꾸몄다. 이 부분에 관해서는 홍콩학자 진설도 선생이 쓴 『자미명경』의 도움을 많이 받았다. 명궁성과 십이사항궁의 성이 규칙적이지 않은 경우는 위와 같은 방식이 아니라 일반적인 설명만 하였으니 오해없기 바란다.

2) 천기(天機)

(1) 기본적인 성정

 천기에서 '천(天)'은 하늘의 별이라는 뜻이고, '기(機)'에 그 실질적인 뜻이 다 들어있다.

기(機)는 '틀 기'로 여러 가지 의미가 있다. 기계·조짐·전조·때·시기·기틀·지도리·천문·작용·활동 등의 뜻이 있는데, 천기는 이러한 의미의 대부분을 가지고 있다.

기교(機巧) ~ 교묘한 꾀, 책략
기변(機變) ~ 임기응변의 계책
기연(機緣) ~ 기회, 계기

위의 몇 단어에서 알 수 있듯이 천기는 꾀·책략·기회 등을 의미하는 성으로 흔히 모사·군사·책사 등으로 비유한다.

유방의 군사인 장량, 유비의 군사인 제갈공명 등에서 보듯이 책사는 기본

천기성군(天機星君)

적으로 주군(主君)을 만나는 것이 책사로서 성공여부가 결판나기 때문에, 궁으로는 부모궁(상사궁)을 예의주시해야하고 성으로는 기회나 발탁을 의미하는 천괴·천월을 보는가의 여부가 매우 중요하다.

한나라 고조가 중국을 평정하고 논공행상을 할 때 "영중의 장막 안에서 계책을 운용하여 천리 밖에서 승리를 결정지었다" 하여 최고의 공훈으로 쳤듯이, 일을 벌이기 전에 일의 결과를 알 수 있는 기미 조짐 계책의 뜻이 있다.

천기는 책사가 그러하듯 대부분 꾀가 많고 임기응변에 능하며 언변이 좋고 기지가 있다. 그러나 함지이면서 살을 보면 기(機)의 뜻이 오히려 기심(欺心 : 간교하게 속이는 마음)으로 변해서 위인이 잔재주를 피우며 모략을 일삼고 간사해진다.

천기에는 기(機)와 발음이 같은 '기(嗜 : 즐길 기)'와 '기(技 : 재주 기)'의 의미도 있다. 손재주·말재주 등 여러 가지 재주가 많아 전형적인 기술성이기도 하며, 특히 계산·설계·발명 등에 능하나 여러 일에 관심이 많아서 오히려 깊이가 부족할 소지도 있다.

천기의 기는 '기(祈 : 빌 기)'의 의미도 있다. 기도로 대변되는 종교·신앙뿐만 아니라 오술·기공·철학 등에 흥미가 많다.

기본명반의 구조를 보면 형제궁에 천기가 있게 되는데, 이것으로 천기가 형제를 의미함을 알 수 있다. 형제의 의미를 확대해서 지체(肢體)·손발·지엽적인 것·신경·측근·친구 등으로 해석하기도 한다.

천기는 정밀기계처럼 본성이 민감한 성이기 때문에 살의 간섭을 싫어한다. 기계에 이물질이 들어가면 오작동을 일으키듯 천기가 살을 보면 천기의 본성이 왜곡되게 나타나서 여러 가지 불리한 현상이 나타난다.

| 성격 | 천기의 성격은 민감하고 신경이 예민하며 이지적이고 아이큐가 높다. 새로운 것을 좋아해 시대조류에 매우 발빠르

게 적응하는 면이 있으나 실천력이 부족해 말만 많고 행동하지 않는 경향이 있다. 묘왕지에 있으면 위인이 매우 선량하고 사려 깊으며 군자의 풍모가 있으나, 함지에 있으면 방정맞고 이기적이며 기회주의자가 되고 용두사미에 뜬구름잡는 짓을 잘하며 안정되지 못하고 도덕관념이 없다.

천기가 수명하면 대운이나 유년을 막론하고 모두 탐랑운을 행하는 것을 꺼린다. 말할 수 없이 접대가 많고 밤낮으로 일없이 분주하게 된다.

　어울리는 직업 　전문기술(강사·설계사 등 기술과 이론을 병합한 것)·탤렌트나 기자와 같은 대중 전파업·종교·철학·교육·술수(산·의·명·복·상)·작가·참모·비서·고문·운수업·전자업·컴퓨터·기계·미술·설계·요리 등의 직업에 적합하다.

(2) 다른 성과 동궁했을 때

　천기 · 거문 　묘유궁에서 천기와 거문이 동궁한다.

고인은 '천기·거문이 동궁하면 공경의 지위에 있게 된다'고 했고, '천기가 거문과 동궁하면 무관으로 나가 변방의 오랑캐를 진압한다'라고도 했으며, 한편으로는 '거문이 천기와 있으면 파격이 된다. 천기·거문은 파탕(破蕩)'하다 해서 여명은 음욕하고 하천함을 면치 못하고 복이 온전치 못하게 된다고도 했다.

천기는 계획이나 임기응변에 능하고 거문은 암성(暗星)으로 말에 능하다. 그래서 이 조합은 임기응변이나 말에 능하고 센스가 있어서 말하고 기획하고 캐묻고 파헤치는 속성이 있는 일에서 재능을 발휘할 수 있다. 상담·작가·기자·전산·교사·변호사·의사 등의 직업군에 많은 조합이다.

『전서』에 보면 '乙辛癸生人 財官格'이라고 해서 기거조합으로 고격이 형성되는 경우를 을·신·계년생으로 규정하고 있는데, 이렇게 되면 명궁뿐만 아니라 반드시 부모궁도 좋게 되기 때문이다. 천기·거문이 좌명하면 부모궁은 진술궁의 자미·천상이 되는데, 을년생은 천기·거문에 천기화록, 신년생이면 천기·거문에 거문화록이 되어 부모궁 천상을 재음협인하게 되며, 계년생은 천기·거문에 거문화권이 되는데다 차성안궁한 일월에 태음화과가 비추고 부모궁으로는 괴월이 협할뿐만 아니라 부모궁으로 파군화록이 비추게 된다.

기거가 고격이 되는 것은 반드시 부모궁과 연동(連動)되고 난 연후에야 고격이 된다는 것을 알 수 있는데, 천기는 기본적으로 참모의 성이라 훌륭한 주군을 만나야 쓰임이 있게 된다는 이치에 착안한다면 왜 이런 년생들만 고격이 되는지 이해할 수 있을 것이다.

한편 이 조합은 감정적으로 문제가 있기 쉬운 조합인데 부처궁에 변화가 많은 일월조합을 차성안궁해서 만나고, 재백궁 천동·복덕궁 천량은 동량성계로 불안정한 조합이며, 천이궁은 공궁이니 다른 성계보다 훨씬 살에 민감하다. 경양·타라를 보면 일월성계와 인리산재(人離散財)의 격이 이뤄지고, 화령·천마를 보면 천기의 변동성을 증가시킨다. 그래서 이 조합은 특히 도화성을 꺼리는데, 보게 되면 감정상의 불미스러움이 발생한다.

성격은 집중력이 강하고 말을 잘하나 따지기 좋아하고 신경이 예민하며 의심이 많다.

천기·태음 인신궁에서 천기·태음이 동궁한다.

고인은 이 조합을 '기월동량 작리인(作吏人)'이라고 해서 하급공무원이 된다고 보았다. 기월동량이라 함은 천기·태음이 좌명하면 재백궁에 천동, 관록궁에 천량으로 '기월동량'의 네 성을 삼방에서 보기 때문이다. 두수성계 네 가지 계통 중에서 가장 유약한 조합의 전형인 기월은 성계자체가 유약한 성향이 있고, 협궁은 부모궁 자미·탐랑, 형제궁 천부로 남·북두의 귀인성들이 협하고 있어 귀인들의 부림을 받는 하급관리가 된다고 본 것이다.

이 성계는 계획에 능한 천기와 부드러운 태음이 동궁하고 있으므로 계획과 기획능력이 있으며 처사에 조리가 있고 꼼꼼하기 때문에, 길성을 보면 공무원이나 문직(文職)이나 대기업에 근무하여 성공하나, 흉하면 간교하여 음모나 권모술수를 부리고 도덕관념이 없는 사람이 되어 일생 직업과 감정풍파가 심하고 잔재주를 피우며 겉만 번드르한 삶을 살게 된다.

이 조합은 태음이 동궁하고 있기 때문에 남명은 성격적으로도 여성적인 경향이 있으며 이성접근이 쉽고 여성의 심리에 정통하며, 여성도 용모가 미려하고 감정이 풍부하나 변덕이 있기 쉬우며 이성이 많이 따른다.

복덕궁이 진술궁의 거문으로 감정고충의 성계인 거문·천동성계를 보므로, 복덕궁이 부실하면 감정풍파가 많고 진로에도 애로가 많게 된다. 그러나 기월성계가 가지고 있는 민감하고 예민하며 정서적으로 흐르기 쉬운 결점은 곧 예술적인 기질로 발현되기 쉬운 단초를 제공하므로 도화성과 재주의 성을 보면 그런 쪽으로 발전하는 경우도 많다.

천기·태음의 삼방에서 천동·천량을 만나는데 천동은 정서적이고, 천량은 이지적이기 때문에 이 두 성이 무슨 성과 만나느냐에 따라 그 사람이 어떤 형의 사람인가를 볼 수 있다. 거문화기를 보면 일의 계획단계나 그 일의 진행과정에서 큰 시비가 있고, 태음화기를 보면 계획에 유혹성이 있으나 실패하게 된다.

창곡을 보면 기월의 우유부단함을 가중시키고, 보필·록존 등 후중한 성을 보는 것을 좋아한다. 괴월은 모든 천기성계가 좋아하는 성이므로 두말할 것 없이 좋다.

| 천기 · 천량 | 진술궁에서 천기와 천량이 동궁한다.

고인은 이 성계에 대해 '기량(천기·천량)이 회합하면 병법을 논하기를 좋아한다. 기량이 수명하고 길성이 더해지면 부귀하고 자상하다. 기량이 명·신궁에 있으면 스님이 되는 것이 좋다. 기량이 있으면 높은 재주가 있다.'는 등의 여러 가지 말을 남겨 이 조합에는 변화가 많음을 암시하였다.

이 조합은 후중하고 노숙한 천량이 동궁하여 천기의 가볍고 불안정한 성향을 제어해주므로, 천기조합 중에서 가장 성격적으로 안정되고 도량이 넓으며 청고한 성격을 가지고 있다.

삼방에서 외국성계인 거일(거문·태양)이 들어오므로 견문이 넓어 박학다식 할 수 있어서, 자기표현을 좋아하는 천량은 자연스레 그 박식함을 바탕으로 병법(고담준론 또는 여러 가지 화제거리)을 논하기를 좋아한다. 또 기량조합은 본래 재백궁에 재성인 태음이 좌하고, 자녀·전택궁에 부자조합인 무탐조합을 차성안궁하여 재백·전택궁성계가 재에 유리하게 구성되므로, 천량의 역량이 강하면서 길성을 만나면 부귀자상하게 된다. 『전서』에는 무곡·천부·태음 외에 천량도 재성으로 본 흔적이 있다.

　반면 기량성계의 복덕궁은 정성이 없는 공궁이고, 협궁의 한쪽도 정성이 없는 공궁이며, 다른 한쪽만 개창력·창조력이 풍부한 자미·칠살이 협하고 있어 기본적으로 자유로운 사고와 상상력·창조력·발명의 능력이 있을 수 있는 구조인데다가, 명궁의 기량성계의 천기는 기계·기술의 속성이 있으므로 이 천기의 성향이 강해지면 '높은재주(高藝隨身)'가 있게 된다. 현대에는 예능·기술·발명·디자인·설계 등 전문기술업에 종사하는 경우가 많다.

　천량은 본래 감찰 관리감독의 본질과 함께 형극의 속성을 가지고 있는데, 이 성계에 양타·화기·천형 등을 보면 천량의 형극적인 성향이 강해져서, '스님이 되는 것이 좋다'고 한 것처럼 육친인연이 박하고 탈속적인 성향이 강해져서 종교·철학·정신세계 등에 몰두하는 삶을 지향하게 된다. 그래서 기량성계에는 '별리(別離)'의 의미가 있는 것이다. 육친궁에서 보면 이별의 암시가 있게 된다. 대운에서 보면 그 대운의 해당 십이사항궁과 관련한 일에 곤란과 파절이 있다.

(3) 녹권과기가 붙을 때

　천기화록　천기는 변동과 영리함 교활함 등을 대표하는데, 화록이 되면 금전적인 계획과 구재에 이로우나 돈이 들어왔다가도 금방 나가버리며 활동성이 크다.

천기화권　화권이 되면 계획을 실행하는데 있어 안정적이나 다만 겸업하기 쉽다. 화령을 꺼려서 만약 보게 되면 조급해지고 성실치 못하게 된다.

천기화과　원국에서 천기화과를 만나는 것보다 대운이나 유년에서 보는 것이 좋다. 원국의 화과는 천기의 경박함을 증가시키고 외화내빈하며 잡학에 능하게 하고 잔머리를 잘쓰게 하나, 운에서 만나는 천기화과는 오히려 재주를 드러내게 한다.

천기화기　천기는 계획이 되므로 화기가 되면 계획과 장사에 불리하다. 천기는 모사와 같은데, 화기가 되면 황당한 일이 생기기 쉽고 작은 실수로 일을 그르치게 되거나 계획착오가 있다. 천기는 팔다리를 대표하므로 화기가 되면 팔다리를 다치기 쉽다.

(4) 12사항궁에 들어갔을 때

형제궁　형제가 적고 불화한다. 천기가 형제궁일때 명궁에 자미가 있게 되는데 자미는 황제로 자아중심적이고 천기는 변동의 성으로, 천기의 변덕스러움이 황제의 자아를 충족시키지 못하므로 피차 음모가 있거나 각기 주견이 있다. 천마를 보면 이별한다. 천량·천형을 보면 소송이 일어나기 쉽다.

부처궁 부처궁에 천기가 있으면 명궁은 기월동량이나 거일성계가 있게 된다. 나이 적은 배우자가 좋고 반드시 3세 이상 차이가 있어야한다. 성정이 기교가 있으며 가정살림을 잘 돌본다.

태음을 만나면 아름답고 내조가 있는 처를 얻고, 천량을 만나면 오히려 나이 많은 배우자가 좋다. 살을 보면 친가(親家)와 불화하기 쉽다.

자녀궁 자녀궁에 천기가 있으면 명궁에는 자부염무상성계 또는 살파랑 성계가 있게 된다.
자녀가 적고 불화하기 쉬우며 천기화기면 요절하기 쉽다.

천기가 자녀궁에 있으면 비단 자녀가 적고 늦게 얻는 것 외에, 아랫사람이나 자기를 따르는 후배도 적거나 항상 바뀌어 관계가 꾸준치 않다.

천기가 천량과 동궁하거나 상대하는 경우 약간의 살을 봐도 유산이 잦거나 자녀의 수가 적다.

재백궁 천기가 재백궁에 있으면 명궁은 기월동량 또는 거일 성계가 자리하게 된다.

록마를 보면 의식이 족하다. 유동성이 크며 재래재거(財來財去)하여 돈 모으기 쉽지 않다. 돈을 계획과 관련한 것으로 번다.

함지면 애를 많이 쓰고 변화가 많다. 만약 거문이 회조하면 반드시 정신을 과도히 써서 상하고 욕을 먹으며 경쟁과 암투가 많고, 매사에 있어서 진행이 없을 때는 타인들이 전혀 주의를 기울이지 않다가 일단 진행하여 취하려하면 타인들이 벌떼처럼 와서

뺏으려고 하므로 정력을 많이 소비한다.

질액궁 염정이 명궁에 있으면 질액궁에 천기가 있게 된다.
　염정은 정신을 중히 여기는 성이기 때문에 질액궁의 천기도 정신성을 띤다. 그래서 질액궁 천기는 신경과민, 신경쇠약, 불면증, 내분비 실조 등으로 병변이 나타난다.

천이궁 천기가 천이궁에 있으면 명궁은 기월동량이나 거일 조합이 있게 된다.
　외출하기 좋아하며 고향보다는 타향에서 발전하는 것이 이롭다. 천마와 살을 보면 일생 안정되지 못하고 떠돌아다니기 쉽다
　천량을 만나면 밖에서 귀인의 도움이 있고, 그로 인해 성공할 기회와 인연을 얻는다. 만약 양타·화령·공겁을 만나면 밖에 나가는게 불리해서 파재·구설시비·의외의 재난 등이 있다.
　태음·록존·화록과 만나면 밖에 나가 득재한다.

노복궁 천기가 노복궁에 있으면 명궁에 살파랑이나 자부염무상 성계가 있게 된다.
　각계각층의 친구나 부하가 있어도 잘 바뀌며 음모가 있기 쉽고 지기(知己)를 얻기 쉽지 않다.
　입묘하면 능히 친구의 조력을 얻을 수 있고 또한 직원의 도움을 얻을 수 있다. 거문과 동궁하면 구설이 많다. 양타가 회조하면 친구가 부담이 되거나 혹 소인의 해를 입는다.
　화성·영성과 만나면 쟁투가 많고 화내는 일이 많다. 공겁·대모와 만나면 친구 때문에 돈을 날린다.

관록궁 천동이 명궁에 있으면 천기는 관록궁에 있게 된다.

천동은 정서성이고 천기는 변화성이다. 천기가 관록궁에 있으면 직업상 이동 변화가 많은데, 이는 모두 명궁 천동의 정서변화로 인한 것이며 환경으로 말미암지 않는다. 사고(思考)·계획·계산·기계와 관계된 업에 적합하며 일생 많은 직업을 가질 수 있다.

전택궁 무곡이 명궁에 있으면 전택궁에는 천기가 있게 된다. 그러므로 이사를 자주하며 집안이 편안치 못하고 조업을 지키기 어렵다. 집안에 기계·전자제품이 많다.

복덕궁 태양이 명궁에 있으면 복덕궁에 천기가 있게 된다.

태양좌명자가 성격이 총명하고 고아한 것은 전적으로 복덕궁의 천기 때문이다. 천기가 좌하니 머리가 잘 돌아가나 가만있지 못하고 정서불안이 있기 쉽다. 천기화기면 근심이 많다.

부모궁 천기가 부모궁에 있으면 명궁은 자부염무상이나 살파랑이 있게 된다. 떨어져 있기 쉬우며 천마를 보면 어릴 때 집을 떠난다.

도화·천마를 보면 데릴사위로 들어가거나 혹 처가는 봉양하고 부모는 봉양하지 않는다. 양타·화령·공겁·천형이 비추면 형극하거나 두 부모에 절하거나 형제나 타인에게 양자로 간다. 태음·천량이 회조하면 형극을 면할 수 있으며 거문과 동궁하면 조년에 부모에 불리하다.

3) 태양(太陽)

(1) 기본적인 성정

|日| 태양은 말 그대로 "태양(日)"을 통해 성질을 유추해 볼 수 있다. 태양은 14정성 중에 유일하게 실질적인 빛과 열을 발산하는 성이기 때문에 자미두수에서 태양은 매우 중요한 성의 하나다.

자미·천부를 포함한 모든 성들이 태양의 빛에 의지해야 하기 때문에 태양의 묘왕평한함은 명반전체에 영향을 미치게 된다.

태음과 마찬가지로 태양도 궁에 따라 강약이 다르다. 인궁부터 미궁까지의 태양이 활동하는 시간대의 태양이라야 좋다. 또 낮에 태어난 사람에게 좋고 밤에 태어난 사람은 좋지 않다.

태양성군(太陽星君)

|주성(主星)| 낮(인시에서 미시)에 태어난 사람이 태양이 좌명할 때 태양은 자미·천부처럼 주성이 되어 백관조공이 필요하며, 백관조공이 없으면 자미처럼 고군이 된다.

태양은 혼자서 자신을 태우면서 빛과 열을 방출한다는 점, 그

리고 태양은 아무런 보상을 받지 않는다는 점에서 태양이 가지고 있는 많은 성질을 유추해 볼 수 있다.

　주기만 하고 받지 않으니 희생 봉사 공익의 암시가 있고, 열과 빛은 생존의 필수조건으로 소중하고 귀한 것이니 귀(貴)를 주관하며, 그 빛이 대상을 가리지 않으므로 대중 국가 전체 국민 등의 의미를 가지고 있다. 이러한 태양의 성질 때문에 관록의 성이 되고 정치의 성이 되기도 한다.

　또 태양은 가정의 아버지처럼 끊임없이 활동하면서 천하창생을 살리고, 태음은 어머니처럼 그 태양의 빛을 받아서 밤을 비추니 태양은 아버지, 태음은 어머니를 의미한다.

　광범위하게는 태양을 남성(아버지 남편 아들 남명자신 남자형제 등), 태음(어머니 딸 부인 여명자신 여자형제 등)을 여성으로 상징하기도 한다.

　태양이 명·신궁에 좌하면 남성육친을 극한다.

　태양은 거문·태음·천량 등의 성에 아주 강력한 영향을 주게 되고, 이 태양의 영향을 받은 거문·천량에 의해 두 별이 협하는 천상 또한 그 길흉에 영향을 받으며, 또 이 천상은 삼방에서 만나는 천부에게 영향을 주고, 천상과 천부는 흔히 살파랑과 조합되는 경우가 많으므로 태양의 건전성여부는 명반전체에 심대한 영향을 끼친다.

　녹존은 재를 주관하므로 태양의 귀하나 부하지 못하는 결점을 보완해주고, 화권은 태양의 귀에 힘을 실어주므로 그 권위 리더쉽 지위를 더해준다. 보필·괴월·창곡 등의 성을 좋아한다.

　살성 중 겁공은 다른 악살이 간섭만 하지 않는다면 화공즉명(火空則明 : 화성이 공망을 보면 밝게 된다)의 현상이 있으나, 경우에 따라서는 너무 이상이나 환상에 치우치기 쉬운 단점을 야기한다. 화성·영성은 대체로 꺼리지 않으나, 경양·타라를 극히 꺼려서 만약 만나게 되면 '인리산재(人離散財 : 사람과는 헤어지고 재물은 흩어짐)'가 되는데, 임상에서 매우 잘 맞는다.

|성격| 태양의 성격은 명예에 집착하고 베풀거나 나서기를 좋아하며 공명정대한 성격을 가지고 있다. 입바른 소리를 잘하며 이상이 높고 금전관념이 적으며 시비구설이 많이 따른다.

|어울리는 직업| 공무원·학술·군·경·사법·정치·자선사업·의약·보험·운동·무역·영업·교통·대리점 등과 같은 직업에 적합하다.

(2) 다른 성과 동궁했을 때

|태양·태음| 축미궁에서 태양과 태음이 동궁한다.

고인은 이 조합에 대해 '삼방에 길성이 없으면 오히려 흉하다. 태양·태음이 명궁에 있는 것이 다른 곳에서 비춰 들어오는 것만 못하다. 일월이 미궁에 있는데 축궁이 명궁이면 제후의 재목이다.' 등의 이야기를 하고 있다.

이러한 고인의 관점은 일월조합이 상당히 변화가 많고 민감함을 암시하는 것인데, 그 이유는 태양과 태음은 움직이는 성이고 다른 궁에서는 만나지 않다가 축미궁에서는 서로 동궁하여 더욱 동적인 상황을 부채질하기 때문이다.

태음은 태양빛을 반사하면서 빛을 발하기 때문에, 축궁보다는 태양이 힘이 있는 미궁의 일월이 좋다.

태양은 귀, 태음은 부, 태양은 발산, 태음은 수렴의 의미가 있는데 이렇게 서로 상반된 성향의 속성이 동궁하므로 표현상 '홀음홀양(忽陰忽陽 : 갑자기 뜨거웠다가 갑자기 식는 등 변덕스러움을 말함), 선근후라(先勤後懶 : 처음은 부지런하다 나중에 게을러지는 것을 말함)'하는 경향이 있어, 대인관계에서도 일시적으로 몰입했다가 또 어느 순간에는 그 감정이 식고, 사업적인 면에서도 어떤 때는 적극적으로 치고 나가다가 어느 때는 소극적으로 변하는 등 변화나 변덕이 많은 것으로 나타난다. 이러한 성향이 다른 보좌성에 의해 중화되면 고인이 표현한 것처럼 '제후의 재목'에 준하는 출세를 하는 사람이 되지만 중화되지 못하면 일생 '고생하고 분주'한 변화와 파동이 많은 삶을 살게 된다.

태양·태음이 좌하는 것보다 끌어다 쓰는 것이 좋다는 고인의 말들은, 동적인 일월을 깔고 있으면 파동이 심하기에 그런 것이다. 다른 한편으로는 일월이 좌할 때 천이궁과 재백궁이 공궁이 되지만, 공궁이 명궁이면서 천이궁의 일월을 끌어다 쓰는 경우는 재백궁과 관록궁 등에 정성이 있어서 財·官 모두 유리해지고, 또 관록궁에는 천동성이 있어서 일월이 좌할 때처럼 천량의 고극과 형극적인 영향을 받지 않는 점도 있기 때문에 그러한 것이다.

고인은 일월 자체가 변화가 많으므로 불안정함을 싫어해서 평가절하했지만, 오늘날처럼 변화와 변혁이 시대의 화두가 되는 첨단시대에는 일월성계만큼 적응력이 뛰어난 성계가 없기 때문에 고인의 관점에 얽매이지 말아야 한다.

진술궁을 포함한 이 일월성계는 임상경험상 대중성계로 언론·방송·인터넷·광고·정치·정부기관이나 학교 등 공공조직 등에서 활동하는데 매우 유리한 성계다. 또 대중과 접촉이 많은 가수나 탈렌트 등 인기인에게 이 조합이 매우 많다.

성격도 대체로 시원스럽고 중용감각이 뛰어나며 직관력과 문예적인 성향이 많으나, 불의를 참지 못하고 입바른 소리를 잘하기 쉬운 면도 있다. 일월이 동궁할 때는 잡성과 보성을 살펴 일월에 대한 영향력을 정한다. 문창·천괴·좌보는 태양에, 문곡·천월·우필은 태음에 영향을 준다.

|태양·천량| 묘유궁에서 태양과 천량이 동궁한다.

고인은 묘궁의 태양·천량에 대해서만 '일조뇌문(日照雷門 : 태양이 묘궁에서 비친다는 뜻)'이라 해서 부귀하여 이름을 날린다고 하고, 유궁의 양양(태양·천량)조합은 '귀하기는 해도 현달하지 못하고 자질은 있어도 두각을 나타내지 못한다'고 해서 차이를 두었다. 이는 묘궁의 양양조합을 떠오르는 태양, 유궁의 양양조합을 지는 태양으로 보고 그와 같은 추론을 한 것이다.

이 조합은 고극과 형극의 의미를 띤 천량이 동궁하기 때문에, 더욱 묘왕지의 태양으로 그 흉을 해소해야하므로 유궁보다는 묘궁의 태양을 더욱 선호하게 되는 것이다.

묘궁의 태양은 인연도 좋고 사업성취도 비범하지만 유궁의 태양은 현달하지 못할 가능성이 있고 말년에는 고독해지기 쉬우므로 이런 명은 특별히 노후보장에 신경을 써야 한다.

태양은 공공적인 성향이 강한 성이고 천량은 원칙과 규율의 성질이 있는 성이기 때문에, 이 두 성이 만나면 국가고시를 통해서 입신하는 것에 매유 유리하며, 특히 이 조합이 문창과 록을 만나면 '양양창록(陽梁昌祿)'이라고 해서 시험에 유리한 조합이 된다.

대체로 고급공무원·판검사·회계사·한의사·교수·의사·정치인 등 대중에게 영향력을 행사하는 직업군에 이 조합이 많다. 사업을 하더라도 전문지식이나 상표·메이커 등에 의지해서 사업을 하거나 관급공사를 하거나 하는 경우가 많다.

성격도 양명하고 도량이 넓으며 원칙적인 성향이 강하고 성격이 곧다. 남성육친에 불리한 태양, 형극속성이 있는 천량이 있으므로 살을 많이 보면 육친불리·감정불리해서 여명에게는 좋지 않다. 태양은 육길성을 좋아할 뿐 아니라 생일기준으로 찾는 삼태·팔좌·은광·천귀와 같은 성을 매우 좋아한다.

이런 잡성을 짝성으로 온전하게 보면 사회지위를 제고시키는데 일조를 하게 되므로 태양을 볼 때 이러한 잡성을 보는지를 유심히 봐야 한다. 이 성계는 별리(別離)의 의미가 있고 질병으로는 신경, 내분비계통의 질병을 뜻하며 천월(天月)을 보면 일생 약물을 떠나지 못한다.

| 거문 · 태양 | 인신궁에서 거문과 태양이 동궁한다.

고인은 '거일(거문·태양)이 동궁하면 삼대에 걸쳐 관에서 책봉을 받는다, 거일이 인궁에서 명궁이 되면 식록이 있은 다음 이름을 날린다'고 하면서 거일 조합에 대해 비교적 긍정적인 표현을 하였다. 그러나 이경우도 축미궁의 일월조합처럼 인궁과 신궁에 있을 때의 길흉이 차이가 난다. 역시 인궁은 태양이 뜨는 시기, 신궁은 태양이 지는 시기에 해당하므로, 인궁의 거일은 어두움을 물리치고 태양이 떠올라 만물을 밝게 하는 것과 같아서 초년에 어려움과 고생이 있지만 중만년은 태평하게 되나, 신궁의 거일은 인생에서 일단기간 휘황한 성취가 있다 하더라도 말년은 시들

해지기 쉬우므로 역시 노후를 대비해야 한다.

거문은 암성이고 태양은 빛을 발하는 성이다. 이 두 성이 동궁하면 어두운 곳·미지의 것·알려지지 않은 것 등에 비교적 능숙하게 대처하므로 대표적인 외국성계가 된다. 또 거일이 좌명하면 특이하게 재백궁·관록궁·천이궁에 정성이 없는 공궁이 되는데, 공궁은 빈집과 같아서 무력함을 의미하지만 저항이 없는 것을 상징하기도 해서, 명궁 거일이 바깥사물을 대할 때 거일의 눈으로는 밖에서 아무런 저항세력이 없으니 마음놓고 움직일 수 있는 조건이 형성되기 때문에 낯선 곳·타향·외국 등에서 쉽게 적응하게 되는 것으로도 해석할 수 있다.

거일이 좌명하면 낯선 사람이나 낯선 곳을 두려워하지 않는 경향을 가지고 있으며, 외국어를 습득하는 능력이 뛰어나다. 그래서 외국어 교사나 여행사·무역·통역·번역 등 외국과 관련한 일에 종사하는 경우가 많다.

또 거문이 구설시비를 주관하고 태양은 대중을 의미하므로 대중을 상대로 구설시비를 일삼는 교사·교수·언론사·기자·방송사 앵커·변호사·국회의원·설교가 등의 직업도 많다.

성격적으로 반듯하고 성실하며 곧은 사람이 많고 순수한 인품의 소유자가 많으나, 신궁의 거일은 적극적이지 못하고 용두사미의 경향이 있고 유순하나 세상번뇌에서 벗어나 편안하게 살려고 하는 성향이 있다.

거일은 구설·외무·명성·외국인·시비송사 등의 의미가 있기 때문에 상황이 좋으면 외국인이나 외지인으로부터 인정받고 말로 돈을 벌 수 있으나, 상황이 좋지 않으면 외지인이나 외국인으로부터 기만당하고 구설로 인해 사단이 난다. 육친궁에 들어가면 시비가 많다.

(3) 녹권과기가 붙을 때

__태양화록__ 태양은 귀성이므로 화록이 되면 먼저 귀하고 난 뒤에 부자가 된다. 명성과 명예로 돈을 번다. 다만 부처궁 천동에 항상 화기가 붙기 때문에 가정적으로나 개인적으로는 적적함을 안고 있을 수 있다.

__태양화권__ 태양은 귀성이므로 화권이 되면 존귀함으로 인해 권력을 얻고 군중에게서 권력을 얻는다. 태양은 남성이므로 화권이 되면 남성의 조력이 증대된다. 태양화권이면 전문적인 상품을 취급하거나 대리점 등에 좋다. 여명은 좋지 않은데, 태양 자체가 남성을 빼앗는 의미가 있고, 화권이면 그런 경향이 강화되어서 성격도 남성화할 뿐만 아니라 약간의 살성이 더해지면 남성육친의 형극이 강하게 되기 때문이다.

__태양화기__ 태양은 군중을 대표하는데, 화기가 되면 군중으로부터 접수되지 못함을 의미한다. 명궁에서 보면 인연없음을 의미하므로 꺼린다. 축미궁에서 일월이 동궁할 때 태양화기면 갑상선에 문제가 있는 경우가 많은데, 특히 여명에서 많이 본다.
　장자나 장형에게 불리하며 감정적으로 손해가 있거나 사기당하기 쉽고 남성으로부터 폭행을 당하기 쉽다.
　태양화기는 남성의 불리함을 뜻하는데, 만약 부처궁에 있으면 여명은 남자로부터 부담을 받고 남명은 자신에게 재난이 있게 된다.

(4) 12사항궁에 들어갔을 때

형제궁 태양이 형제궁에 있으면 명궁은 자부염무상이나 살파랑 조합이 된다. 형제가 귀하게 되나 시비가 있기 쉽다.

그러나 입묘하면서 있으면 3인 이상, 태음과 동궁하면 5인 이상이다. 거문과 동궁하거나 혹 회조하고 길성이 있으면 형제 모두가 사업을 창립하고, 함지이면서 밤에 태어난 명은 형제와 다툼이 많으며 불화하고 의지하기 어렵다.

양타·화령·공겁·천형을 보면 형제가 형극이 있거나 혹은 형제 일로 인해서 의외의 상해를 입는다.

부처궁 천기가 명궁이면 부처궁에 태양이 있게 된다.

천기는 기변의 성이고 태양은 베푸는 성이므로, 태양이 부처궁에 있으면 대체로 배우자가 전심으로 본인을 위한다. 그러나 천기는 이기적인 성향이 있고 태양은 베푸는 성향이 있으므로 시비가 있기 쉬우며, 경양·타라를 보면 처음은 뜨거웠다가 나중엔 식어진다. 함지에 있고 화기를 보면 처가 의심이 많고 재병(災病)이 있다.

자녀궁 자녀궁에 태양이 있으면 명궁에 자미가 있게 된다.

태양도 주성의 하나이므로 자녀가 두각을 나타내기 쉬우며 총명하다. 태양은 베풀고 받지 않는 성이기 때문에 명궁 자미입장에서 자녀궁 태양에 신경을 많이 쓰게 된다. 자미는 황제로 지배하려는 경향이 있고 태양은 발산하고 흩어지는 성이므로 자녀나 후배가 발전하면 필히 독립하고 분가하게 되기 때문에 태양이 자녀궁에 있으면 자녀나 후배에게 전권을 주고 막후에서 감찰하는 것이 좋다. 화록이면 장자에 이롭고 화기면 장자에 불리하다.

재백궁 태양이 재백궁에 있으면 명궁은 기월동량이나 거일 성계가 된다. 입묘하고 낮생인이면 재원(財源)이 풍족하다. 함지에 있으면 돈모으기가 쉽지 않고 물심양면으로 고생하게 된다.

태양은 사방을 고루 비추므로 선을 좋아하고 베풀기를 즐겨하기 때문에 가족·친구나 주위사람들에게 돈 지출이 많다. 록마를 보면 큰 부자가 된다.

질액궁 태양이 질액궁에 있으면 명궁은 자부염무상이나 살파랑 조합이 있게 된다. 혈압이 높고 머리가 흐릿하며 두 눈이 침침하거나 눈에 핏발이 선다. 두통이 있거나 대장·심장 등에 병변이 있을 수 있다.

양타·화기를 보면 눈을 상하거나 근시 혹 난시가 되고 눈이 맑지 못하며 중풍을 앓기 쉽다.

천이궁 천이궁에 태양이 있으면 명궁에는 기월동량이나 거일 조합이 있게 된다.

태양성은 동성이기 때문에 가만있지 못한다. 밖에 나가면 귀인을 가까이 한다. 함지면 바깥출입으로 바쁘다. 화기가 되면 불리한데, 병이나 사고가 생기기 쉽거나 쓸데없이 바쁘다.

양타·화령·공겁을 만나면 밖에서 시비가 많고 안녕치 못하다.

노복궁 염정이 명궁에 있으면 노복궁에는 태양이 자리하게 된다. 태양이 입묘하면 사귀는 친구의 격국이 크고 권위를 가지며 대중적인 인물이나, 함지이면 그 격국이 협소하고 영향력도 적은 친구다. 따라서 노복궁의 상황으로 염정수명자의 격국의 대소와 성공여부를 가늠할 수 있다. 끼리끼리 어울리는 이치 때문이다. 태양은 베푸는 성이므로 명궁 염정이 조력을 얻을 수 있다.

관록궁 태양이 관록궁에 있으면 명궁에 기월동량이나 거일 조합이 있게 된다.

입묘하고 보필·괴월 혹 창곡을 얻고 살을 보지 않으면 크게 귀하다. 거문과 동궁하고 살이 없으면 대부대귀한다. 화록·화권·화과가 회조하면 국가의 동량이 된다. 태양이 함지에 있고 양타를 만나면 고생스럽고 바쁘며 성패가 많다. 공겁을 만나면 기예(技藝)에 종사하여 이름을 내는 것이 좋다. 또는 아무것도 없이 사업을 시작해 성공하는 경우가 많다.

전택궁 태양이 전택궁에 있으면 명궁은 자부염무상이나 살파랑이 있게 된다.

조업을 지키기 어려우며 거주지 변화가 많은데 입묘하고 길이 비춰도 변화가 많다. 살을 보면 집안의 남자에게 불리하다.

태음 혹 거문과 동궁하면서 길성의 도움이 있고 사살·공겁을 만나지 않으면 부동산을 많이 늘릴 수 있으나, 부동산으로 인해 안팎으로 다투게 된다. 태양·천량이 동궁하면 공공재산으로 다툼이 있다.

복덕궁 천동이 명궁에 있으면 복덕궁에 태양이 있게 된다.

명궁 천동이 대범하고 다투지 않고 자비심이 있으며 다른 사람과 친한 이유는 복덕궁의 태양에 원인이 있다.

이 태양의 묘왕평한함에 따라 명궁 천동의 기본속성, 즉 흉을 만나고 난 뒤 길을 보는 성향에서, 흉을 만날 때의 흉의 대소를 가늠할 수 있다. 태양이 복덕궁에 있으면 관후하며 명예를 중시하고 베풀기 좋아한다.

부모궁 무곡이 명궁에 있으면 부모궁에는 태양이 있다.

태양이 함지에 길화가 없으며 살을 보면 아버지가 무력하기 쉽고 시비와 형극이 있기 쉬운데, 그것은 명궁의 무곡이 고독하고 형극하는 뜻이 있기 때문에 더욱 그렇다. 묘왕지이면서 길화를 보면 형극이 해소되므로 길하다.

4) 무곡(武曲)

(1) 기본적인 성정

財 무곡의 화기(化氣)는 재다. 재백궁을 주장하며 재백을 맡는다는 성이다. 기본명반에서 보면 무곡은 고장지(庫藏地)인 진궁 재백궁에 좌하고 있다. 재성이기 때문에 금전관념이 강하고 실용주의노선을 걸으며 현실적인 경향이 있다.

돈이란 저장하고 저축하고 아껴야하는 물건이라 주인 외에는 손을 적게 타야 한다는 의미에서 '과(寡 : 적을 과)'의 의미가 있다. 그래서 무곡은 과수(寡宿)의 성이기도 하다. 이러한 과수적인 성정은 성격에도 나타나 내성적·서늘함·무정(無情)·과묵·무표정 등으로 나타난다. 여명에게는 특히 불리하다.

무곡성군(武曲星君)

또 화성·영성을 보면 과수격(寡宿格)이라 해서 고독·고극·형극 등의 의미가 더해지며, 육친궁에서 보는 것을 꺼린다.

돈이란 금속으로 만드는 것이므로 무곡은 금속성과 유사한 성향이 있는데, 한나라 때는 돈을 칼처럼 만들어 유통시키기도 했다.

| 성격 | 태생이 용감·과단하고 시원하고 명쾌하며 행동력 |

이 강하고 강건한 기상이 있으나, 자기나 타인에게 매우 엄격한 경향이 있고 대화나 행동에서 여유를 두지 않아 무심코 한 말이 다른 사람에게 상처를 준다. 또 고생스럽고 형극이 있기 쉬우며 성급하고 화를 잘 내고 사려가 깊지 못해 생각이 짧기 쉬운 면도 있다.

또 타고난 강건함과 딱딱함 때문에 칠살과 더불어 장군의 성(將星)이라고도 하는데 무직(武職)·스포츠·기술직 등에 아주 유리하다.

공장이나 제조업·쇠를 다루는 직업·스포츠 등은 무곡에 매우 적합하다. 골프로 유명한 최경주나 박세리선수, 야구로 유명한 박찬호 선수 등은 모두 명궁이나 身宮에서 무곡이 좌하거나 대궁에서 만나고 있다.

무곡은 화권을 좋아하는데, 재성에 화권이 있으면 재가 변하여 권세로 변화되기 때문이다. 거문성과 무곡성은 화권을 좋아한다.

무곡은 재성이므로 재백궁과 전택궁에 있는 것이 좋으며 삼방사정에서 녹존·화록·천마를 만나게 되면 큰 부자가 된다.

무곡은 재성이지만 다른 재성과 달리 공성(空星)을 크게 꺼리지 않아 '금공즉명(金空則鳴 : 금이 공망을 만나면 소리가 난다)'의 현상이 있다. 무곡이 공겁을 보면 독창적인 견해가 있고 창조력이 크게 강해지며 전통에 반하여 재부(財富)를 창출한다. 화록과 공성이 동궁하면 돈을 벌거나 이익을 얻을 때 창조력을 발휘할 수 있다. 단 공성을 보더라도 길화가 없는 무곡은 고생만 많고 결국 쓸모없는 사람이 되기 쉽다.

무곡은 문성* 등을 보면 의심과 우려가 많 ❖ 문성(文星) : 문창·문
게 되고 진퇴양난에 빠지는 경우가 많으며 곡·화과·용지·봉각·천재
우유부단해지기 쉽다. 무곡에 대해 강하다는 선입견을 갖고 보면 의 6개성을 말한다.
이러한 징험이 이상하게 보일지 모르나, 강은 부드러움에 지는
것이고 또 경험해 봐도 그렇다.

| 어울리는 직업 | 금융업·기계공작·교통업·군인·경찰계통·상업계·
운동선수·노동자·무용가·체육관·잡화점·국방·경제·증권업·경리업
무 등의 직업에 적합하다.

(2) 다른 성과 동궁했을 때

| 무곡·천부 | 자오궁에서 무곡과 천부가 동궁한다.
　고인은 이 조합에 대해서 말하기를 '천괴·전월과 있으면 돈을 맡는 관리가 된다. 무곡천부가 재백궁·전택궁에 있으면서 다시 권과 록을 보면 부유하고 호사스러운 삶을 누린다. 무곡천부가 있으면 오래 산다.' 했는데, 무곡성계 중 대체로 길한 조합의 하나다. 고인이 이 조합이 기회와 발탁을 의미하는 괴월을 보면 돈을 맡는 관리가 된다고 한 것은 두 성 모두 재성인데 기인한 것이고, 무곡은 행동으로 돈을 버는 의미를, 천부는 돈을 잘 지키고 저장하는 의미를 가지고 있어서 돈을 관리하는데 유리한 조합이 되기 때문이다. 오늘날은 은행·증권회사·카드회사와 같은 금융계통이나 재경계 등에서 발달할 수 있는 조합이다.

무곡의 행동력과 천부의 보수적인 수성능력은 언뜻 조화롭게 보이지만 성질상 약간의 충돌이 있다. 복덕궁의 탐랑이 화령을 보면 성격이 급해져서 천부의 겸손하고 후중한 장점은 퇴색되고 무곡의 강경한 기질이 증가되는데, 여기에 양타·겁공·대모 등을 보면 다툼이 많고 화를 잘내며 좋지 못한 습관에 물들기 쉽고 돈을 지키고 불리는 무부(무곡·천부)의 본성도 잃어버리게 된다. 겁공을 만나면 주인이 고립되고, 다시 천요를 보면 음모와 권모술수를 부리는 사람이 된다. 보필·창곡·천복·천귀 등의 성을 봐야 비로소 근검절약하고 겸손하며 진퇴에 지장이 없는 사람이 된다.

이 무부성계는 유부남 유부녀 성계로 도화성을 보고 있는데, 운에서 인동되면 유부남 또는 유부녀와 감정이 생기기 쉽다.

위에서 무부가 겁공을 만나면 주인이 고립된다고 했는데, 이는 천부가 공고(空庫)가 되기 때문에 그러하다. 실제 임상에서 이렇게 고립된 무부성계를 만나면 각 십이사항궁에 해당하는 궁의 의미에 따라 '고립'을 해석하면 징험함을 볼 수 있다.

무부 성계는 격국이 좋으면 부자가 된다. 육친궁에 들어가더라도 무곡성계 중 가장 형극이 적다. 화기를 꺼린다.

무곡·칠살   묘유궁에서 무곡과 칠살이 동궁한다.

고인은 이 조합에 대한 평가가 인색하다.

'무곡·칠살이 경양을 만나면 돈 때문에 칼을 든다. 무곡이 묘궁에 있으면 나무에 깔리고 천둥소리에 놀란다. 무곡·칠살·화성이 만나면 돈 때문에 겁탈당한다.'고 해서 좋지 않은 소리 일색이다. 이는 무곡·칠살이 묘유궁에서는 함지가 되므로 두 성이 가지고 있는 결점이 노출되기 쉬운데, 무곡은 행동력이 강한 반면에 긴 생각이 부족한 단점이, 칠살은 개창력이 강한 반면 지나친 살기가 고조되기 쉽기 때문이다.

성격적으로도 예민하고 성급하며 극단적이 되기가 쉽고, 살성을 보면 박정하다. 총명하고 지혜가 있으나 긴 생각이 부족하다.

필자의 경험으로는 이러한 조합이 성공하고 발달하기 위해서는 身宮이 묘왕지에 있어야 함지의 무곡·칠살의 한계를 극복할 수 있었다. 특히 관록궁 자파가 身宮이면서 길성을 보면 고급공무원이나 특수기능직으로 발달하는 경우도 심심치 않게 보았다.

이 무살 성계는 살기가 지나치기 때문에 살을 보면 '나무에 깔리고 천둥소리에 놀라는' 사고나 재난이 있기 쉬우며, 암이나 심각한 질병 등에도 노출되기 쉬우므로 살을 많이 보는 것은 아주 좋지 않다. 무곡이 다른 길성을 보지 않고 창곡만 보면 오히려 결단력이 없고 우유부단하게 나타나므로 주의해야 한다.

무직·공예·공업계에 이로우며 장사는 불리하다.

육친궁에 들어가는 것을 아주 끼린다.

무곡·칠살성계는 뼈를 다치는 성계다. 거문·천동도 골병(骨病)을 뜻하는데, 거문·천동의 병은 골밀도의 변화나 퇴화 등으로 신경계통에 영향을 주어서 생기는 것이고, 무곡·칠살은 외래적인 충격으로 다치는 것이다.

⎡ 무곡 · 천상 ⎦ 인신궁에서 무곡과 천상이 동궁한다.

고인은 '무곡과 천상이 문창·문곡과 만나면 총명하고 교예가 무궁하다'고 했다.

이 조합은 천상이 동궁하고 있기 때문에 무곡으로 하여금 천상이 가지고 있는 부드러움·정의감·자비심·충성심·애증이 분명한 성향 등을 갖게 한다. 또 이 조합은 기지가 있고 유머감이 넘칠 뿐만 아니라 동정심이 풍부한 호인이 많다.

협궁으로 태양·천량성계가 협하므로 대중과 어울리는 일에 이로워서 조합이 좋으면 공직으로 발달하는 경우가 많고, 사업을 해도 태양·천량의 성향과 천상의 속성 때문에 대리점 등을 하는 경우가 많다.

대궁에 파군이 있어 무상(무곡·천상)에 영향을 주는데, 가령 살성이 명궁에 있거나 천이궁에서 파군과 동궁하고 있으면, 특히 양타가 협명하는 상황에서는 주관이 매우 강렬하여 독재자가 되기 쉽다. 만약 다시 보필·창곡 등을 만나면 통치욕이 더욱 강렬하게 된다.

이때 무곡·천상이 가지고 있는 온화한 성질이 아주 약해져서 겉은 잘 지내는 것 같지만 내심은 격렬하게 되며 근무를 잘하는 성질이 통치욕의 증가로 바뀌게 된다.

만약 살성과 화기를 만나지 않으면 무상은 도리어 창곡을 좋아해서 정치나 재경계에 종사할 수 있으나, 살성을 만나면 총명해도 교예에 종사하게 된다.

여명은 부처궁에 탐랑이 자미를 보고 있어 남편이 외도하기 쉽거나 헤어지기 쉬운 단점이 있다.

이 성계는 대궁에 파군, 복덕궁에 칠살이 있어 좌절과 결렬의 뜻이 있다. 재음협인을 좋아하고 형기협인을 꺼리며 화령을 꺼리고 천부가 길한 것을 좋아한다.

무곡 · 파군 사해궁에서 무곡과 파군이 동궁한다.

고인은 이 조합에 대해 '무곡·파군이 있으면 조업을 없애고 집안을 망하게 하고 고생한다. 무곡이 파군을 만나면 귀현(貴顯)하기 어렵다. 무곡이 한궁(閑宮)에 있으면 손재주가 많다.'고 했다.

이는 무곡·파군조합이 자수성가하거나 재주가 많아 공장(工匠)이나 기술자가 되는 경우가 많아서 고대사회에서 귀한 대접을 받지 못했기 때문이 아닌가 한다.

무파가 사해궁에 있으면 평지로 함지에 가까울 뿐만 아니라, 재백궁과 관록궁에 정성이 두개씩 있어 성계가 매우 태강해서 살성을 보면 인생의 모든 부분에서 변화가 극심해진다.

무곡은 재성이고 파군은 소모성이므로 동궁하면 파재하기 쉬운 데다가, 전택궁은 기월성계가 있어서 조업에 변동이 있기 쉬우며, 무곡은 금성이며 파군은 소모하는 성이니 금속을 깎고 다듬는 것과 같아서 손재주가 많으며, 여기에 살을 보면 기술에 의지하여 먹고사는 경우가 많은 것이다.

여기서 기술이란 직접적인 손재주가 있는 기술자뿐만 아니라 스포츠 등에 뛰어난 재주를 보이는 경우도 포함된다. 고대사회에서 기술자의 지위가 낮았으나, 현대에서는 오히려 이공계 인사들이 발달하는 경우가 많고, 빌게이츠처럼 기술로 사업을 일으켜 거부가 되는 경우도 있으며 박찬호나 박세리처럼 스포츠로 스타가 되어 부귀한 경우가 많으니 옛날처럼 낮게 평가해서는 곤란하다.

무파의 성격은 전문기능을 연구하기 좋아하며 성격이 솔직담백하고 흑백이 아주 분명하다. 대궁에 천상·복덕궁에 천부가 있어 분위기가 가라앉게 되고, 생각한 뒤에 행동하게 된다.

육친궁에 들어가는 것을 꺼리며, 공예나 기술 등으로 성공한다. 성계가 지나치게 강하므로 다치기 쉽다.

무곡 · 탐랑 축미궁에서 무곡과 탐랑이 동궁한다.

고인은 '무곡·탐랑이 축미궁에서 동궁하면 소년시기에 불리하고 30세 이후에 발달하는데 먼저는 가난했다가 뒤에 부자가 되며 인색한 사람이다'고 했다.

그러나 무탐이 축미궁에서 소년시기에 불리하고 먼저 가난하고 뒤에 부유하려면 화성이나 영성과 동궁해야 하며, 그렇지 않을 경우는 오히려 소년시기에 향수를 누린다.

무곡은 본래 고독의 성이나 교제와 접대에 능한 탐랑과 동궁하므로 교제를 잘하고, 시원스러운 성격에 주변 친구들로부터도 인정을 받는데, 탐랑이 가지고 있는 물욕적인 성향 때문에 살성과 화기·지공·지겁·대모 등을 보면 도박이나 투기·주색 등으로 망하기 쉬우므로 주의해야 한다.

또 이 성계는 재예가 있으므로 살을 보면 전문기술로 나가는 경우가 많고 금융계통에서 발달하는 경우도 많다. 미궁의 무탐성계에 계년생으로 탐랑화기와 양타를 보며 도화성을 많이 만난 여명을 본적이 있는데 손재주가 좋아 매우 큰 미장원을 운영하였다.

무탐의 성격은 개창력이 강하며 사업심이 중하고 명예를 중시하며 물욕이 아주 강하고 이기적인 경향이 있다.

조합이 좋으면 권력과 권세를 주하여 대기업이나 정부에서 경제의 대권을 쥐거나 큰 부자가 된다.

(3) 녹권과기가 붙을 때

무곡화록 무곡은 재성으로 화록이 되면 재주와 돈버는 능력이 증가된다. 행동하여 재물을 얻는 일에 가장 좋다. 결단을 잘해 이익을 얻으나 고독한 성향은 변하지 않는다. 육친궁에 들어가면 이익 때문에 충돌한다.

무곡화권 무곡은 재성이므로 화권이 되면 행동으로 돈을 버는 것에 이로우며 재권을 쥐나, 매사를 직접해야하기 때문에 고생스럽고 육친에 불리하다.

무곡화과 무곡은 재성으로 실제적인 행동으로 명예가 생기는 것을 의미하고 재무상의 신용과 명예를 의미하는데 무곡화과가 되어도 역시 국한성이 있어 영향범위가 비교적 적다. 여명은 유부남이 따르기 쉽다.

무곡화기 무곡은 재성이므로 화기를 아주 꺼린다. 재백상의 손실과 행동상의 손재를 의미한다.
　무곡은 더욱 생각이 짧아지고 작은 일로 극히 긴장하며 냉정하지 못하게 된다. 남명의 부처궁에 무곡화기가 있으면 성생활에 문제가 있으며, 배우자에게 형극이 있는 것이 아니라 자기 자신에게 형극이 있다.

(4) 12사항궁에 들어갔을 때

형제궁 태양이 명궁에 있으면 형제궁에 무곡이 있게 된다.

　태양은 공익을 위해 분주한 성이므로 자연히 형제에 대해서는 정이 없는데 더욱이 무곡은 고독성이므로 형제와 불화하기 쉽고 정이 없다.

부처궁 부처궁에 무곡이 있으면 명궁은 살파랑이나 자부염무상 조합이 된다.

　무곡이 부처궁에 있으면 형극·생리·재혼한다. 입묘해도 만혼해야 면할 수 있다. 나이가 같으면 좋다. 입묘하고 길성과 창곡 화과를 만나면 처자가 현숙하다. 녹존·천마가 있으면 처로 인해 재를 얻으나 흉하면 처로 인해 파재한다. 천요성을 만나면 자연스럽게 만나 자유연애를 하는 것이 좋고, 중매결혼하면 후회가 있고 극하지 않으면 헤어진다.

자녀궁 명궁에 천기가 있으면 자녀궁에 무곡이 있게 된다. 천기는 살을 꺼리는 성이고 무곡은 과수성이므로 무곡이 살을 보면 유산하거나 심하면 자식이 없다.

재백궁 무곡이 재백궁에 있으면 명궁에 자미가 있게 된다. 무곡은 행동으로 돈을 버는 성질이 있고 자미는 황제로서 체면유지를 하려는 성인데, 무곡의 긴 생각이 부족하다는 단점 때문에 명궁 자미는 재백궁 무곡의 영향 때문에 노력한 것에 비해 미미한 소득을 얻는다든지, 관록궁 염정의 영향 때문에 감정적으로 재를 지출하거나 하는 경향이 있다. 무곡은 금속·금융과 관계된 업을 통해 돈을 벌며 재권을 쥔다.
화령을 보면 갑자기 부자가 되나 자수성가하며 패하기도 쉽다.

질액궁 무곡이 질액궁에 있으면 명궁은 기월동량성계가 있게 된다. 호흡기계통의 병변을 주한다. 금속으로 상할 수 있다.
 천마·화성을 만나면 해수·폐병·천식 혹은 코피가 나거나 가슴이 답답하고 맺히기 쉽다. 양타·화령·천형·공겁을 만나면 일생 재앙이 많거나 병으로 수술한다. 무파조합은 이빨이나 치주염이 있다.

천이궁 무곡이 천이궁에 있으면 명궁은 살파랑이나 자부염무상성계가 자리하게 된다.
 타향·타국인과의 교류를 통해서 득재하는 것에 이롭다.
 탐랑과 만나면 해외나 타지방에서 돈을 번다. 화기에 낙함이 되면 타향을 떠돌아다닌다. 칠살·파군이 회조하면 밖에서 심신이 평안치 않다. 양타·화령·천형·천허·공겁 등 살성·악성을 만나면 밖에서 시비가 있고 생각이나 사상이 소극적이 된다.

노복궁 무곡이 노복궁에 있으면 명궁은 기월동량이나 거일이 있게 된다. 부하나 동업인과 인연이 적으며 고립되기 쉽다.
 탐랑·함지·천요 등의 도화성을 만나면 술친구가 많다. 파군·대모를 만나면 친구 때문에 파재하거나 은혜를 베풀고 원수가 되는 일이 생긴다. 칠살을 만나면 친구를 파는 사람을 주의해야한다.

입묘한 천부성을 만나는 것을 가장 좋아하고 다시 길성을 만나면 친구들이 많다.

관록궁 염정이 명궁에 있으면 관록궁에 무곡이 있게 된다.

무곡은 행동성으로 먼저 실행하고 뒤에 생각하는 성질이 있으며, 국부적인 집중의 성질이 있는데, 이 본질이 명궁 염정이 가지고 있는 집중(囚)의 본질에 힙입어 더욱 집중해서 사업을 발전시키게 된다. 금융·재무·금속·공장·현금·연구개발직 등과 관계있는 업에 맞다.

전택궁 무곡이 전택궁에 있으면 명궁에는 기월동량이나 거일 조합이 있게 된다. 입묘하면 능히 조상의 유업을 이을 수 있고 파군·공겁·대모를 만나면 가산을 파한다. 천부와 회조하면 능히 발달하고 지킬 수 있다. 천상이 회조하면 선패후성(先敗後成)한다. 진술궁에서 탐랑과 만나면 30세 이후에 사업을 늘린다. 탐랑·화성과 동궁하면 사업이 불같이 일어난다. 화기는 사업으로 인해 다툼이 발생한다. 사살·공겁·대모를 만나는 명은 진퇴가 있다.

복덕궁 복덕궁에 무곡이 있으면 명궁은 살파랑이나 자부염무상 조합이 있게 된다.

결단력이 있고 명쾌해서 좋으나 생각이 짧기 쉽고 현실적이라 고아한 맛이 없다. 무곡은 재성으로 복덕궁에 있으면 능히 복을 누린다. 단 반드시 길성을 만나고 입묘해야 그렇다. 탐랑, 함지, 천요를 만나면 주색을 즐긴다. 낙함하면 물심양면으로 고생한다.

화기는 정신을 많이 소비한다. 파군·타라와 만나면 분주하고 칠살과 천마와 만나도 고생한다. 천상과 동궁하면 만년에 깨끗한 복을 누릴 수 있다.

부모궁 | 명궁에 천동이 있으면 부모궁에는 무곡이 있게 된다. 천동은 자수성가의 성이고 무곡은 형극속성이 있는 성이다. 무곡이 살성을 많이 보면 부모의 가업이 망가지니 천동은 자연히 자수성가하는 격이 된다. 천동은 유약한 성이고 마찰을 싫어하는 성인데, 무곡은 과감한 성이므로 무곡이 부모궁에 있으면 부모의 사랑이 부족하고 세대차이가 크게 나며, 무곡이 살을 보면 부모를 형극하기 쉬워서 좋지 않으나, 무곡이 좌보·우필과 동궁하면 부모와의 감정이 좋다.

5) 천동(天同)

(1) 기본적인 성정

천동의 화기(化氣)는 복이다.
이 복은 고생과 어려움을 겪고 난 뒤에 편안해지는 전화위복(轉禍爲福)의 성질이 있다. 천동은 마치 백신과 같아서 잠시의 아픔이 있기는 하지만 맞고 난 뒤에는 항구적인 예방효과가 있는 것처럼, 복을 누리기 위해서 잠시의 고통은 감내해야 하는 것이 이 성의 숙명이다.

천동성군(天同星君)

백신의 효용처럼 천동은 수명을 더하는 성이고 온갖 액을 제화하는 힘이 있는 성이다. 그래서 살성에 대한 저항력도 강하다. 천량이나 천동처럼 미리 흉이나 어려움을 당하는 성들은 대체로 살에 대한 저항력이 강함을 볼 수 있다.

천생적으로 타고난 복 때문에 이 명은 누리기를 좋아하나, 분투노력하는 기개가 부족하기 때문에 경쟁력이 약하고 투쟁을 싫어하며 포부가 적을 뿐만 아니라 게으르며 아이와 같은 순진무구한 성정을 가지게 되므로 고통에 대한 저항력이 없고 끈기가 부족하며 의지심이 많다.

천동과 천량은 다같이 봉흉화길(逢凶化吉 : 흉을 만나도 길로 바뀜)의 성인데 성질상 약간의 차이가 있다. 천동은 어린아이성이고 천량은 노인성이라고 한 것에서 그 차이를 보자면, 같은 봉흉화길이라도 천동은 심각하지 않은 반면 천량은 심각하고 사무치게 온다는 점이다.

천동은 다른 성과 달리 약간의 살성을 보아 격발을 줘야 분발하게 되고 큰일을 이룰 수 있다. 그러나 살을 지나치게 보면 격발이 되는 것이 아니라 오히려 신체장애가 되거나 육친 형극이 있거나 해서 좋지 않게 된다.

천동의 복을 누리는 성질은 좋게 발현하면 말 그대로 복을 누리게 되지만, 나쁘게 발현이 되면 정신박약이나 반신불수와 같이 남의 도움으로 사는 복을 누리는 것으로 나타나기도 하므로 꼭 복을 누리는 것이 좋은 것만은 아니다.

여명 여명은 복덕궁이나 명궁에 천동이 좌하는 것을 좋아하는데, 이는 천동은 복을 의미하고 복덕궁은 복덕의 근기가 되기 때문에 여명은 복덕궁과 명궁에 있는 것이 좋으나, 남명은 자신이 무엇을 하려는 투지가 없고 누리기만 하려고 하기 때문에 좋지 않다.

어울리는 직업 공직·교육직·군경·수공업·대리점·음식업·문화사업·예술·저작·무역·외무·외교·회계·통신·번역·예식장·여행사·노래방·오락실 등의 직업에 적합하다.

(2) 다른 성과 동궁했을 때

> **천동 · 천량** 인신궁에서 천동과 천량이 동궁한다.

　고인은 '천동·천량 천기·태음이 인신궁에 있으면 일생 관리로 총명하다'고 했다. 인신궁의 천기·태음조합과 더불어 삼방에서 '기월동량'이 완벽하게 이뤄지는 조합이나, 천기·태음과 다른 것은 협궁이 자미·천부가 아니라 무곡·칠살과 천상인 점이 다르다. 협궁의 성이 모두 고독한 성계이고, 명궁의 성계인 천동·천량도 봉흉화길의 성이므로 동량 성계는 자수성가의 의미를 가지고 있다.

　이 조합은 협궁에 자부가 있지 않으나 대신 천이궁에서 자부의 협을 받으므로 활동무대에서 귀인의 조력이 많다.

　사람됨이 품덕이 고상하고 심성이 온화하고 선량하며, 설사 악성·살성이 더해지더라도 일생 곤란함이 많을 뿐 품격이 이로 인해 나빠지지 않는다.

　이 조합은 다재다능하여 공직 등에 유리할 뿐만 아니라, 보좌길성을 보면 문화·전파·광고사업 등에 종사하는 경우가 많고, 도화성을 보면 유흥업(노래방·다방·술집·오락실·PC방 등)·연예인·예술인 등의 직업을 갖는 경우가 많다. 임상경험에 의하면 천량의 노인성에 천동의 감정성이 결합되어서인지 유부녀 또는 유부남과 사랑에 빠지는 경우가 많았다. 이 조합은 감정에 좋은 조합은 아니어서 결혼생활에 감정적인 문제로 우여곡절이 많은 경우도 종종 보았다.

　동량조합은 명사(名士)의 풍도가 있으며, 녹을 보면 녹에 연연하느라 안일에 빠지며 진보를 생각지 않는다.

| 천동 · 거문 | 축미궁에서 천동이 거문과 동궁한다.

거문은 암성으로 다른 별을 어둡게 하는 특징이 있고 천동은 감정과 정서를 주관하는 성이다.

이 두 성이 만나면 천동은 거문에 의해 감정과 정서상의 우울의 암시가 있게 되는데, 이 때문에 이 성계는 남모르는 감정고충의 암시가 있게 된다.

유명한 초선(여포의 애인)과 양귀비가 이 축미궁의 거문·천동이 명궁이었다.

거문은 항상 태양의 향배에 의해 그 어두움의 농도에 차이가 있으므로, 묘왕지의 태양을 만나는 축궁이 그래도 거동의 감정상의 어두움을 풀 수 있으나, 미궁이라면 함지의 태양을 차성안궁해서 보기 때문에 감정고충이 훨씬 많게 된다.

명궁의 조합에서 뿐만 아니라 부처궁을 봐도 축궁이 훨씬 낫다. 축궁에 거동이 있을 때는 부처궁에 묘왕지의 태음이 있고 대궁에 천기가 있는 반면, 미궁에 거동이 있을 때의 부처궁은 사궁으로 함지의 태음이 좌하며 대궁에 천기가 있어 사해궁의 기월이 가지고 있는 '마시기 좋아하고 고향떠나고 간교함이 심한' 성계의 의미가 발현되므로 부처궁이 불안하게 되는 것이다.

이 조합 중 특히 미궁이 명궁이면서 축궁의 거동을 차성안궁하는 경우는, 묘궁의 태양천량과 해궁의 태음으로 묘왕지의 일월이 삼방에서 비춰들어와 '명주출해(明珠出海)'격이라 해서 삼공의 지위에 오른다고 할 정도의 고격이 형성되니 주의할 일이다. 이 격이 고격이 되는 이유는 대궁의 거동에 키포인트가 있는 것이 아니라 묘왕지의 일월이 비추는 것이 핵심이다. 또 명궁이 공궁이기는 하나 양 협궁에서 자미·파군이 협해서 명궁으로 하여금 정치적인 성향을 갖게 하기 때문에 고격에 일조를 하는 면도 있다고 본다.

거문·천동조합은 일반적으로 정서가 풍부한 경우가 많아서 정서나 감정을 고양시키거나 그런 것을 누리도록 가르치는 직업, 예컨대 메이크업·미용·꽃꽂이·요리·천연염색·디자인·예술가·무용가·음악가 등에 많다.

이 거문·천동조합을 부처궁에서 보는 것은 좋지 않은데, 삼자 개입이 있기 쉽다. 자녀궁에서 보는 것도 좋지 않아서 자녀에게 어두운 면이 있고, 다시 질병성이 비추면 지능에 문제가 있다. 영성을 보는 것은 더욱 좋지 않다.

거동은 관(管)을 의미한다. 그래서 식도·골수·척추·신경선 등의 의미가 있고, 거문화기가 되면 그런 곳이 막히거나 문제가 있다.

|천동·태음| 자오궁에서 태음·천동이 동궁한다.

이 조합에 대해 고인들은 오궁과 자궁을 따로 이야기 했다.

오궁의 천동·태음이 경양을 보는 것을 '마두대검 진어변강(馬頭帶劍 鎭禦邊疆 : 변방의 오랑캐를 위엄으로 진압한다)'이라 했고, 자궁의 동월을 '수징계악(水澄桂萼 : 청렴함이 요구되는 직책을 맡으며 충성스럽게 간쟁하는 사람이 된다)'이라 하였다.

이 조합은 태음과 천동 모두 감정과 정서를 주하는 성이기 때문에 유약하고 감정이 풍부하며 꿈과 이상이 많다. 그러나 경험에 의하면 이 조합은 겉은 유약하고 부드럽게 보여도 내심으로는 매우 고집스럽고 의심이 많으며 지기 싫어하는 성질이 있는데, 그것은 동월이 명궁이 되면 복덕궁에 거문·태양이 있기 때문이다. 중주파에서 "태음을 보면 반드시 복덕궁을 유심히 보라"하는데, 자오궁의 동월조합이 그 대표적인 경우라 하겠다.

이 조합은 태음이 좌한 관계로 이론적으로 자궁이 훨씬 낫고 오궁은 태음이 함지기 때문에 좋지 않아야 할 것인데, 오궁의 동월이 경양과 동궁하여 동월에 격발을 주면 마두대전격이 되어서 자궁의 동월보다 훨씬 큰 성취를 본다. 주로 정치·군·경·사법·금융·공업계통에서 두각을 나타내는 경우가 많다. 그러나 오궁의 동월이 마두대전격이 형성되지 못하면 자궁보다 훨씬 못한데, 감정과 정서적인 면에서 불리하고 의지박약하여 인생살이가 불안정하며 정처가 없고 편치 못한 삶을 살게 된다.

자궁의 천동·태음은 청렴함이 요구되는 직책을 맡는다는 말처럼 현대에도 격에 따라 교수·교사·공무원·학원강사·유치원교사와 같은 직업을 가지는 경우가 가장 많고, 얼굴을 깨끗하게 하는 미용관련(피부미용·미용사·화장품업 등)업에서도 종종 이 조합을 보며, 관록궁 기량성계의 영향으로 인해서 의료·의약·중계·납품·보험 등의 업종에도 활약하는 사람도 보았다.

동월은 도화싱을 꺼리는데, 여성이라면 의지박약하고 산자개입이 있기 쉽다. 이 성계가 자녀궁에 있으면서 화기가 되면 정박아나 자폐아가 있기 쉽다.

(3) 녹권과기가 붙을 때

| 천동화록 | 자수성가의 상황이 비교적 순조롭다. 천동화록이 수명하면 그 사람이 아이같다. 조업을 다 없앤 후에 발달한다.

| 천동화권 | 천동은 자수성가를 대표하므로 화권이 되면 성취가 그전보다 크게 된다. 육친궁에서 보면 좋다. 주로 좌절을 만난 후에 식구들의 감정이 더욱 좋게 된다.

| 천동화기 | 천동은 복성인데 화기가 되면 복을 누릴 수 없다.
명궁과 부처궁에 있으면 좋은 혼연(婚緣)이 나쁜 혼연으로 변한다. 복덕궁에 화기가 있으면 고민·공허·적막하게 되며, 복이 있어도 누리지 못하고 환상이 많게 된다.

(4) 12사항궁에 들어갔을 때

| 형제궁 | 무곡이 명궁이면 형제궁에 천동이 있게 된다.
무곡은 과수성, 천동은 복성이다. 그래서 형제궁이 좋아도 형제만 좋을 뿐이지 무곡 본신에 대해서는 조력이 미약하다. 천동에 보필이 있어서 감정이 좋으면 그에 따른 부담을 받는 것도 커진다. 형제가 많아도 기쁨은 나누겠지만 고난은 나누기 쉽지 않아서 정작 필요할 때는 무력하다.

| 부처궁 | 태양이 명궁에 있으면 부처궁에 천동이 있게 된다.
천동은 봉흉화길의 성이자 아이의 성이고 태양은 바깥 일에 관심이 많은 성이므로 나이 차이가 적으면 태양의 성향 때문에 불화가 생기기 쉬운 까닭에 배우자와 나이차이가 있거나 늦게 결혼해야 한다. 삼자개입이 있기 쉽다.

자녀궁 자녀궁에 천동이 있으면 명궁은 살파랑이나 자부염무상 조합이 있게 된다. 자녀와 감정이 좋으나, 녹을 중복하여 보게 되면 게으르고 일을 싫어하는 자녀를 두기 쉬우며, 동월이나 동량 성계에 영성을 보면 정신박약아를 두기 쉽다.

천동이 입묘하고 자녀궁에 있으면 다섯 자녀 이상으로, 처음에 딸을 낳는 것이 좋다. 태음이 동궁하면 딸이 많고 아들은 적다.

재백궁 천기가 명궁에 있으면 재백궁에는 천동이 있게 된다.

천동은 천진난만한 성이기 때문에 천기가 수명하는 명은 돈에 대한 태도가 단순해서 돈에 집착하거나 자족하거나 한다. 천동의 성향으로 인해 누리는 의미가 있는 업종이나 오락성향의 업으로 돈을 벌기 쉽다.

질액궁 천동이 질액궁에 있으면 자미가 명궁에 있게 된다.

자미의 상황이 좋으면 질병이 있더라도 쉽게 해액된다. 천동이 질액궁에서는 신·방광·허리·다리 등에 병변이 있기 쉽다.

천이궁 천동이 천이궁에 있으면 명궁은 기월동량이나 거일 성계가 있게 된다.

밖에서의 인연이 좋다. 천량과 동궁하면 귀인의 지지와 도움을 얻는다. 거문과 동궁하면 밖에서 창업할 수 있으나 번뇌와 구설이 많다. 태음과 동궁하면 역시 능히 발달할 수 있으나, 다만 분주하고 바쁘다. 양타가 회조하면 밖에서 시비와 재앙이 많고, 화성·영성·천형이 있으면 밖에서 투쟁과 불안이 있다.

> **노복궁** 천동이 노복궁에 있으면 명궁은 자부염무상이나 살파랑이 있게 된다.

　다방면의 부하나 아랫사람이 많다. 입묘하면 협조가 있으며 천량 혹 태음과 동궁하면 이로운 친구를 얻는다.

　거문과 동궁하면 오해가 있기 쉽다. 양타와 동궁하거나 회조하고 낙함하면 친구가 짐이 되거나 손아래 사람의 불의한 모함을 받기쉽다. 화성, 영성을 만나면 친구때문에 답답해진다. 대모, 공겁을 만나면 친구로 인해 파재한다.

> **관록궁** 천동이 관록궁에 있으면 명궁은 기월동량이나 거일이 있게 된다. 자수성가하거나 혹은 작은 것에서 크게 이루는 것이 마땅하다. 화록·화권·화과가 회조하면 사업이 왕성하다. 거문과 동궁하면 고생끝에 성공한다. 태음과 동궁하면 이미 이루어진 것을 기초로 발전을 도모한다. 문창·문곡이 회조하면 문화예술계로 나간다.

　천마·타라가 회조하면 업무변동이 많고 다툼이 많다. 경양·천형과 만나면 사업상 송사가 많다.

> **전택궁** 염정이 명궁에 있으면 전택궁에는 천동이 있다.

　염정은 교제수완이 좋은 성이고 천동은 자수성가성이다.

　천동이 록을 보아 자수성가의 성향이 강할수록 명궁 염정의 본질은 더욱 교제수완을 발휘하게 된다.

　록을 보면 자수성가로 전택을 장만한다.

[복덕궁] 천동이 복덕궁에 있으면 명궁은 기월동량이나 거일 성계가 자리한다. 천동은 복덕궁의 주성이므로 복을 누리며 쾌락할 수 있다. 일반적으로 그 사람의 정신생활이 풍족하고 생활정취가 있다. 창곡·화과·용지·봉각 등이 회합하면 더욱 격조가 있다. 천량과 동궁하면 자연 안락하고 태음성과 동궁해도 역시 편하고 복을 누릴 수 있으나 거문과 타라와 동궁하면 고민을 스스로 찾아가며 한다.

[부모궁] 천동이 부모궁에 있으면 명궁은 자부염무상이나 살파랑 조합이 있게 된다. 입묘하고 부모궁에 있으면 부모가 온전하고 형극도 없다. 오직 거문과 동궁하면 부자간에 의견이 있다.
　양타·화령을 만나면 어릴 때 남의 집살이를 하거나 남의 대를 잇거나 하며 그렇지 않으면 형극이 있다.
　공겁·천형을 만나도 역시 극한다. 일반적으로 천동이 부모궁에 있으면 부모가 본인을 크게 간섭하지 않아 본인이 자유롭게 크기 쉽다.

6) 염정(廉貞)

(1) 기본적인 성정

囚 염정의 화기(化氣)는 가둘 수(囚)다.
囚란 수인(囚人)·수옥(囚獄)이란 말에서 보듯이 감옥과 관계해서 많이 쓴다. "가두다·강제하다·억압·견제·사로잡다" 등의 의미가 있다. 염정의 별명을 수(囚)로 붙인 것은, 염정이 이러한 성질을 함축하고 있기 때문이다.

주로 자기와 타인 모두에게 이러한 囚적인 성향을 드러낸다. 자기에게는 자존심·집념·집중·고정관념·편견·영웅주의·혈육에 대한 집착·정서적인 불안정·압박감 등으로 나타나고, 타인에게는 강제·전제·억압·구속·집착 등으로 나타난다.

염정성군(廉貞星君)

囚는 울타리 안에 사람이 들어 있으므로 혈육에 대한 집착이 강하며 동지의식이 강하다. 혈연관계라는 데서 염정이 피를 의미하기도 한다고 본다.

이밖에 행정처리 능력이 뛰어나고, 그래서 정치나 공직에 적합하다는 것·집착이 강한 것·정서적으로 불안한 것·약간 이기적인 것·관재에 노출되기 쉬운 것 등이 이 수(囚)를 통해서 알 수 있는 염정의 성정들이다.

성격 감정이 풍부하고 강하며 보수적이고 이기적인 경향이 있고, 차도화(次桃花 : 도화성에 버금감)라 하여 교제를 잘하고 수단이 있으나 경박한 면이 있다.

염정성이 묘왕지(인·미·신궁)에 있으면 '웅수(雄宿)'라 하여 큰 권력을 쥐거나 고급공무원이 된다.

어울리는 직업 군인·경찰·전자업·전기업·공무원·감찰·인사고평·건축업·대리점·연예·오락·음식·관리·설계·디자인·내근업무·병리검사·심사위원·보석감정 등에 적합하다.

(2) 다른 성과 동궁했을 때

염정·탐랑 사해궁에서 염정과 탐랑이 동궁한다.

고인은 이 조합에 대해 "남자는 허랑방탕하고 여자는 음란함이 많다"해서 좋지 않게 보았는데, 이 두 성 모두 도화성인데다가, 탐랑이 동궁하고 있기 때문에 삼방인 재백궁·관록궁에서 반드시 파군·칠살을 보게 되는데, 이 두 개의 성이 변화가 많기 때문에 나쁘게 풀리는 경우만을 꼬집어 말했기 때문이다.

이론적으로야 이 사해궁의 염정·탐랑은 함지며, 탐랑은 정도화이고 염정은 차도화로 도화일색이니 이 조합이 잘될 일이 없을 것 같으나, 필자의 경험상 의외로 각계각층에서 부귀하고 사회지도층 인사가 되는 경우가 많았다.

물론 이 조합은 성계자체가 함지에 있고, 쌍중으로 살파랑성계를 이루므로 살을 보면 인생에 변화가 많고 불안정한 삶을 사는 경우도 또한 많으며, 고인이 지적한 것처럼 감정적으로 불미해서 결혼생활에 풍파가 많은 삶을 사는 사람도 많다.

그러나 대부분의 책에서 이러한 부정적인 측면에서만 말하고 있기 때문에 필자가 주의를 환기시키는 차원에서 잘되는 경우도 말한 것이다.

도화성이라고 할 때 단순히 '주색'만을 떠올려서는 안된다. 도화는 심미안이 있고 예술적인 성향이 농후하다는 것을 내포하고 있다. 문창·문곡, 용지·봉각 등과 함께 도화성을 보면 음악·미술뿐만 아니라 설계·실내장식·조각·촬영·미용·디자인·꽃꽂이·연예계·요리 등에서 재능을 발휘할 수 있다. 다만 이 조합이 문창·문곡을 보면 외화내빈하기 쉽고 흰소리를 잘하며 표현이 과장되고 성실성이 부족하다.

필자의 경험상 이 조합에서 성공하는 사람들을 보면 대부분 복덕궁이나 복덕궁에 영향을 주는 재백궁이 좋은 경우가 많았다. 탐랑을 보면 탐랑의 묘왕함지를 막론하고 복덕궁의 구조를 관심 있게 봐야 하는 것이다.

염정화기가 되면 피(血)와 관련한 일의 손실이 있고, 탐랑화기가 되면 살(肉)과 관련한 일의 손실이 있다. 염정·탐랑의 화기에 천형과 경양을 보면 수술한다. 이 조합은 부처궁에 들어가는 것을 꺼린다.

| 염정 · 칠살 | 축미궁에서 염정과 칠살이 동궁한다.

고인은 이 조합에 대해 모순된 말을 하고 있는데, "염정·칠살이 묘왕지에 거하면 도리어 부를 쌓는 사람이 된다. 염정·칠살이 있으면 길위에 시체가 묻힌다. 염정·칠살은 천지를 떠돌아다닌

다."고 했는데 위의 염정·탐랑조합처럼 삼방에 성이 두 개씩 포진되어 변화가 많은 조합이기 때문에 그렇다.

미궁의 염정·칠살은 '웅수건원격'이라 하여 축궁의 염정·칠살보다 더 좋다. 이 성계는 변화를 좋아한다.

『전서』 '염정편'을 보면 염정의 화기(化氣)는 수(囚)가 되고 또 살(殺)도 된다고 했다. 이것은 염정 안에 '가둘 수'로 대변되는 단속과 규율(囚)의 기질이 체가 되지만, 그 내밀한 곳에는 감옥에서 꺼내서 참수하는 '죽일 살'로 대변되는 탈출과 변화(殺)의 기질을 용(用)으로 간직하고 있기 때문이다.

이러한 성질의 염정이 칠살을 만나면 염정 내면의 살기(殺氣)와 칠살이 가진 변화와 개창의 살기(殺氣)가 서로 상승작용을 일으켜 변화의 의미를 가지게 된다. 이 살기가 부정적으로 작용하면 살기에 살기를 더하는 것이니 '길위에 시체를 묻거나 천지를 떠돌아다니는' 조합이 되고, 긍정적으로 작용하면 '자수성가하여 부를 쌓는' 조합이 되는 것이다.

염정의 내면의 기질과 칠살의 기질이 서로 상승작용을 하므로, 이 조합은 칠살이 가지고 있는 독립정신과 관리능력을 유감없이 발휘하게 되어 군·경계의 수장이나 컨설팅이나 총무와 같은 일에 매우 적합하고, 두 성의 살기를 이용해서 이공계나 공예 등 기술계통에도 적합해 그런 쪽으로 발달하는 경우도 많다.

또 수(囚)안에 응축된 도화성향·예술성향이 칠살과 만나 개화하게 되므로 창곡과 도화성 등을 만나면 문예나 예술분야에서도 두각을 나타낼 수 있다.

이 조합은 칠살이 있기 때문에 일생 한차례 혹 그 이상의 타격이 있으며, 감정적인 좌절이 많으나 꼭 남녀간의 일만은 아니다.

이 조합은 살기가 첩첩하기 때문에 호흡기관이 약하며, 만약 홍란·천희를 보면 해수나 천식이 있기 쉽다. 이 조합은 형제궁 외에 다른 육친궁에서는 좋지 않다.

| 염정·천부 | 진술궁에서 염정과 천부가 동궁한다.

고인은 이 조합에 대해 "갑·기년생이면 허리에 금띠를 차고 부유하게 된다, 갑생인이면 일품의 귀를 얻는다"라고 해서 부귀한 조합으로 보았다. 진술궁 염정·천부조합 중에서, 태양이 묘왕지에 있는 술궁의 염정·천부조합이 함지에 있는 진궁의 염정·천부조합보다 좋다.

이 조합은 염정의 가두는 '囚'와 천부의 재물을 저장하는 창고, 즉 '府庫'의 성질 간에 통하는 바가 있으므로 염정의 조합 중 가장 안정된 성질을 가지고 있다. 그러나 이러한 안정적인 성질은 결국 수(囚)의 성질이 극대화 되는 것을 의미하므로, 염정이 가지고 있는 살(殺)의 성질은 약화되어 성계의 성질이 지나치게 보수적이고 조심스러운 경향으로 변해 개창력이 부족한 결점을 갖게 된다. 한마디로 안정을 희구하는 고대사회에서는 이상적인 조합이었겠지만 오늘날같이 변화와 변동이 많은 사회 속에서는 오히려 시대에 뒤떨어질 소지가 없지 않은 조합이다.

그래서 이 조합은 개창력의 상징인 칠살이 있는 대궁에 한 두 개의 살이 동궁하거나, 칠살의 삼방에서 살을 보아 염정·천부의 성질에 격발력을 주는 것이 오히려 일찍 성취를 이루게 하는 원동력이 된다. 이러한 성질 때문에 이 조합은 사화를 보더라도 보수적인 성향을 더하는 염정화록보다는 행동력을 상징하는 무곡화록을 보는 것이 훨씬 좋은 것이다.

염정·천부조합은 안정된 성질로 인해 행정이나 공무에 적합하며, 문창·문곡을 보면 학교나 교육기관에서 발달하는 경우가 많다. 술궁의 염정·천부가 화록·록존을 보면 참신한 아이디어로 큰 사업을 일으키는 경우도 있다.

임상경험상 이 조합은 축미궁의 정살조합처럼 살을 보면 노상매시(길에 시체가 묻힘)의 속성이 있으므로, 운에서 이러한 조합이 살과 질병성을 띠게 되면 사고나 질병으로 인한 수술 등에 극히 유의해야 한다.

이 조합은 특별한 경우가 아닌 한 성격이 보수적이며 이상적이므로 장사를 하는 격국이 아니며, 육친궁에서도 좋다. 복덕궁에서 타라를 보면 질질 끌거나 머뭇머뭇한다.

| 염정 · 파군 | 묘유궁에서 염정과 파군이 동궁한다.

고인은 이 조합에 대해서 평가가 그리 좋지 않았는데, 예를들어 "염정이 묘유궁에서 살이 더해지면 염치없는 공무원이 된다, 염정·파군이 화성과 함지에 거하면 물에 빠져 자살한다, 염정·파군을 천이궁에서 만나면 길에서 죽는다, 염정·파군이 사살을 보면 교예로 먹고 산다"고 했다.

집착과 억제를 상징하는 염정의 수(囚)와 파괴와 발산을 의미하는 파군이 만났기 때문에 이 조합은 불안정하며 변동과 변화가 많다. 그래서 화성·영성과 같은 성질이 급한 성과 동궁하면 두 성의 불안정한 경향이 더욱 불안해져 자살을 하거나 자충수를 두게 되고, 그러한 성격적인 경향 때문에 밖에서 사고를 당할 확률이 많으며, 공직에 있더라도 변화를 꾀하다가 염치없는 공무원이 되게 되는 것이다.

한편으로는 수(囚)로 가두어진 도화·예술성향 등이 파군에 의해 해방되므로 살을 보면 여러 가지 손재주가 있게 되어 기술로 먹고 살게 되기도 한다.

이 조합은 염정의 감정이 파군에 의해 파괴되는 것이므로 감정적으로 불리함이 많은 조합이다. 경험에 의하면 여명의 경우는 결혼에 불리함이 매우 많았다. 특히 염정에 화기가 되거나 무곡에 화기가 되면 더욱 그런 확률이 높았다.

파군이 좌하기 때문에 의욕이 있으며 열정적이고, 천상의 영향으로 공익을 위하는 마음과 정의감이 있고 이상과 포부가 있어서 창업에 적합한 성향을 가지고 있으나, 단점으로는 인생이 지나치게 불안정하고 편안함을 누릴 수 없으며 일생 일을 벌이느라 노심노력하게 된다. 파군은 겸직·겸업·동업의 속성이 있는데다가 함지에 있으므로 이러한 성향을 더욱 더하게 되는 것이다.

이 조합이 록권과를 보고 길성을 보면 공직·교육·정치·법률 등에 종사하는 경우가 많고, 살을 보면 기술직이나 군인·경찰 등의 직업에서 성공하는 경우가 많다.

이 조합이 육친궁에 들어가는 것은 좋지 않다.

염정·천상

자오궁에서 염정과 천상이 동궁한다.

고인은 이 조합에 경양이 동궁하면 '형수협인(刑囚夾印)'이라하여 곤장을 맞는다했다.

염정은 품질(品秩)·위계질서의 성이며 천상은 인성(印星)으로 약속·신용·책임감의 성이다. 이 두 성이 만나므로 성격상 책임감이 강하고 감정이 풍부하며 처사에 신중하고 조심스럽다.

보좌적인 성향의 천상 때문에 개창력이 강하지 못하므로 직장생활이나 전문업이 좋고 사업은 마땅치 않다.

둘 다 관록의 성이니 이 조합은 염정조합 중에서 가장 공직에 적합한 성계다. 정치에 종사하거나 공무원·교사·대기업 등에서 근무하는 경우가 많으며, 살을 보면 이공계로 나가기도 한다. 단 녹존이나 화록을 만나거나 하면 점진적으로 발달하여 조직 내에서 고위직에 오를 수 있다. 이 조합이 좋아서 사업을 하게 된다 해도 동업이나 주식회사·대리점·중개업 등을 운영하는데, 대궁의 파군 때문에 피동적으로 개창하게 된다.

염정화기가 되면 오궁 염정·천상은 경양과 동궁하고, 자궁 염정·천상은 경양·타라를 보게 되어 염정의 품질(品秩)·위계질서의 성향이 깨지게 되고 천상도 신용·신뢰가 금이 가게되어 범법할 활률이 높게 되므로 고인이 형수협인이라하여 곤장을 맞는다고 했는데, 실제로는 관재뿐만 아니라 횡발횡파하기 쉽고 부귀가 길지 않을 뿐만 아니라 여기에 도화성까지 보게 되면 사업이 성공할 때 주색에 빠져 이로 인해 파패를 초래하게 된다.

염정이 창곡을 만나면 자제력이 있고 예의를 좋아하며, 여기에다 녹존이나 화록을 보면 부자가 될 수 있다.

이 조합이 만약 사살·공겁·천형을 다 보면 예기치 않은 재난이 있는데, 신·방광·결석·담석·암 등으로 수술할 수 있고 일생 내장과 피부가 민감해서 질환이 있기 쉽다. 또 오궁의 염정·천상은 대궁 파군이 자궁에 있으므로 수액(水厄)이 있기 쉽다.

(3) 녹권과기가 붙을 때

염정화록 돈버는데 이로우며 정신적으로 심리적으로 만족이 있고 감정이 좋아진다. 대운·유년에서 육친궁에서 만나면 집안사람으로 말미암은 이익이 있다.

염정화기 염정은 피를 의미하므로 화기가 되면 피를 보는 재앙이 있다. 다시 무곡화기를 보면 사망하기 쉽다.

염정은 또 감정을 의미하므로 화기가 되면 마음의 상처가 있다. 이 외에 예술적으로 뜻을 잃거나 사고 성병 등의 의미도 있다.

(4) 12사항궁에 들어갔을 때

형제궁 염정이 형제궁에 있으면 명궁은 기월동량이나 거일조합이 있게 된다. 입묘하면 형제가 둘, 천상과 동궁해도 역시 둘, 좌보·우필·천부·창곡·괴월 등 길성을 만나면 다섯을 낳는데 그 중 셋만 남는다. 양타·화령·공겁·천형을 만나면 형극 또는 질병과 재난이 있거나 분거하고 불화한다.

부처궁 부처궁에 염정이 있으면 명궁은 자부염무상조합이나 살파랑 조합이 있게 된다. 길성의 도움이 있고 천부를 만나면 배우자의 성정이 강해야 극을 면한다. 길성이 없으면 분거하거나 이혼한다. 화기성이 되면 이혼한 후 재혼한다. 낙함하면 세 번 결혼

할 명이다.

파군·칠살을 만나도 역시 이혼·불화하거나 아니면 형극한다. 양타·화령·천형을 보면 형극하거나 혹 남녀의 일로 송사나 쟁투가 발생한다.

자녀궁   명궁에 천동이 있으면 자녀궁에 염정이 있게 된다.

천동은 수성, 염정은 화성으로 완벽한 음양조합이 되어 자녀와 감정이 돈독하다. 천동은 감정풍부의 성이고 염정은 혈연과 감정에 집착이 많은 성이니 피차 감정이 돈독한 것이다.

그래서 천동좌명자는 자녀에게 너무 빠져들며 사랑하기 때문에 자녀가 적은 것이 좋으며, 많으면 명조 자신이 너무 피곤해진다.

재백궁   무곡이 명궁이면 재백궁에는 염정이 있게 된다.

염정은 정신적인 만족을 중시하는 성이기 때문에 염정이 재백궁에 있으면 꼭 물질적인 부담보다는 정신적인 만족을 더 바란다. 이는 명궁 무곡이 긴 생각이 부족한 성이며 행동의 성이라, 지나치게 맡은바 일에 열심일 뿐 보수나 벌어들이는 돈이 합리적인가에 대한 생각은 간과하기 쉽다. 그래서 염정이 재백궁에 있으면 재래재거(財來財去)하기 쉽다. 염정은 교제수완이 있는 성이면서 도화성이므로 수단이나 예술로 돈을 번다.

살성이나 화기를 보면 감정문제로 파재하기 쉽다.

질액궁   염정이 질액궁에 있으면 명궁에 태양이 있게 된다.

염정은 피를 의미하고 민감한 성이기 때문에 태양이 질액궁에 있으면 고혈압이나 피와 관계된 질환이 있기 쉽다. 도화성이 더해지면 생식기계통의 질병이 있다. 천마와 천월이 더해지면 유행성 독감에 걸리기 쉽다.

천이궁 염정이 천이궁에 있으면 명궁은 살파랑이나 자부염무상 조합이 있게 된다. 염정은 태어난 곳에 있는 것이 좋지 않으며 외지에서 이롭다. 파군·칠살·천형·화기와 대모를 만나면 타향에서 객사한다. 탐랑과 동궁하면 교제와 접대가 많아 신경쓰는 일이 많다.

천상과 동궁하면 밖에 나가는 것에 이롭다. 칠살·록존 혹 화록이 회조하면 밖에서 돈을 번다.

살이나 화기를 보면 음모에 빠지거나 사고가 나거나 색(色)으로 인해 재난이 있다.

노복궁 천기가 명궁에 있으면 노복궁에 염정이 있게 된다.

염정은 차도화성이고 교제에 능한 성이므로 염정이 노복궁에 있으면 먹고 마실 수 있는 친구나 부하가 많을 수 있으나, 명궁에 있는 천기는 변화나 변덕이 많은 성이므로 진정한 친구나 부하를 얻기 쉽지 않다. 명궁 천기의 본질이 속되면 유유상종의 이치처럼 속되고 좋지 못한 친구를 사귀기 쉽다.

관록궁 자미가 명궁에 있으면 관록궁에 염정이 있게 된다.

자미는 황제성이고 염정은 차도화로 정치나 교제수완이 좋은 성이므로, 자미가 일처리하는데 있어 정치수단이 좋으며 무직(武

職)에 이롭다.

전택궁 염정이 전택궁에 있으면 명궁에는 기월동량이나 거일조합이 있게 된다. 입묘하고 칠살과 동궁하면 자기가 집을 살 수 있다. 천부와 길성이 회조하면 능히 조업을 지키고 낙함하면 파재한다.

화기성에 살성이 있으면 산업으로 인해 재난이 생긴다. 탐랑과 동궁하면서 공겁·대모·함지·천요·경양·타라·화성·영성 등이 회조하면 주색 도박이나 기타의 기호로 파산한다.

복덕궁 염정이 복덕궁에 있으면 명궁은 살파랑이나 자부염무상 조합이 있게 된다. 입묘하고 천부·천상과 회조하면 복이 많고 오래 살며 쾌락향수할 명이다. 파군과 동궁하면 물심양면으로 고생한다. 염정이 복덕궁에 홀로 있으면 바쁘다.

낙함하거나 화기를 보면 종일 우려하고 불안하며 초조하고 신경을 많이 쓰거나 잠을 못 이룬다. 양타·화령·공겁·대모와 회조하면 복 없이 바쁘기만 하다.

부모궁 부모궁에 염정이 있으면 명궁에는 기월동량이나 거일조합이 명궁에 있게 된다. 함지에 있거나 화기성이면 부모에 불리하거나 두 부모를 모신다. 천부와 천상과 길성이 회조하면 그렇지 않다. 천마·천허와 같이 만나면 부모를 멀리한다.

칠살·파군·탐랑과 회조하면 부모에게 형상(刑傷)이 있다.

7) 천부(天府)

(1) 기본적인 성정

천부는 남두성의 우두머리이며, 호령성(號令星)이다. 천부의 성질은 재물을 보관하는 창고인 금고(金庫)와 같다. 그러므로 녹을 보는 것이 급선무다. 녹을 보느냐의 여부에 따라 아래 세 가지로 나눠지며 나머지 세 가지는 천부가 있을 때 주의해야 할 원칙이다.

실고(實庫) 삼방사정에서 록을 봄을 말한다. 창고가 충실해지므로 인생이 안정된다.

천부성군(天府星君)

공고(空庫) 천부가 녹을 보지 못하거나 공망성을 만나는 것을 말한다. 재정적인 곤란에 부딪치게 된다. 천부가 지공·지겁을 보면 고립된다.

로고(露庫) 공망성과 살성을 보면서 녹을 보지 못한 천부를 말한다. 간사해지기 쉬우며, 천요를 보면 더욱 그렇다.

봉부간상(逢府看相) 천부를 보면 반드시 천상을 같이 봐야 하는데, 이것은 중요한 원칙이다. 천부가 명궁이라면 관록궁에 항상 천상이 있게 되고, 천상이 명궁이라면 재백궁에 항상 천부가 있게 된다. 천부는 부를, 천상은 귀를 각각 뜻하게 되는데, 천부의 귀는 천상이, 천상의 부는 천부가 각각 담당한다고 하여, 천부가 명·신궁이 되는 경우 다른 궁의 상황보다 우선적으로 천상의 상황이 천부의 명에 영향을 주게 된다. 비유하자면 천부는 은행금고, 천상은 은행장의 직인과 같으므로 천부가 재권(財權)을 발휘하는가의 여부는 천상의 상황에 달려있다.

봉부간살(逢府看殺) 천부의 대궁에는 항상 칠살이 있으므로, 천부를 보려면 대궁의 칠살을 같이 살펴야 한다. 칠살의 상황으로 천부가 보수적이냐, 진취적이냐를 가늠한다.

기독좌(忌獨坐) 천부는 독좌를 꺼린다. 금고는 감시자가 있어야 하기 때문이다. 길을 보면 괜찮으나, 살을 보면 간교 간사해진다.

천부는 금고처럼 지키는 것을 잘하며 현재 있는 국면하의 발전에 이롭다. 명궁에 있으면 장수를 상징하고 해액(解厄)해 주는 성이 된다. 살을 많이 보면 간사해지고 쓸데없는 고생을 한다.

자미처럼 백관조공을 봐야 성세가 있게 된다. 경양·타라를 제압하여 능히 부하로 삼고, 화성·영성을 복으로 만든다. 다만 지공·지겁을 보면 고립된다.

천부는 의록(衣祿)의 성이라 하여 일생 식복과 의식이 풍족하고, 성격적으로는 신중하고 검소하며 겸손하고 선량하다. 총명하고 기지가 있을 뿐만 아니라 재능이 있고 다학다성(多學多成)하다. 기획력과 재무적인 측면의 일처리가 능하다.

여명   여명의 천부는 길성을 만나면 재능이 많고 또 안정적인 가운데 진보가 있으나, 부처궁의 파군 때문에 결혼생활이 좋지 못한 경우가 많다.

어울리는 직업   금융·부동산·세무·회계·경리·교육·공직·총무·관리·정치·행정·재무 등에 적합하다.

※ 다른 성과 동궁했을 경우는 앞에서 이미 설명을 했으므로 참조하기 바란다. 그리고 천부는 녹권과기가 붙지 않기 때문에 12사항궁에 들어갔을 때를 바로 설명한다.

(2) 12사항궁에 들어갔을 때

형제궁   태음이 명궁일 때 형제궁에 천부가 있게 된다.
　천부는 저장해서 풍요로운 의미가 있기 때문에 형제가 많다. 태음도 주성이고 천부도 주성이기 때문에, 대인관계에서 주관이 뚜렷한 이들의 회합으로 인해 일을 처리하는 방식이나 견해가 다른 사람이 많다.

부처궁   탐랑이 명궁에 있으면 부처궁에 천부가 있게 된다.
　탐랑은 활발한 성이고 천부는 보수적인 성인데, 명궁 탐랑의 입장에서는 배우자와의 감정이 냉담하고 평범한 것을 좋아하지 않는다. 그래서 명궁 탐랑 또는 부처궁 천부가 함지가 되면서 살성을 보게 되면 본처를 멸시하고 첩을 사랑한다.

자녀궁 거문이 명궁에 있으면 자녀궁에 천부가 있게 된다.

거문은 암성이고 천부는 곳간(府庫)이 되므로 거문의 어두운 기운을 천부가 수렴한다. 그래서 천부가 공고·로고가 아니면서 녹을 만나면 자녀에 귀기가 있고 남아를 많이 낳으나, 공망에 떨어지면 고립된다.

재백궁 천상이 수명하면 재백궁에 천부가 있게 된다.

천상도 이인자의 속성이 있는데다가 천부도 보수적이므로 독자적인 창업이나 개업 등은 좋지 않다. 이미 있는 재물을 지키는 것에 이롭다.

질액궁 천량이 명궁에 있으면 질액궁에 천부가 있게 된다.

천부는 양토이기 때문에 대부분 위장 계통이나 피부의 병변이 있기 쉽다. 천량은 기본적으로 형극(刑剋)의 속성이 있으므로 질병에서도 무정(無情)하게 형극(刑剋)하는 속성이 있다. 예컨대 담·대장·위 등을 무정하게 절제한다든지 하는 일이 있다.

천이궁 칠살이 명궁에 있으면 천이궁에 천부가 있게 된다.

칠살은 염정화록을 가장 좋아하기 때문에 염정·천부조합이 천이궁에 있는 것을 가장 좋아한다. 칠살은 개창력이 강한 성이고 천부는 수성(守成)에 능한 성인데, 활동무대에 수성에 능한 천부가 있으니 타향으로 떠나야 안정적으로 발전할 수 있다. 그러나 록을 봐야 안정적이지 록을 보지 않고 살을 보면 불안정하다. 만약 이렇게 되면 차라리 움직이지 않는 것이 낫다.

명궁이 염정·칠살조합이면서 살을 보면 사고의 위험이 있다.

노복궁 천부가 노복궁에 있으면 명궁에는 기월동량이나 거일조합이 있게 된다. 천부가 노복궁에 있으면 친구가 많다. 록·권·과가 회조하면 친구의 조력을 얻을 수 있고, 보필을 만나면 친구의 옹호를 받고 또 손아래 사람의 힘을 얻거나 충심으로 따르는 수하를 얻는다.

만약 공겁·대모가 회조하면 친구로 인해 파모(破耗)하거나 수하에게 도적질당해 파손이 있다.

관록궁 천부가 관록궁에 있으면 명궁에서 자부염무상이나 살파랑 성계를 본다. 천부가 관록궁에 있으면 사업이 크고 관직이 높다. 예컨대 천부가 오궁에 있고 녹존이 인궁에 있고 천상이 술궁에 있으면서 길성이 회조하면 극품의 귀가 있는데, 살성이 없어야 합격이다. 천부가 축궁에 있으면서 길을 만나도 역시 높은 귀가 있는데, 반드시 녹존이 유궁에서 만나야 합격이며, 문·무 모두에서 귀하고 부하다.

전택궁 천부가 전택궁에 있으면 명궁은 기월동량이나 거일조합이 있게 된다. 능히 밭을 늘리고 부동산을 구입할 수 있으며 개창할 수도 지킬 수도 있지만, 공겁·대모를 만나면 파모가 있고, 경양·타라를 만나면 분란이 있다. 또 천부가 전택궁에서 문창·문곡을 보면 집안에서 학문으로 대성하는 사람이 나온다.

복덕궁 파군이 명궁에 있으면 복덕궁에 천부가 있게 된다.
　파군은 파구창신(破舊創新)의 성으로 개창력이 풍부한데 반해, 복덕궁 천부는 보수적이고 지키는 것에 능하다. 따라서 명궁의 성과 복덕궁의 성이 성질상 차이가 있어서 명궁 파군의 명은 사상이 모순된다.
　천부가 녹을 얻어야 파군이 맹목적이거나 충동적이지 않게 되어 냉정하게 처신할 수 있다. 천부가 천요를 보면 파군의 맹목성을 제어할 수 없어 좌절을 잉태하게 되고, 지공·지겁을 보면 천부의 안정성을 파괴하게 되어 실질적이지 못하게 된다.

부모궁 천부가 부모궁에 있으면 명궁에는 기월동량이나 거일 조합이 있게 된다. 천부가 부모궁에 있으면 부모가 모두 온전하고 형극이 없다. 다만 경양과 동궁하면 부자간 의견이 맞지 않고, 타라·화령·공겁·천형이 회조하면 형상(刑傷)이 있거나 분거(分居)하거나 제사를 모시지 못한다.

8) 태음(太陰)

(1) 기본적인 성정

|月| 태음은 달을 연상하면 쉽다.
태양이 귀·남성·발산·동(動)·강함·동산 등을 의미한다면 태음은 부·여성·수렴·정(靜)·부드러움·부동산 등을 의미한다.

태양과는 짝성이기 때문에 길흉이 태양과 밀접한 관련을 맺고 있다. 태양과 마찬가지로 태음도 궁에 따라 강약이 다르다. 신궁부터 축궁까지의 태음이라야 좋다.

태음성군(太陰星君)

|주성(토성)| 밤(신시에서 축시)에 태어난 사람이 태음이 좌명할 때 태음은 자미·천부처럼 주성이 되어 백관조공을 봐야한다. 보지 않으면 자미에서처럼 고군이 될 것이다.

태음의 길흉은 좌한 궁과 밤인가 낮인가 (밤에 태어난 사람이 좋음) 외에 한달 중 어느 때 태어났는가도 중요하다. 상현(1일~15일)에 나는 것이 좋고 하현(16~30일)에 나는 것은 좋지 않다. 학자에 따라서는 이러한 날짜로 태음의 강약을 따지는 것은 옳지 않다고 주장하기도 하나, 필자는 참고하고 있다.

태음은 부를 주하므로 재성이 된다. 그래서 같은 재성인 화록·록존을 만나는 것을 좋아하고, 화권·화과를 만나면 강유가 조화

되므로 좋으며, 문창·문곡이 협하거나 회조하게 되면 반드시 문장으로 발달하며 박학다식하게 된다.

성격은 총명하고 우아하며 문예적인 기질이 있고 예절바르다. 타인과 잘 다투지 않고 도량이 크나, 일처리에 있어서는 소심하고 관찰력이 예리하며 인내심이 있다.

위에서 본 것처럼 태음이 강해지기 위한 조건은 좌한 궁의 묘왕리한함 뿐만 태어난 시간과 태어난 생일과도 관련되는 등 그 조건이 까다로운 편이다. 까다롭다는 것도 태음의 속성 중 하나가 되는데, 실제로 감정적으로 예민하고 의심과 환상이 많고 질투심 의뢰심 결벽성이 있는 경우가 많다. 또 살성에 민감하여 살성의 악영향에 태음이 타격을 입기 쉬워서 살성을 보는 것을 싫어한다. 명궁에 있으면 예술적인 부분과 관련이 많아서 미술·도예·설계 등 예술과 관련된 일을 많이 한다.

중주파에는 "태음의 재적 기운을 보려면 금성을 보라(太陰財氣視金星)"라는 구절이 있는데, 이 말은 태음이 재주를 발휘하는데 있어서 그 재력의 대소범위를 보려면 무곡을 살펴야한다는 말이다. 예를 들어 태음이 오궁에 있을 때 무곡은 미궁 부모궁에 있는데, 주로 윗사람의 수제를 받는 경우가 많으므로 재적인 득실이 윗사람의 결단에 달려있기 쉽다는 식으로 응용한다.

태음은 무곡과 같은 재성이나 무곡의 재는 지속성이 없는 반면 태음은 지속성이 있다. 태음운에 발달하면 그 다음 대한까지 발달하는 성질이 지속되기 때문에 추론할 때 유의해야 한다. 즉 태음운이 좋았다면 다음 대운이 평범해도 큰 타격을 받지 않는다. 그러나 무곡은 태음과 달라 무곡운에 좋고 그 다음운이 평범하다면 그 발달이 지속되지 않아 타격이 있다.

태음화기가 해궁에 있으면 변경(變景)이라 하여 좋게 보나, 대운이나 유년에서 태음화기를 만나는 것은 좋지 않다.

| 어울리는 직업 | 예능·미용관련업·인테리어·설계·농업·목축·부동산·연예계·공직·언론계·문화예술계·교육계·교통·운수업·컴퓨터·전기·전자·의료계통 등에 좋다.

(2) 녹권과기가 붙을 때

| 태음화록 | 태음은 여성을 뜻하므로 화록이 되면 여성에 접근해서 이익을 얻는 것을 의미한다. 본인이 여성이라면 여성미가 증가한다. 관록궁에 태음화록이 있으면 여성과 합자(合資)하는 것에 이로우며 여자 파트너와 관계가 좋게 된다. 부처궁에서 보면 항상 여인의 돈을 쓰며, 태음이 낙함하면 더욱 그렇다.

| 태음화권 | 태음은 계획을 대표하는데, 화권이 되면 계획에 순조로우며 판단력이 있고 여성으로 인해 권력을 얻는다. 여성이라면 배우자를 다루는 재주가 있다. 낙함한 태음이면 간계(奸計)를 쓴다. 입묘하면 재권이 있어 회사자금을 움직일 수 있으므로 재경계나 은행 등에서 일하는 것이 유리하다.

| 태음화과 | 명망에 이롭고 재원이 좋으며 계획에 이롭다. 장구

한 발전에 이롭다. 반드시 한가지 행업 중에서 이름을 드러내며 크게 유리하다. 전문업으로 돈을 버는 것이 좋다. 태음화과는 모든 일에 낙관적이고, 여성과 인연이 있다.

태음화기 태음은 여성의 성으로 아름다움과 예술을 대표한다. 화기가 되면 두 가지 특징을 다 잃어버린다. 태음화기가 되면 미색에 유혹받거나 음침한 성질의 물건에 유혹받는다. 예를 들어 금전이라면 투자에 불리하고, 눈앞에서는 유리하나 결과는 모두 실패로 돌아가게 되며, 또 그 실패가 수년간 영향을 주게 되는 것은 태음에 지연의 의미가 있기 때문이다.

여명의 부처궁에 태음화기가 있으면 그 희기의 성질은 배우자가 아니라 여명 스스로에게 나타난다. 이는 태음이 여성을 의미하기 때문이다.

(3) 12사항궁에 들어갔을 때

형제궁 탐랑이 명궁에 있으면 형제궁에는 태음이 있게 된다.
탐랑은 활동력이 있는 성이고 주동적이며 태음은 조용하고 피동적인 성향이 있다. 따라서 합작하면 태음의 성향에 견제되어 염증을 내게 되므로 장기적인 합작이 불가능하게 된다.
길화를 보면 형제가 부유하며 뛰어나다. 살을 보면 불화하고 분거한다.

부처궁 명궁에 거문이 있으면 부처궁에 태음이 있게 된다.

거문은 다른 성을 어둡게 가리는 성이고 태음은 장(藏)을 주관하는 성질이 있기 때문에 배우자가 이성의 주목을 받기 쉽다. 즉 남편이 배우자의 장점을 보지 못하니 타인이 태음의 내재적인 아름다움에 관심을 갖게 되는 것이다.

남명은 어린 처를 얻고 여자는 남편의 나이가 많으며 일찍 결혼한다. 남명이 태음에 문창·문곡을 보면 처로 인해 귀하게 되거나 젊어서 아름다운 처를 얻는다.

자녀궁 명궁 천상이면 자녀궁에 태음이 있게 된다.

태음이 자녀궁에서 함지에 있으면 태양도 함지가 되고, 태양이 함지가 되면 태양에 영향을 받는 거문과 천량 등도 함지가 되기 쉬워서 명궁 천상의 양 협궁이 힘이 약할 가능성이 크므로 배우자와 이혼하거나 혼인에 문제가 있기 쉬운 암시가 있다. 화성·영성이 비추면 더욱 그렇다.

또 태음이 여성을 뜻하므로 태음의 상황이 좋으면 자녀 중에서 아들보다 딸이 잘 되는 암시가 있으니, 자녀궁 태음은 상황이 어지간히 좋지 않으면 아들이 잘 된다고 하기에 곤란한 점이 있다. 홍란·천희 등 도화성을 보면 딸이 많고 아들이 적다.

재백궁 천량이 명궁에 있으면 재백궁에는 태음이 있게 된다.

천량은 감찰·감독의 성이고 태음은 재성이므로, 천량의 상황이 좋으면 재를 잘 관리하여 부자가 될 수 있으나 천량의 상황이 나쁘면 시비와 분란·파재만 생기게 된다.

태음이 경양·타라를 보면 파재하고, 화성·영성을 보면 분란이 생긴다.

질액궁 칠살이 명궁에 있으면 질액궁에는 태음성이 있게 된다. 칠살이 명궁에 있을 때 창곡을 보면 질액궁에서 겁공을 본다. 칠살이 창곡을 보면 문쪽도 아니고 무쪽도 아닌 경향을 띠는데, 질액궁에서 겁공을 보므로 정서상의 평형을 잃어 흔하지 않은 질병을 앓거나 심하면 정신병을 앓기도 한다.

태음이 입묘할수록 칠살수명자는 병에 걸리기 쉽지 않으나, 일단 병에 걸리면 근본치료가 쉽지 않고 몇 년씩 끌게 된다. 또한 태음은 수성(水星)으로 눈 또는 신장이나 방광계통이 병변이 있기 쉽다.

천이궁 천이궁에 태음이 있으면 명궁에는 기월동량이나 거일조합이 있게 된다. 입묘하면 많은 인연을 맺으며 밖에 나가 귀인의 도움이 있는데, 천동과 동궁하면 먼 지방으로 가서 빈손으로 창업하여 부를 이룬다.

천기와 동궁하면 마음을 많이쓰고 분주하며 변동이 많다.

화기가 있으면 우물쭈물하면서 진퇴에 망설임이 많고 또 구설시비도 있다.

노복궁 노복궁에 태음이 있으면 명궁에는 자부염무상이나 살파랑조합이 있게 된다. 입묘하면 이로운 친구가 많다. 태양이 동궁하면 관계가 차가워졌다 뜨거워졌다한다. 천기와 동궁하면 다방면의 친구와 사귄다. 낙함하면 친구로 인한 음모를 방비해야 한다. 겁공·대모를 만나면 친구로 인해 파모한다.

관록궁 태음이 관록궁에 있으면 명궁에는 기월동량이나 거일조합이 있게 된다. 태음에 문창·문곡이 회조하면 문화사업·공중사업에 마땅하다. 보필을 만나면 정치·행정 등이 좋다. 천동 혹 천기와 동궁하면 사업에 변동이 많거나 유동성사업이 적합하다. 천동·천량·천기가 회조하면 기관·공장·공적인 조직 등에서 직책을 맡는 것이 좋으며, 주식회사·유한회사 등을 조직하는 것도 좋다.

전택궁 파군이 명궁에 있으면 전택궁에 태음이 있게 된다.

태음은 장(藏)·함축·변화다단의 의미가 있고 안으로 감정이 민감한 성이다. 그러므로 그 사람의 전택의 변화는 왕왕 집안이나 조직의 내부인사로 인한 투쟁과 암투로 말미암는다. 태음이 묘왕지인가에 따라 파군의 행동과 개창능력이 안정적으로 발전하는가 우여곡절이 많은가를 판단한다.

묘왕지에 태음이 있으면 전택에 좋으며 안정적이다.

복덕궁 복덕궁에 태음이 있으면 명궁에는 기월동량이나 거일 조합이 있게 된다. 온화하고 환상이 많으며 조용한 것을 좋아한다. 입묘하면 복을 후하게 향수한다. 일월이 동궁하면 더 좋다.

천동이 동궁해도 역시 향수한다. 태음화기는 외면은 안정되게 보이나 내심은 불안한데, 천기와 동궁해도 역시 안녕하지 못하다.

화성 타라와 동궁하면 스스로 찾아 바빠하거나 혹은 스스로 번뇌를 자초한다.

부모궁 천부가 명궁에 있으면 부모궁에 태음이 있게 된다.

천부는 창고로 저장·수렴하는 성질이 있고 태음도 수렴의 성질이 있으니, 태음이 함지에 있으면 부모나 윗사람이 이기적이 다. 경양·타라를 보면 부모 연분이 박하며 세대차이가 있다.

9) 탐랑(貪狼)

(1) 기본적인 성정

桃花　　탐랑은 대표적인 도화성(正桃花)이다.

　　봄에 핀 복숭아꽃은 화려하기 짝이 없어 연인들의 춘심(春心)을 자극하듯, 탐랑은 대표적인 애욕과 욕망의 성이며 교제와 접대 사교 영업 등을 잘하는 성이다. 낙천적이나 방탕한 일을 하기 쉽고 길성을 만나면 부귀하나, 흉을 만나면 외화내빈하기 쉽다.

　도화성을 보면 육체적인 욕망이 발생한다.

　도화원(桃花園)이란 이상향이라는 무릉도원을 뜻하고, 탐랑의 화기(化氣)인 도화(桃花)에도 비슷한 뜻이 있어서 탈속적이고 정신적인 것을

탐랑성군(貪狼星君)

지향하는 면도 있으므로, 공망성을 만나게 되면 정욕이나 애욕과 거리가 먼 성향을 보이며 음양오술·현학·역학·종교 등에 관심을 가지는 경우가 많고 예술적인 경향도 있게 된다.

　살성 중 화성·영성은 원래 분리(分離)와 불협화음을 자아내는 성질이 있는데, 모든 성 중 유일하게 탐랑만이 본래 가지고 있는 사교적인 기질로 이 성들을 순화시켜 길하게 한다.

　그래서 탐랑이 화성이나 영성과 만나면 횡발의 의미가 있게 된

다. 그러나 경양·타라는 본래 녹존을 사이에 두고 호시탐탐 록을 노리는 살성으로, 탐랑과 만나면 탐랑의 좋지 못한 욕망을 부추겨 탐랑의 도화성 또는 욕망을 더욱 강화시키니 흉해진다.

성격　작은 것에 구애받지 않고 충동적이며 이성에게 잘해 주고 도박을 좋아하며 이기적인 경향이 있고 먹고 마시는 것을 좋아한다. 점유욕과 탐심이 많고 야심과 몽상이 있으며 정서적으로 불안정한 경향이 있고 방탕하다. 탐랑은 작은 은혜를 베풀어 큰 이익을 얻으려는 성질이 있는데, 이러한 성질이 왜곡되게 나타나면 투기나 도박으로 나타난다.

　탐랑과 십이운성과의 관계는 크다. 도화성이 있나 여부를 볼 때 참고할 필요가 있다.

　또 『전서』에는 탐랑에 대해 '화복의 신'이라고 했는데, 탐랑이 수명하게 되면 복덕궁에 천상이 있기 때문에 그런 표현을 한 것이다. 천상은 주체적인 성질이 없기 때문에 상황에 따라 화를 일으키기도 하고 또 복을 일으킬 수도 있기 때문이다. 그러므로 탐랑이 명궁에 있는 사람은 다른 성보다 복덕궁을 먼저 관찰하는 것이 추론의 키포인트가 된다. 또 복덕궁 천상성계의 성질이 어떤가로 탐랑에 도화성질이 있는가의 여부를 판단할 수 있다.

어울리는 직업　연예계·오락·예술·문화·미용업·음식업·종교사업·군경·재경·회계·영업·구류술업 등에 적합하다.

(2) 녹권과기가 붙을 때

탐랑화록   탐랑화록이 되면 자신감이 넘치고 도처에서 접대가 많고 염복이 있으며 취미가 다양하다. 탐랑은 운동을 대표하기도 하는데, 화록이 되면 운동계로 발전해도 성취한다.

탐랑은 신비한 물건을 좋아하므로 화록이 되면 종교방면으로 발전해도 이롭다. 다시 고신·과수를 보면 출가하기 쉽고, 출가한 후 사방의 지기들과 교제한다.

탐랑화권   탐랑은 교제나 접대를 좋아하고 신비한 사물을 좋아하는데, 화권이 되면 그러한 성질이 구체화되므로 연구나 운용 등에 좋다.

탐랑화기   탐랑화기가 되면 기호가 감소하고 경쟁에서 이로움을 잃으며 사랑하는 것을 빼앗기는(奪) 의미가 있다.

부모궁에 있으면 두 부모가 있을 수 있고 윗사람으로부터 압제를 받기 쉽다. 경쟁성의 장사는 하지 않아야 한다.

그렇지 않으면 다른 사람에게 자기가 좋아하는 것을 뺏기게 된다.

(4) 12사항궁에 들어갔을 때

형제궁   명궁에 거문이 있을 때 형제궁에 탐랑이 자리한다.

명궁 거문이 대인관계에서 처음은 좋았다가 나중에 나쁘게 되는 이유는, 형제궁에 탐랑이 도화를 주관하여 주색친구가 많아 이익을 탐하고 의리를 져버리는 친구를 만나는 경우가 많기 때문이다. 형제간의 정이 적으며 각기 동분서주하느라 모이기 쉽지 않다.

부처궁 │ 명궁에 천상이 있을 때 부처궁에 탐랑이 있게 된다.
 탐랑은 변화의 성이므로 처음 만날 때는 불같이 사랑해서 결혼했다가 결혼후에 감정이 식기 쉽다. 탐랑은 도화성이기 때문에 배우자가 본인에게 다채로운 애정을 요구하나, 천상은 항상심(恒常心)이 있는 성이라 그렇지 못하므로 배우자가 바람피우기 쉽다. 살을 보면 여러 번 혼인하기 쉬우며 남모르는 고충이 있기 쉽다.

자녀궁 │ 천량이 명궁에 있으면 자녀궁에 탐랑이 있다.
 천량은 음덕의 성이고 탐랑은 물욕의 성이다. 탐랑이 공망성을 보면 자녀와 후배가 아량있는 사람이다. 만약 탐랑이 도화성을 많이 보거나 하면 자녀나 후배가 물질에 대한 집착과 자기 멋대로 하려는 성질이 있게 된다.
 탐랑이 도화성을 보면 본처에서는 아들이 없고 첩에서 아들을 보는데, 명궁의 천량은 청고한 속성이 있으나 녹을 보면 원칙적인 성향이 변질되므로, 성적 능력을 상징하는 자녀궁의 속성에 따라 배우자에 대한 정조를 배반하기 쉬워 외방에서 자손을 둘 수 있는 여지가 생기기 때문이다.
 자녀의 성격이 모험을 좋아하며 자극과 요행을 바라는 경향이 있다.

재백궁 칠살이 명궁에 있으면 재백궁에 탐랑이 있게 된다.

칠살은 장군의 성이며 개창력이 강한 성이고 탐랑은 물욕이 강한 성이므로 재백궁에 탐랑이 있으면 재적인 강력한 기도심이 있게 된다. 탐랑이 화령을 보면 횡발한다. 칠살의 저돌적인 성향이 탐랑의 요행심리와 겹쳐 투기와 모험을 즐긴다.
탐랑이 살과 도화성을 보면 색으로 인해 파재한다

질액궁 탐랑이 질액궁에 있으면 명궁에는 기월동량이나 거일조합이 있게 된다. 자미와 동궁하고 살을 만나면 이성간의 행위에 두려움을 느껴 자위행위를 하거나 또 성기의 포피가 길며, 화기가 되어도 역시 그렇고, 빈혈이나 성교불능과 중만년에 위의 통증이 있다.

인신궁에 있으면 요통이나 생식기능에 질환이 있으며, 사해궁에 있으면 몽정과 색욕으로 인해서 질병이 발생한다.

천이궁 천이궁에 탐랑이 있으면 명궁은 자부염무상조합이 있게 된다. 길성과 길화를 만나면 밖에서 쾌락한다. 또 다방면 기호가 있고 도박을 좋아하는 자는 도박친구가 많고 술을 좋아하는 자는 술친구가 많으며 종교를 좋아하는 자는 종교방면의 친구가 많다. 보필이나 록·권·과를 만나면 더욱 인연이 좋고 사람들의 사랑과 옹호를 받는다.

노복궁 노복궁에 탐랑이 있으면 명궁에는 기월동량이나 거일조합이 있게 된다. 홍란·함지·천요·타라·음살·대모 등을 만나면 주색 친구가 많다. 무곡·경양·화성·화기가 회조하면 친구의 음모나 아랫사람으로 부터 부담을 받기 쉽고, 시비·분규·구설이 많거나 색으로 인해 다투거나 돈 버는 것으로 다툰다. 만약 탐랑이 입묘하고 보필·괴월·천무·천복·은광을 만나면 대인관계가 넓고 많으며 친구의 환영을 받거나 친구로부터 옹호를 받는다.

관록궁 관록궁에 탐랑이 있으면 명궁에는 파군이 있게 된다.
　파군은 개창력의 상징이고 탐랑은 도화성이고 주색을 대표하며 집념과 욕망이 중하다. 파군의 상황이 좋으면 관록궁 탐랑의 도화성향은 사업상의 원활함으로 나타나지만, 파군의 상황이 불안정하면 탐랑은 횡발횡파하게 되고, 도화성을 보면 주색으로 사업에 영향이 있다. 운동·오락·신비사물·교제·경쟁 등과 관계된 업에 좋다.

전택궁 탐랑이 전택궁에 있으면 명궁에는 기월동량성계나 거일성계가 있게 된다. 탐랑이 입묘하고 화령과 동궁하거나 회조하면 자수성가 할 수 있다. 단 거주하는 집을 자주 수리한다. 화성과 동궁하고 살성·대모 혹은 공겁을 보면 병 또는 재난이 있으나, 길성이 회조하면 놀라기만 한다. 화록·화권·화과·녹존이 회조하면 산업이 풍요롭고, 홍란·천희·봉각과 회조하면 집을 아름답게 꾸민다.

복덕궁 천부가 명궁에 있으면 반드시 복덕궁에 탐랑이 있게 된다. 천부는 조심스러운 성격이고 탐랑은 다채로운 변화를 좋아하는 성이라 서로 모순되므로, 복덕궁에 탐랑이 있으면 내심 편안치 않고 욕망과 기호가 많으며 운동을 좋아한다.

| 부모궁 | 태음이 명궁에 있으면 부모궁에 탐랑이 있게 된다.

탐랑은 재예의 성이므로 부모궁에 있으면 부모가 기호나 흥취가 광범위하다. 태음의 행동력은 탐랑에 미치지 못하기 때문에 윗사람에게 지나치게 나서거나 맞서면 윗사람의 투기나 질시를 초래하게 된다. 상황이 좋으면 길하다. 부모나 윗사람이 자기를 세심하게 보살펴 준다.

10) 거문(巨門)

(1) 기본적인 성정

거문성은 발음대로 '검은' 성이라고 이해하면 된다. 거문의 화기(化氣)는 '어두울 암(暗)'이며 암성(暗星)이라고 한다. 거문의 모든 성질은 이 암(暗)에서 출발하면 이해하기 쉽다.

암(暗)의 글자를 보면 태양(日)을 옆으로 밀쳐내고 한편으로는 깔고 앉아 있는(立) 모습이다. 태양빛을 가리겠다는 심보가 보이지 않는가. 만물에 빛을 주는 태양을 이렇게 가리고 있으니 천하창생의 원성과 시비가 어떠하겠는가? 그래서 거문은 대표적으로 '시비와 구설'의 성이 된다.

거문성군(巨門星君)

거문은 모든 성뿐만 아니라 좌한 궁까지도 어둡게 하니, 빛을 발산하는 태양을 제외한 모든 성과 복덕궁을 제외한 모든 궁에서 거문을 만나는 것을 싫어한다. 복덕궁의 거문이 그래도 나쁘지 않은 것은, 거문의 시비구설이 생각이나 관념에 대한 시비를 정확히 밝히고자 하는 좋은 뜻으로 변할 여지가 있기 때문이다. 다만 거문화기는 복덕궁에서도 꺼려서 만나게 되면 정신적인 근심과 곤란을 가져오기 쉽다.

다른 성이 거문을 만나면 해당성의 어두운 부분이 증가되고 십이사항궁에 좌해도 해당궁을 어둡고 불리하게 한다.

거문의 부처궁에는 늘 태음이 있어 거문이 태음을 어둡게 하므로 거문 좌명자는 부부가 불화하는 예가 많다.

거문의 암(暗)에는 시비·구설뿐만 아니라 밝지 못한 것·깊은 것·은폐·숨은 것·반대면·알 수 없고 볼 수 없는 것·말할 수 없는 것·신비감·음모·사망·도피·암중진행·저조 등의 의미가 있다.

이러한 거문의 암적 성질을 해소하는 성은 태양뿐이다. 왼쪽의 태양(日)과 아래쪽의 태양(日)이 '효'의 위에 올라서면 "빛날 욱(昱)"자가 된다. 이처럼 태양이 밝아버리면 거문도 별 수 없이 태양을 밝게 하는데 협조할 수밖에 없으니, 묘왕지의 태양만은 거문을 꺼리지 않게 된다.

신·명궁에 있으면 일생 시비를 초래하게 되고 대인관계가 좋지 못하며 진퇴양난·초선종악(初善終惡)의 의미가 있다.

성격 의심이 많고 두뇌가 좋으며 반응이 빨라서 말참견을 좋아하며, 이로 인해 시비가 발생하여 타인으로부터 욕을 먹기도 한다. 사물을 자세하게 분석하고 인식하는 능력이 있으며 작고 세심한 면에 관심이 많고 연상력이 풍부하나 현실에는 항상 불만요소가 많다.

거문의 암적인 성향이 정오의 태양에 의해 밝아지려면 시간이 걸리므로, 거문이 있으면 대체적으로 유년시절을 힘들게 보내다가 나이가 들어서야 발달한다.

여명 여명은 자기를 과장하지 않으며 세심하다. 사람과의 인연은 좋으나 잘 어울리려 하지 않는다. 일이나 사업에 성패와 기복이 많은데 너무나 많은 것을 고려하기 때문이다.

거문은 암성(暗星)으로 상문을 만나면 육친에 불리하거나 상을 당하게 된다. 거문이 화기를 만나면 상을 당하거나 또는 이직하거나 강등된다.

| 어울리는 직업 |　변호사·외교관·교관·법관·종교가·이론가·오술·의약·사법·학술연구·교육계·번역·통역·대리점·전문기술업·언론계·정계·기자·운수업·중개업·문예평론 등에 좋다.

(2) 녹권과기가 붙을 때

| 거문화록 |　거문은 암성인데 화록이 되면 물심양면으로 노력과 고생이 많고, 또 많은 노력이 필요한 일로 돈을 번다. 거문·태양 성계가 거문화록과 동궁하면 외국인에 의지해 돈을 벌 수 있으며 외지에 나가 장사해도 좋다.

| 거문화권 |　거문화권이 되면 설득력이 있으며 권력을 휘두르기 좋아하기 때문에 시비나 투기가 생기기 쉽고, 권력을 잡으면 잡을수록 더욱 시비가 많아진다. 암성이 화권이 되는 것이니 암중으로 권력을 잡는다.

| 거문화기 |　거문은 구설·시비를 대표하는데, 화기가 되면 시비가 더욱 엄중해진다. 관부·영성을 만나면 관재가 있다.
복덕궁에 들어가면 정신적인 근심과 비관이 많다.

남녀 모두 비뇨기관에 문제가 생기기 쉽다.

(3) 12사항궁에 들어갔을 때

형제궁 명궁에 천상이면 형제궁에 거문이 있게 된다.

거문은 암성으로 육친궁에 들어가면 대부분 시비가 있고 골육참상이 있다. 천상수명자는 형제의 재주나 성취에 의해 자신이 가려진다. 그래서 천상명궁자는 다른 사람과 장기간 동업하지 말아야 한다. 동업자에게 가려지기 때문이다.
살과 화기를 보면 골육상쟁이 있기 쉽고 화목하지 못하다.

부처궁 명궁에 천량이 있으면 부처궁에 거문이 있게 된다.

거문이 육친궁에 있으면 악성이다. 시비가 많고 관계가 좋지 못하게 된다. 천량은 고극의 성이고 거문은 암성이므로 타향사람과 결혼하는 것이 좋으며, 또래가 아니라 나이차이가 많은 사람과 결혼하는 것이 좋다. 명궁 천량과 거문 모두 태양의 묘왕함지에 의해 형극의 여부가 결정되므로 태양의 향배에 주의해야 한다. 일반적으로 거문이 부처궁에 있으면 시비구설이 많다.

자녀궁 명궁에 칠살이 수명하면 자녀궁에 거문이 있게 된다.

거문은 악성으로 육친궁에서 있으면 처음에 좋았다가 나중에 나빠지는 성질이 있다. 명궁 칠살이 고독성이므로 이 초선종악(初善終惡)의 성향은 장자를 잃는 암시로 나타난다. 명궁 칠살은 형제궁 천량의 고극의 성, 부처궁 천상의 고독성, 자녀궁 거문 초선종악(初善終惡)의 성 등이 있어 자연적으로 고독할 수 밖에 없다. 그래서 칠살이 수명할 때 화성·영성·경양·타라를 대운·유년에서 육친궁에서 보면 해당 궁의 육친에게 형극이 있게 된다.

길화·길성을 보고 태양이 묘왕지에 있으면 총명하고 준수하나 그렇지 않으면 형극하여 홀로된다.

재백궁 거문이 재백궁에 있으면 명궁에는 기월동량이나 거일 성계가 있게 된다. 거문이 재백궁에 있으면 걱정스럽게 애쓰며 머리(두뇌)와 말재주로 돈을 버는데, 능히 빈손으로 창업할 수 있다. 화권·화록·록존이 동궁하면 재산이 많다. 가장 꺼리는 것은 뜻이 높다고 방자하게 굴거나 지나치게 재주를 뽐내어 남을 강박하는 것으로, 반드시 사람들로부터 궁지에 몰릴 뿐 아니라 큰 곤란을 만나고 따돌림 당한다. 혹은 그 자녀로 인해 파모가 있다.

질액궁 거문이 질액궁에 있으면 명궁에는 자부염무상이나 살파랑 성계가 있게 된다. 폐병·종기·종양·암 등이 있다. 타라와 동궁하면 반신불수, 천동과 동궁하면 좌골신경통·요통·근육이 날로 쇠약해지고 줄어드는 병·농혈·습창 등이 있다. 녹존·화록과 동궁하면 위병이 있다.

천이궁 천이궁에 거문이 있으면 명궁은 기월동량이나 거일 성계가 있게 된다. 거문성이 화권·화록 혹 녹존과 동궁하고 입묘하면서 천이궁에 있으면 타지에서 대발하며 이름을 다른 지방까지 날린다. 거문화기는 출외에 구설이 있고 진퇴가 확실치 못하며

우물쭈물하고 동분서주하고 바쁘게 일한다

노복궁 파군이 명궁에 있으면 노복궁에 거문이 있다.

거문은 악성으로 대인관계에서 초선종악의 암시가 있어 불리하다. 입묘한 태양에 의해 거문의 어두운 본질이 긍정적으로 변할 수 있다. 거문이 천이궁의 천상을 협하게 되므로 거문의 상황이 좋지 않으면 명궁 파군도 진퇴에 어려움이 있게 되나, 반대로 거문이 녹과 동궁하면서 길성이 비추면 친구나 아랫사람의 도움이 크게 된다.

시비를 주관하는 거문이 노복궁에 있으니 친구와 항상 불필요한 구설과 시비가 있다.

관록궁 거문이 관록궁에 있으면 명궁에는 기월동량성계나 거일성계가 있게된다. 입묘하면 창업 혹은 전문기능으로 발전하거나 의사·법률가·정치가·군사전략가와 연예계에서 발전하거나 지도자나 종교의 교주로 초인적인 두뇌와 뛰어난 구변으로 성공한다. 입묘하고 화권·화록·록존 등 길성과 동궁하면 군정계의 요인·사회의 저명인사·상업계의 거두 등이 되기도 한다.

전택궁 명궁에 천부가 있으면 전택궁에 거문이 있게 된다. 명궁 천부는 관록궁의 천상을 고정적으로 보고 이 천상은 거문의 협을 받기 때문에, 전택궁 거문의 상황이 관록궁 천상에 영향을 주므로 명조에게 보다 직접적인 영향을 미치게 된다. 묘왕지의 태양이 거문의 암적 기질을 해소하는 것이 급선무다. 일반적으로 거문이 전택궁에 있으면 전택에 불리하며 조상의 유업을 지키기 어렵다.

복덕궁 태음이 명궁에 있으면 복덕궁에 거문이 있게 된다.
  거문은 암성이므로 반드시 묘왕지의 태양으로 그 어두움을 해소해야 한다. 거문이 살성과 동궁하면 태음수명자로 하여금 정신적으로 편안치 못하게 하며 항상 사려가 많게 한다. 살이 없어도 의심이 많고 일없이 바쁘며 마음이 안정되지 못하다.

부모궁 명궁에 탐랑이 있으면 부모궁에 거문이 있게 된다.
  탐랑은 재예의 성이고 거문은 다른 성의 속성을 어둡게 가리는 성향이 있으므로, 명궁 본신의 탐랑이 주하는 재예를 부모궁 거문이 가리게 되어 자신의 재능을 이해하지 못하거나 키워주지 못해 부모와 사이가 좋지 않고 분리하기 쉬우며 인연이 적다.

11) 천상(天相)

(1) 기본적인 성정

印 천상성의 화기(化氣)는 도장을 의미하는 인(印)이다. 인(印)은 인(因)이다. 황제의 도장인가, 깡패의 도장인가 등등 도장을 갖고 있는 인연(因緣)에 따라 길한 도장이 되기도 하고 흉한 도장이 되기도 한다. 그래서 14정성 중 가장 외적인 요인(要因)에 영향을 많이 받는 성이며 영원히 일인자가 될 수 없는 막료 또는 비서의 성이다. 주변환경의 영향을 많이 받기 때문에 천상을 볼 때는 아래 네 가지 원칙에 주의해야 한다.

봉상간부(逢相看府) 봉부간상의 원칙과 마찬가지로 천상을 보면 천부를 살펴봐야 한다는 말이다. 천부는 은행금고, 천상은 은행장의 직인과 같다. 금고가 비어있다면 직인은 무력하게 되므로 천상의 귀(貴)에 부(富)가 겸비되는가를 보기 위해서 천부의 상태를 봐야한다.

천상성군(天相星君)

가령 천상이 미궁에 좌하면 재백궁인 묘궁에서 천부를 보는데, 복덕궁에서 화령·양타나 형기성을 본다면 미궁 천상입장에서는 이러한 성을 보지 않지만, 봉부간상의 원칙에 의해 파괴된 천부를 보는 것이므로 천상의 성질까지 나빠져 위인이 인색하고 탐욕스러우며 주견도 없이 우왕좌왕하는 사람이 된다.

재음협인(財蔭夾印) 천부성계는 천부·거문·천상·천량의 순서로 배치되므로 천상의 협궁에는 늘 거문과 천량이 협하게 되는데, 천상은 양 협궁에 있는 이 두 성의 영향을 가장 크게 받는다. 대개 성에 대한 영향력은 본궁 〉대궁 〉삼방사정 〉협궁의 순으로 작용하는데, 천상은 예외로 본궁 〉협궁 〉대궁 〉삼방사정의 순으로 작용한다.

거문이나 거문과 동궁한 성이 화록이 되면, 녹을 재(財)라 하고 천량을 음(蔭)이라 하니, 재성과 음성이 인성(印星)인 천상을 협한다 하여 재음협인(財蔭夾印)이라한다. 옛사람들이 부격(富格)의 하나로 본 길한 격이다.

형기협인(刑忌夾印) 위의 재음협인과 다르게 거문이나 거문과 동궁한 성이 화기가 되면 천상을 협한 천량은 형(刑)의 성질로 변해 기성(忌星)과 형성(刑星)이 인성(印星)인 천상을 협한다하여 형기협인(刑忌夾印)이라한다. 천상으로 하여금 시비구설·관재·박탈·배제 등의 흉을 가져다준다.

또 일설에는 천상이 녹존과 동궁하면 자연히 경양·타라가 협하므로 경양의 형(刑)과 타라의 기(忌)가 협하기 때문에 형기협인이 되어 흉하다고도 하나, 필자의 경험으로는 다른 살성과 동궁하지 않는다면 거문성계가 화기로 인해서 형기협인이 되는 것보다는 흉한 뜻이 적었다.

봉상간파(逢相看破) 천상은 주변의 상황에 따라 길이 되기도 하고 흉이 된다는 이치에 입각해서 재음협인·형기협인같은 협의 작용 외에 고정적으로 대궁에 배치되는 파군과의 관계에도 유의해야 한다. 협 다음으로 대궁의 성에 영향을 받기 때문이다. 이 파군의 영향 때문에 천상좌명자가 흔히 동업하는 경향이 많은 것이다.

인(印)은 또 인(認)이다. 도장은 확인하거나 인정해야할 때 쓰는 것이다. 확인의 과정이 없다면 명령이나 효력이 발휘되지 않으므로, 천상은 권력의 의미가 있고 백관조공여부로 권력의 대소를 본다.

성격 관후하고 충직하며 행동거지가 은중하고 동정심과 정의감이 있다. 한 가지 직업에 종사하는 경우가 많고 근검절약 하는 생활태도를 견지하며 효순하고 성실하다.

그러나 살성을 많이 보면 주관이 없고 지나치게 조심하느라 몸을 사리는 경우가 많고 인색하다는 평을 들으며 정신적으로 압박감이 많다. 남자가 천상이 좌명한 경우는 대부분 처가 주도권을 가지는 경우가 많다.

천상 역시 길한 정성과 육길성의 상회를 좋아한다.

이렇게 되면 기세가 증가하고 매우 貴한 일을 하며 두각을 나타낸다. 살성 중에서는 화성·영성을 싫어하여 만나게 되면 신체 장애나 질병이 있기 쉽고, 경양·타라를 만나면 교예가 있으나 부하지 못하다. 천상이 함지이면서 무곡·파군·경양·타라를 만나면 단지 교예로 먹고 산다.

천상에는 화록·화권·화과·화기가 붙지 않으나, 이것은 도리어 록권과기를 행사할 수 있는 권력을 가지고 있음을 말해주는 것이다.
 천상은 삼태·팔좌·태보·봉고 등의 지위를 의미하는 짝성을 보는 것을 좋아하며 보게 되면 그 사람의 사회지위가 높아진다. 그러나 단독으로 삼태만 보고 팔좌를 못본다든지 하면 지위가 없거나 다른 사람에게 권력을 뺏기거나 실질적인 권력을 행사할 수 없게 된다.

 여명 여명 천상은 길하다. 천괴·천월·좌보·우필·록마·화록·화권·화과를 만나면 길하나, 문창·문곡을 보면 감정적으로 좋지 않아서 고인은 시첩으로 보았다. 여기에 다시 살성을 만나면 더욱 좋지 않아 혼인에 불리해진다.
 천상이 형제궁에 좌하면서 짝성이 있고 녹을 보면 쌍둥이 형제자매가 있을 수 있다고 하나, 가계에 쌍둥이 유전자가 있어야 가능할 것이며, 이것 역시 대궁에 있는 파군의 영향을 받기 때문에 이와같이 해석할 수 있는 것이다.
 명궁이나 사업궁에 천상이 있으면 쌍중(雙重)·중복의 의미가 있다.

 어울리는 직업 행정·정치·대리·비서·위탁·의약·위생보건·교육계·고문·감독관·역학(易學)·법률·영화촬영·예술가·연예계·복식(服飾)업·광고업·분장 등의 업종에 적합하다.

(2) 12사항궁에 들어갔을 때

형제궁 천량이 명궁에 있으면 형제궁에 천상이 있게 된다.

천량은 공평하고 관후하며 다른사람 돕기를 잘하지만 단점으로는 독야청청하고 트집잡는 성질이 있다. 명궁 천량의 성질이 좋으면 형제궁의 천상은 자기 주견이 없는 성이므로 형제나 대인관계가 이롭고, 명궁 천량의 성질이 나쁘면 형제궁의 천상도 자연히 영향을 받아서 대인관계가 좋지 않게 된다. 명궁 천량은 태양의 묘왕평한함에 의해 고극여부가 결정되고, 그 태양은 자연히 형제궁 천상에 영향을 주게 되므로 태양도 잘 살펴보아야 한다.

무곡·천상 또는 천상 상대 무파조합은 형제와 불화한다.

부처궁 칠살이 명궁에 있으면 부처궁에 천상이 있게 된다.

명궁 칠살이 천수를 만나면 대부분 동창·친구 등 주위사람과 부부가 되는데, 그것은 부처궁 천상의 성질이 그러하기 때문이다. 칠살은 고독의 성인데, 천상이 형기협이 되면 더욱 고독해진다.

처가 현숙하며 가까운 사람과 결혼하기 쉽다. 무곡성과 조합되면 형극분리하기 쉽다.

자녀궁 자녀궁에 천상이 있으면 명궁은 기월동량이나 거일 성계가 있게 된다. 록·권·과나 녹존·보필·괴월과 천부가 회조하면 자녀가 많으며 인자하고 효순(孝順)하다. 자미와 동궁하면 뜻이 높고 고집이 센 자식을 얻으며 셋 이상을 둔다. 염정과 동궁하면 둘이며 무곡과 동궁해도 역시 둘이다.

무파와 공조하면 형극한다. 늦게 얻는 것이 좋으며 먼저 딸을 낳고 아들을 그 다음에 보는 것이 좋다.

[재백궁] 천상이 재백궁에 있으면 명궁에는 자부염무상이나 살파랑조합이 있게 된다.

천상이 천부를 만나고 화록이나 녹존 등의 길성이 회조하면 재원이 풍족하며 저축할 수 있으며, 함지에 거하더라도 자수성가할 수 있다. 염정과 동궁할 때 상업에 종사하면 재력이나 수단이 있어 반드시 발달할 수 있다. 무파가 공조하면 재에 득실이 잦고 성패가 빠르다. 혹은 먼저 조업을 까먹은 다음에 성공한다.

[질액궁] 질액궁에 천상이 있으면 명궁에는 기월동량이나 거일조합이 있게 된다. 천상이나 무곡·파군이 공조하면 얼굴을 다치거나 흉터가 있다.

자미와 동궁하면 가슴이 답답하거나 피부병이 있다.

염정과 동궁하면 당뇨·방광 혹은 신장결석이 있다. 만약 다시 홍란·함지·공겁·천허와 동회하면 신체허약하고 여자는 생리통을 띤 병이 있으며 경양·타라·천형이 회조하면 풍습·골병 혹 수술·심장쇠약·수족불편 등의 증상이 있다.

[천이궁] 파군이 수명하면 천이궁에 천상이 있게 된다.

파군은 혁신과 변화가 극렬한 성인데 반해 천이궁 천상은 피동적이고 안정적인 성이다. 그러므로 외지에서 발전하는 것에 이롭다.

그러나 형기협인이면 외지에서 활동하는 것이 불리하고, 재음협인이면 외지에서 활동하는 것이 이롭다.

노복궁 천상이 노복궁에 있으면 명궁에는 기월동량이나 거일성계를 본다. 천상이 록·권·과와 녹존·보필을 만나면 교우관계가 넓고 많다.

또 조력도 많다. 혹은 친구로 인해 집안을 일으키고 또한 충심을 가진 아랫사람을 얻는다.

자미와 동궁하면 경외하는 친구나 정의감 있는 친구나 부하를 얻는다. 무곡과 동궁하면 의리없고 다툼많은 친구가 있다.

관록궁 천부가 명궁에 있으면 관록궁에 천상이 있게 된다.

천부는 남두주성이고, 천상은 문서·신용·대리의 의미가 있으므로 주성 천부의 대리자로써 일을 처리하는 의미가 있어 복무·대리·대변·중개·위탁 등의 일에 길하다.

전택궁 명궁에 태음일 때 전택궁에는 천상이 있게 된다.

천상의 대궁에 파군이 있기 때문에 무정무의한 성질이 있어 천상협궁의 상황이나 본궁의 상황이 안좋으면 명궁 태음이 주관하는 집안 내의 일로 인하여 집안에 거대한 변화가 있다. 상황이 좋지 않으면 고대에는 다른 사람과 연루되어서 멸족되기도 했다.

오래된 집과 인연이 있으며, 여러 사람과 같이 사는 아파트·다가구주택 등에서 살 암시가 있다.

복덕궁 명궁에 탐랑이 있으면 복덕궁에는 천상이 있게 된다.

천상은 명령하는 성이 아니라 명령을 집행하는 청지기와 같은 성향이 있으므로 명궁 탐랑이라도 천상에 견제를 당한다. 그래서 명궁에 도화성이 없을 지라도 복덕궁 천상에 도화성이 있으면 도화적인 경향이 심하게 되는 것이다. 다른 성과 달리 탐랑에게는 복덕궁 천상의 성질이 탐랑좌명자의 일생에 지대한 영향을 미치게 되니 유의해야 한다.

일반적으로 천상이 복덕궁에 있으면 정의감과 동정심이 있다.

부모궁 명궁에 거문이 있으면 부모궁에는 천상이 있게 된다.

암성 거문의 상황이 좋지 않으면 천상이 형기협인되므로 부모와 사이가 좋지 않게 된다. 반면 재음협인되면 좋다. 화성이 비추는데 좌보 또는 우필이 하나만 비추면 부모가 둘일 가능성이 있다.

12) 천량(天梁)

(1) 기본적인 성정

 천량의 화기(化氣)는 '음(蔭 : 그늘 음)'이다. 천량의 성질은 이 '음(蔭)'자에 착안하면 쉽게 이해된다.

이 글자는 풀(艹)이 무성해 그늘(陰)이 진 모양이니, 풀이 무성히 자란 숲속 그늘 속에서 햇볕을 피하고 시원함을 누리는 풀벌레나 작은 짐승들의 여유로움이 연상된다. '그늘 덕택에' 여유로운 것이다.

그래서 천량은 아마도 '덕택에, 돌보아준 덕분에'라는 의미가 강한 성이라고 할 수 있을 것이다. 천량의 별명인 '蔭'자에 담긴 이러한 이미지에 착안해서 여러 가지를 유추해 볼 수 있다.

천량성군(天梁星君)

즉 '덕택에' 사는 것이니, 천량은 모든 종류의 돌봄과 음덕·귀신과 신명·종교·천우신조·보호·보험·치료·의약·원칙·감찰·법률·감독·감호·간섭의 의미가 있다. 또 부모·조상·장수(長壽)·노익장·어른스러움·유명인사·지도층·명예·청렴·간섭·잔소리 등의 의미도 있다.

주변의 무수한 포식자의 위험도 많지만 풀 속에 있으니 안전하다. 그래서 천량은 흉을 만나도 풀 때문에 안전하기 때문에 '봉흉화길(逢凶化吉)'의 성이라 한다. 늘 위험에 직면해서 사나 결국 길로 화하게 된다. 이것이 천량의 가장 큰 특성이다.

그늘이 있어 시원하다는 것은 그만큼 태양이 강렬하기 때문이다. 만약 태양빛이 약하거나 숨어버렸다면 오히려 풀속은 춥고 겨울이라면 얼어죽기 십상이다. 그래서 천량의 성향이 좋은 쪽으로 발현이 되려면 묘왕지의 태양을 만나야 한다. 함지 즉 밤에 빛나는 태양을 만난다면 풀벌레들이 풀속에서 추위에 떨고 심지어는 얼어죽기도 하므로 천량의 성향이 형극·고생·우여곡절·혹독함·정처없음·처량함·관재·사망·이별 등으로 나타난다. 그러므로 천량을 볼 때는 반드시 태양의 향배를 함께 살펴야 하는 것이다.

성격   노숙하고 노인처럼 간섭하고 나서기 좋아하며, 다른 사람을 돕기 좋아하고 원칙과 상식에 철저하며 청렴하고 결백하다. 옛것에 관심이 많고 종교·철학·오술 등에도 흥미가 많다. 격이 좋으면 법조계·재정계·회계·감사·정치계·의료계 등으로 진출하는 경우가 많으나, 격이 나쁘면 건달·정상적인 거래에 간섭하는 브로커·청부업자·사기꾼·알콜중독·약물중독자·방탕하게 사는 낭인(浪人)·날속해서 사는 수행사 등이 되기도 한다.

천량은 청렴하고 청고한 성이기 때문에 학술·연구·종교 등에 적합하다. 사업에는 부적합한 성이며, 사업을 하더라도 중개·대리·감독 등과 관계된 사업을 하게 된다.

천량의 봉흉화길의 성향은 극단적으로 나타나기도 한다. 노년에 천량을 보면 도리어 사망하게 되는 경우가 많다. 복덕궁과 명궁에 있어도 이런 경향이 있다. 원인은 노년에 만성질환을 앓으면 죽는 것이 낫기 때문에 죽음으로 그 고통을 해소하는 것이다.

천량은 의약성이므로 약물 등에 탐닉하기도 하는데 천량이 천월(天月)을 보면 약물과 관계가 있다.

천량이 자세한 것을 의미하는 파쇄·비렴(飛廉) 등을 보면 지나치게 트집잡기를 좋아한다.

어울리는 직업 법관·감독관·종교·오술·의약·위생보건·보험·영업·사회복지사·목재업·건축업·컨설팅·원예조경·농업·산림업·정치 또는 정치와 관계있는 일·총무·군사·정보원 등에 적합하다.

(2) 녹권과기가 붙을 때

천량화록 일반적으로 천량은 청귀한 성이므로 화록을 싫어해서 화록이 되면 가벼울지라도 재로 인해 번뇌를 초래한다고 하나, 필자의 경험상 천량화록을 보면 큰 돈을 버는 경우를 종종 경험하였다.
　다만 천량은 봉흉화길의 속성이 있기 때문에 보험이나 의료업 등 다치거나 괴롭히는 성질로 돈을 버는 것이 좋다. 천량화록이 되면 관청이나 귀인으로부터의 음덕이 있거나 부모의 음덕이 있다.

천량화권 천량은 관(官)을 대표하는데, 화권이 되면 고관으로 변한다. 어려움을 푸는 힘도 증대되며 재앙을 초래하는 힘도 감소된다.

천량화과 천량은 청렴한 성으로 화과가 되면 아주 좋아서 주로 청렴한 명예가 있다. 관찰력이 좋으며 놀랄 일이 있다가 전보다 더 좋아진다. 화과는 이름이 나는 것이고 천량은 음(蔭)이 되므로, 정부에서 일하거나 다른 사람의 신임을 받거나 발탁 등을 받는 일에 이롭다.

(3) 12사항궁에 들어갔을 때

형제궁 명궁에 칠살이 있으면 형제궁에 천량이 있게 된다.
　칠살도 형극의 성이고 천량도 형극의 성으로 피차 형극을 강화시키므로 장기간 동업 등에 부적합하다. 칠살 자신이 번뇌와 곤란을 겪고 있어 해결하기 어려울 때, 형제궁 천량의 봉흉화길하는 역량이 발휘되어 형제나 친구의 암중조력을 받을 수 있으나, 자칫 형제간에 분생과 오해가 생기기 쉽다.

부처궁 부처궁에 천량이 있으면 명궁에는 기월동량과 일일조합이 있게 된다.
　천량은 노인성이므로 나이많은 배우자를 취하기 쉽다. 천수를 보면 더욱 나이차이가 많게 된다. 봉흉화길의 본성 때문에 결혼 전에 연애좌절이 있다.
　만약 파절이 없는 상태에서 결혼하면 일정기간동안 떨어져 지내기 쉽다. 사해궁은 천량의 함지가 되므로 재혼하는 경우가 많다.

자녀궁 천량이 자녀궁에 있으면 명궁에는 살파랑과 자부염무상 조합이 있게 된다. 입묘하고 좌보·우필·록·권·과 천무·은광·문창·문곡·천괴·천월 등을 보면 자녀의 용모가 아름답고 총명다재하며 부귀하며 다섯 이상이다.

천동이 동궁하면 먼저 딸을 낳고 후에 아들을 낳는 것이 좋으며, 세 명을 낳는다. 천기와 동궁하면 유산하거나 미숙아가 우려되나, 자식은 둘이다.

화기가 회조하면 자녀에 병이 많다. 경양·타라·화성·영성이 회조하면 형극이 있다.

재백궁 천량이 재백궁에 있으면 명궁에는 기월동량이나 거일 조합이 있게 된다. 천량이 재백궁에 입묘하고 태음 화록·천무·록존·태음을 보면 부자가 되거나 유산을 받거나 다른 것으로 재산을 이룬다.

만약 화기를 만나면 재로 인해 구설·분란·시비가 많거나 재로 인해 정신적으로 고통을 당한다. 양타·화령·공겁·대모·천형이 회조하면 파산하고 집이 기운다.

질액궁 명궁에 파군이 있으면 질액궁에 천량이 있게 된다.

파군은 오행으로 수성이고 천량은 토성이므로, 이미 토극수의 상이 있어 헛증 또는 소모성 질환이 많다.

천량은 음덕의 성이니 질액궁에 있으면 음덕이 있어 질병이 적거나 병이 중하지 않다는 의미가 있다. 그러나 살성이나 기성이 많으면 오히려 위험한 질병으로 변하거나 죽게 된다.

담·위장·유방에 관한 병변이 있다.

천이궁 천량이 천이궁에 있으면 명궁에는 기월동량이나 거일 조합이 있게 된다.

천량이 천이궁에 있으면 귀인의 도움을 얻고 사람들이 공경하고 두려워한다. 사궁·해궁·申궁의 삼궁에서는 동분서주하고 쓸데없이 바쁘다.

오궁의 천량이 천이궁에 있으면 멀리 외국으로 건너가는 것이 좋다. 만약 록·권·과를 보면 멀리 타향에 간다.

천기와 동궁하면 우연한 만남이 많고 변화가 많으며 안정되지 못하다. 태양이 동궁하면 밖에 나가서 이름을 날린다. 화기성이면 밖에서 시비구설이 많다. 사살이 회조하면 밖에서 재난이나 소인의 음모가 많다.

노복궁 천부가 명궁에 있으면 노복궁에 천량이 있게 된다.

천량은 감찰의 성이므로 천부수명자는 항상 친구나 아랫사람에게 잘못을 지적받게 되며, 천량에 좌보·우필이 동궁하면 충성스럽고 정의감이 있는 좋은 친구가 있게 된다.

관록궁 태음이 명궁에 있으면 관록궁에 천량이 있게 된다.

천량은 감찰·감독의 의미가 있다. 그래서 태음 명궁자는 일할 때 이런 저런 소리를 들으며 주목을 받게 된다. 천량은 감사·감독·형법·회계·관리 등의 업에 적합하다.

| 전택궁 | 명궁에 탐랑이 있으면 전택궁에 천량이 있다.

　천량은 음덕의 성이기 때문에 승계·보호의 의미가 있어 오래된 집 또는 구택을 리모델링해서 새집을 만들어 사는 것에 좋다. 탐랑은 도화성이고 밖의 일을 주관한다면, 천량은 감찰·감독의 성으로 안의 일을 주관하여 탐랑의 본질을 견제하므로, 이 견제가 적당하면 밖에서 활발하게 돌아다니더라도 집안에 충실하거나 반생을 바람을 피우다가도 결국에는 가정에 충실한 만년을 보내게 된다.

　조상의 유업이 있으며, 태양과 살성을 보면 부동산으로 인해 시비구설이 있다.

| 복덕궁 | 거문이 명궁에 있으면 복덕궁에 천량이 있게 된다.

　거문은 다른 성을 어둡게 하는 성질이 있고 복덕궁 천량은 감독·감찰의 성향이 있으므로 어두운 것이나 모르는 것을 따지기를 좋아한다. 정신생활을 중시하며 명사의 풍도가 있고 낙천적이다.

| 부모궁 | 천상이 명궁에 있으면 부모궁에 천량이 있다.

　천량은 음덕의 의미가 있으므로 보필이 동궁하거나 명궁 천상에 기회나 예기치 않은 조력을 의미하는 천괴·천월이 비추어야 윗사람의 조력을 얻어서 인생이 순조로울 수 있다.

　부모궁에 화성·영성이 동궁하면 부모와 이별한다. 천상은 화령을 싫어하기 때문에 더욱 그렇다. 천량의 고극을 해소하는 태양이 묘왕지에 있고 길화가 있으면 성세가 있는 윗사람의 도움이 있다.

13) 칠살(七殺)

(1) 기본적인 성정

칠살의 화기(化氣)는 '장(將 : 장수 장)'이다.
칠살의 특징은 전쟁터에 나가 싸우는 장수를 연상해 보면 쉽게 알 수 있다.

권력과 카리스마가 있고 실천력·행동력·관리능력이 뛰어나다. 깊은 생각과 정확한 판단력이 있으며, 이지적이고 승부욕이 많다. 적과 동지를 구분하는 후각이 예민하여 은원(恩怨)이 분명하다. 경우에 따라서는 처자식을 돌보지 않아야하므로 육친에게 무덕하거나 정이 없으며, 혼자 결정하고 행동해야 하므로 고독하다. 솔직담백하나 언사가 예리하다.

칠살성군(七殺星君)

때로 임금의 명도 듣지 않아야 하므로 간섭을 싫어하고 반역적이고 격렬하며 극단적이다. 늘 위험에 직면해야 하고 환경의 변화가 많아 조업을 떠나 외지나 외국에서 분투하고 고생하므로 낯선 환경에 대한 적응력이 뛰어나다. 언제 어떤 적과 싸워야 할지 모르므로 민감하고 내심 의심과 염려가 많아 외강내유(外剛內柔)의 성향이 있으며 타라를 보면 더욱 그러하다. 또 투기심과 모험심·창조력이 뛰어난데 화령을 보면 더욱 그러하다.

이상과 같은 장수의 성질은 칠살의 성정과 그대로 부합된다.

칠살이 묘왕지(인신사해궁)에 있고 살을 보지 않으면 성정이 기월동량과 같은 경향을 보이기도 하므로, 칠살이 있으면 꼭 사납다 또는 '격렬하다'는 선입견을 가져서는 안된다. 임상경험상 칠살이 묘왕지 함지를 불문하고 창곡을 보면 그 기질이 우유부단해지는 경우가 많으므로 추론에 주의해야 한다. 칠살은 장수이기 때문에 육길성 중에 기회와 캐스팅을 의미하는 괴월은 좋아하지만, 전쟁터에서 창곡과 같은 문성은 낭만적인 기분만 조장하므로 자칫 칠살로 하여금 우유부단하게 하여 본분을 망각하게 하므로 싫어하는 것이다.

화록과 록은 군대의 보급품과 같아서 보게 되면 칠살의 성향을 긍정적으로 나타나게 하므로 좋아한다.

칠살은 본래 가지고 있는 격렬함과 무(武)적인 속성 때문에 살성을 보더라도 제압하는 힘이 있으나, 너무 많은 살을 보면 살을 제압하느라 심력을 소비하므로 인생이 고생스럽고, 주로 기술이나 무직 등의 직업을 가지기 쉽다.

칠살이 창곡을 보는데 다시 녹존을 보면 파격이 된다. 위인이 어느 때는 적극적이다가 어느 때는 소극적이 되고, 어느 때는 문(文)을 논하다가 어느 때는 무(武)를 논해서 문도 무도 이루지 못한다. 게다가 탐랑을 삼방에서 보므로 탐창탐곡(貪昌貪曲 : 탐랑이 문창·문곡을 만나면 작사전도(作事顚倒)라 하여 매사가 뒤집어지는 일이 많다)이 구성된다. 이렇게 파격된 칠살은 그 성격이 우물쭈물하고 염려가 많으며 의심과 꺼림이 아주 심하다.

| 어울리는 직업 | 군인·경찰·건축업·외과의사·공학·제조업·도살·수공예·설계·조각·풍수지관·사법계·컨설팅·건설업·재봉·이발·장의 |

사·농장·금은방·철물점·가공업 등에 적합하다.

(2) 12사항궁에 들어갔을 때

형제궁 칠살이 형제궁에 있으면 명궁은 기월동량이나 거일 조합이 있게 된다. 입묘하면서 녹·권·과 보필을 만나면 형제가 많으나 형극이 있다. 염정과 동궁하면 형제와 화목하고 조력이 많다. 만약 살성·화기를 보면 사고·질병·형극·이별 등이 있기 쉽고 형제간의 조력이 적다.

부처궁 칠살이 부처궁에 들어가면 명궁에는 살파랑이나 자부염무상조합이 있게 된다. 주로 외지인과 결혼하는 뜻이 있다.
  남녀 모두 주로 표면적으로만 화목하고 내심은 불만이 있어 정은 있으나 인연이 박하다. 여명은 주로 남편을 성공하게 하고 또 책임감이 중하다.
  칠살이 처궁에서 입묘하고 록·권·과가 회조하면 총명하고 능력있는 처를 얻으나, 결혼 전에 장애와 곡절이 많다. 파괴하고 연기하다가 비로소 합한다.
  양타·화령·천형·공겁이 회조하면 부인을 세 번 얻는다.

자녀궁 칠살이 자녀궁에 있으면 명궁에는 기월동량이나 거일조합이 있게 된다. 입묘하고 보필·괴월·창곡을 만나면 자녀가 부귀하다. 단 먼저 딸을 보고 나중에 아들을 보거나 혹은 아주 늦게 아들을 얻는 것이 좋다.

양타·화령이 회조하면 형극하거나 자식의 힘을 얻지 못한다. 화기가 회조하고 살이 적으면 자녀가 병이 많고, 공겁이 회조하면 자녀로 인해 재산을 잃는다.

재백궁 파군이 명궁에 있으면 재백궁에 칠살이 있게 된다.

파군은 선봉대장·돌격대장이고 칠살은 고극에 독립적인 성향이 강한 성이므로 돈을 운용함에 있어 누구의 지배나 영향을 받지 않고 소신껏 쓰고 벌며, 고독한 성향 때문에 다른 사람에게 돈을 꾸려고 하는 생각도 잘 안한다.

록·권·과를 보면 의외의 재를 얻으며 부자가 된다.

질액궁 칠살이 질액궁에 있으면 명궁에 기월동량이나 거일 조합이 있게 된다. 유년에 병이 많거나 성정이 조급하고 노하기 쉽다. 염정과 동궁하면 폐병·각혈 등이 있다. 자미·천부가 공조하면 내장·위장이 좋지 않고, 경양이 회조하면 맹장·혈변·혹 등이 있다. 무곡이 동궁하면 형상(刑傷)이 있고 타라를 만나면 수족에 장해가 있다.

천이궁 명궁에 천부가 있으면 천이궁에 칠살이 있게 된다.

칠살이 살성을 많이 보면 명궁 천부가 고립되니 인생이 적막하고 공허함이 커진다. 칠살이 화권이나 록을 보면 천부의 관리능력이 강해져서 외지에 나가서 또는 외국인으로부터 인정받아 발전할 수 있다.

노복궁 명궁에 태음이 있으면 노복궁에는 칠살이 있다.
 칠살은 혼자 판단하고 혼자 실행하는 성이고 좋고 싫음이 일정치 않은 성이기 때문에 정적인 태음으로서는 친구나 아랫사람에게 부담을 받기 쉽다.

관록궁 탐랑이 명궁에 있으면 관록궁에는 칠살이 들어간다.
 탐랑은 집착을 주관하고 칠살은 장군의 뜻이 있다. 그래서 독립적으로 일을 하려고 하는 성향 때문에 장기적인 동업 등에는 적합하지 않다.
 군·검찰·경찰 등 무관직에서 두각을 나타내며, 개척·독립·권위적인 일에 맞고 투기를 좋아한다.

전택궁 명궁에 거문이 있으면 전택궁에 칠살이 있게 된다.
 거문은 암성이고 칠살은 좌절의 성이니, 칠살이 전택궁에 있으면 주로 알지 못하는 일로 인히여 또는 본인이 인식하지 못하는 상황에서 실패하기가 쉽다. 일생 부동산에 좌절이 있기 쉽다. 자미를 만나면 귀인의 도움을 받고, 염정을 만나면 부동산을 장만할 수 있다.

복덕궁 명궁에 천상이 있으면 복덕궁에는 칠살이 있게 된다.
 천상은 자기 주견이 없는 성이고 칠살은 고극의 성이자 행동력이 강한 성이다. 그래서 행동력이 있는 칠살이라도 내심으로만 애증이 강렬하고 겉으로는 좋고 싫음을 나타내지 않으려고 한다. 뜻이 높고 성급하며 바쁘다. 혼인에 불리하고 함지에 있으면서 살을 보면 소극적이다.

부모궁 명궁에 천량이 있으면 부모궁에는 칠살이 있다.
   천량은 본래 형극의 성이고 칠살도 또한 고극의 성으로 부모를 형극하고 일찍 떨어지기 쉽다. 천량의 본질인 고극적인 성향에 이러한 부모궁의 구조도 한몫하는 것이다.

14) 파군(破軍)

(1) 기본적인 성정

파군의 화기(化氣)는 "줄어들다·쓰다·다하다·소비하다"는 뜻이 있는 '줄어들 모(耗)'다.

파군의 성향은 모(耗)라는 글자로 유추해 볼 수 있다.

소모(消耗)·마모(磨耗)에서 보듯이, '모(耗)'는, 있는 것이 부단히 소비되는 상태나 있는 것을 깎아내는 상태를 말한다. 마치 차가 기름을 소모하여서 출력을 얻어 빨리 가는 것이나, 석공이 돌을 깎아서 작품을 만드는 모습 등을 상상할 수 있다.

파군성군(破軍星君)

자동차를 예를 들면 기름을 소모하지 않으면 출력을 얻을 수 없다. 자동차엔진은 기름을 다 소비할 때까지 계속 작동한다.

엔진에 들어오는 새기름을 쓰고 다시 새로운 기름을 받아들이고 또 태우고 다시 새기름을 받아들이는 과정을 반복하면서 엔진이 움직인다. 파군은 이처럼 기존에 입력된 것은 출력(破)시키고 출력시킨 다음에 다시 입력(開創)하는 속성이 있다. 그래서 파군을 파구창신(破舊創新)의 성이라고 한다. 부단하고 반복적인 혁신과 개창이 파군의 본성이다.

그러나 이러한 파군의 성향은 삶에 다채로운 변화를 주어 흥미

진진하지만, 축적이나 기존의 것을 누리는 것에 서툴고 끝까지 파구창신(破舊創新)을 반복하므로 일복이 많아 인생이 고생스럽고 편안한 삶을 살지 못한다. 생활태도 또한 잠이 적고 부지런한 경우가 많다.

파군의 소모적인 본성이 건설적으로 나타나면 부단한 사업적인 개창과 열정·창의적인 아이디어개발·발명·연구·예술적인 창작·조직에 대한 다함없는 충성과 헌신 등으로 나타나지만, 살성 등을 보아 파괴적으로 나타나면 조직에 대한 배신·반역·보복·모험·투기·도박·횡발횡파·용두사미·반복·파동·파괴·자살·충돌·추락·변덕과 변태·육친형극 등으로 나타난다.

칠살과 마찬가지로 육길성 중 괴월을 좋아하며 창곡을 싫어한다. 화록과 녹존은 자동차에 기름을 공급하는 것과 같아서 파군을 안정시켜 주는 좋은 역할을 한다.

파군은 묘왕지(자·오궁)냐 함지(사·해·묘·유궁)냐에 따라 성격과 길흉이 극단적으로 엇갈린다. 주로 함지에 있을 때 파군의 저돌적이고 결과를 생각지 않는 전사적인 경향과 파구창신의 성향이 커지나, 묘왕지에 있고 살이 없으면 충직하고 점잖으며 정의감이 넘치고 안정된 사람이 많다.

파군의 모(耗)적인 성향 때문에 재백궁에 있는 것을 싫어하며, 함지에 살을 보면 재적으로 매우 불리하다.

대운에서도 파군을 보면 위와 같은 성향이 있는데, 대부분 해당 운 중에 큰 변화를 하게 되며 살을 보면 더욱 심해진다.

어울리는 직업 공무원·군인·경찰·교통·운수·여행업·주식회사·도매업·벤처사업·가공업·부부합작사업·문학·예술·창작·발명·전문기술업·의료계통·치안·연극·영화 등에 적합하다.

(2) **녹권과기가 붙을 때**

| 파군화록 | 파군화록이면 가장 좋은 구조가 된다. 단 겸업하거나 겸해서 하는 일들로 돈을 번다.
　파군이 화록이 되면 파군의 개업이나 창조 등이 주동적이 되며, 변화의 폭이 아주 크거나 크게 돌파할 수 있다.

| 파군화권 | 권력이 증가한다. 파군의 화기(化氣)는 모(耗)로 힘을 쓴다는 의미, 다방면의 의미, 추구하는 바가 크고 만족하지 못한다는 의미가 있는데, 화권이 되면 성세가 아주 커진다.

(3) **12사항궁에 들어갔을 때**

| 형제궁 | 파군이 형제궁에 있으면 명궁에는 기월동량이나 거일 조합이 있게 된다. 형제가 떨어져 살거나 형극한다. 본인은 항상 장남 장녀의 위치에 있게 되는데 혹 둘째·세째라 하더라도 여러 가지 상황으로 인하여 장남노릇을 하게 된다. 보필·문창·문곡·괴월이 동궁 또는 회조하면 형제를 의지할만하다.

| 부처궁 | 명궁에 천부가 있으면 부처궁에 파군이 있게 된다.
　천부는 보수적이고 수성의 의미가 있고 파군은 개창 또는 반역

의 의미가 있어 성질상 반대가 되기 때문에, 파군이 부처궁에 있으면 부처간에 나이 차이가 많으며 혼인에 곡절이 있고 배우자와의 집안환경의 차이가 크게 된다.

자녀궁 　태음이 수명하면 자녀궁에 파군이 있게 된다.

태음은 태양빛을 수렴하는 성질때문에 모종의 저장과 수렴의 본질이 있는데 반해 파군은 파구창신 경향이 있다. 태음 수명자는 자녀대나 손자대에 가서 유업이나 유산을 없애기 쉽다. 파군의 성질 때문에 자녀궁에서는 낙태하기 쉽고, 먼저 딸을 낳고 아들을 낳는다.

재백궁 　탐랑이 명궁에 있으면 재백궁에 파군이 있게 된다.

탐랑은 기본적으로 호기를 부리는 성이고 파군은 모성으로 크게 쓰고 크게 버는 성향이 있으므로, 자기가 써야한다고 생각하면 아무리 큰 돈이라도 아끼지 않는 성향이 있다.

이러한 성향 때문에 겸직하면서 다방면으로 돈을 벌 수 있으나 돈을 모으기 어렵다.

질액궁 　거문이 명궁에 있으면 질액궁에 파군이 있게 된다.

파군은 무정·무의한 속성이 있는데, 무정하다는 것은 감정이 있었다가 정이 없어지는 것을 말한다. 신체상 감정표현을 가장 잘할 수 있는 곳은 얼굴로 이 곳이 무정해지면 얼굴을 다치게 되는 것이다. 거문은 암성(暗星)이고 파군은 모성(耗星)이므로 암중으로 모손(耗損)하기 쉬우니 당뇨 같은 병이나 수족떨림·어지럼

증·구토 등이 있기 쉬우며, 또 파군이 수성이므로 신장·방광계통 나아가 뼈에 병변이 있기 쉽다. 무곡을 만나면 치아에 병변이 있다.

천이궁 천상이 명궁에 있으면 천이궁에 파군이 있게 된다.

천상은 항상심(恒常心)이 있는 성이기 때문에 파군이 천이궁에 있어서 변동이 있기 쉬우나 고향을 떠나는 것은 좋지 않다. 형기협인이든 재음협인이든 모두 마땅치 않다. 고향에서는 개창의 폭이 적고 고향을 떠나면 개창의 폭이 크며 외지에서 귀인과 소인을 같이 만난다.

노복궁 천량이 명궁에 있으면 노복궁에 파군이 있게 된다.

파군은 모성(耗星)이며, 노복궁에 파군이 있으니 친구를 사귈 때나 아랫사람을 부릴 때 마음을 많이 쓰는 성질이 있는데, 명궁 천량의 입장에서는 더욱 그 사람의 인생이 적적하고 원망듣기 쉬우며 쉽게 시비가 생기는 것으로 나타난다. 천량의 고극적인 성향은 이러한 구조적인 원인에 기인하는 것이다.

파군이 노복궁에 있으면 동업하기 쉬우며 친구 때문에 파재하거나 은혜를 베풀고 원수가 된다.

관록궁 칠살이 명궁에 있으면 관록궁에는 파군이 있게 된다.

칠살은 독자적으로 행동하고 누구 말을 듣지 않는 성이고 파군은 모성(耗星)으로 전력투구하는 성이기 때문에 파군이 관록궁에 있으면 매사에 전력으로 최선을 다한다. 그러나 파군이 창곡을 보면 오히려 생각이나 계획이 많은 것으로 변해버린다.

칠살수명자가 왕왕 다른 일을 겸하거나 동업하는 경우가 많은 것은 관록궁의 파군 때문이다. 겸직하기 쉽고 평생 일이 많으며 무직이나 기술방면에서 발달한다.

전택궁 파군이 전택궁에 있으면 명궁에 기월동량이나 거일 조합이 있게 된다. 자·오궁에 있으면 산업이 풍성해지고 늘어난다. 진·술궁에서는 조상의 유산이 있다.

자미와 동궁하면 의외의 자산(資産)을 얻을 수 있다. 낙함하면 물려받거나 오래된 부동산을 없애기 쉽다. 양타·화령·공겁이 회조하면 조업을 파한다.

복덕궁 파군이 복덕궁에 있으면 명궁에 자부염무상이나 살파랑 조합이 있게 된다. 오궁의 파군이면 안락하며 우려가 적다.

무곡과 동궁하면 물심양면으로 고생이 많다.

염정과 동궁하면 고생하고 바쁘다. 화기성은 우려가 많으며 우물쭈물 망설임이 많다. 사살·공겁을 만나면 번뇌가 있고 불안정하다.

부모궁 파군이 부모궁에 있으면 명궁에는 기월동량과 거일이 있게 된다. 주로 형극하고 집을 떠나거나 양자로 간다. 무곡 혹은 염정과 동궁하면 형상한다. 자미와 동궁하고 길성을 만나면 형극을 면한다. 가장 꺼리는 것은 파군이 독좌하고 화기를 보고 양타가 같이 비추는 것인데, 종신 윗사람의 도움을 얻지 못하고 또 상사가 공을 빼앗는 조짐이 있다.

3. 보좌길흉성과 사화

14정성은 보좌길흉성과 잡성을 만나서 무한한 성정의 변화와 길흉에 변화가 있게 된다. 14정성을 체로 놓고 이러한 성들은 용으로 삼아 세밀한 변화를 살펴야 할 것이다.

똑같은 정성이라도 만나는 보좌살성·잡성에 따라 천변만화의 변화를 일으키기 때문에 주의깊게 봐야한다.

이 장에서는 보성·좌성·살성에 대한 성정을 살펴본다.

1) 보성(輔星)

보성이란 의지적인 노력이 없이도 길상이 발현되는 천괴·천월·좌보·우필을 말한다.

(1) 좌보(左輔)

좌보는 인정이 많고 불의를 참지 못하는 의기가 있으며 온화하고 신중하며 곧고 바르며 도량이 넓다. 친구나 같은 또래의 귀인의 조력을 의미한다. 자미·천부·태양·태음 등 주성과 배합되는 것을 좋아한다.

길성과 배합되면 풍류적이고 호탕한 사람이 되나, 살성이 충파하면 좋지 않아서 부귀가 오래가지 못한다.

부부궁에 좌보가 있으면 삼자개입의 상이 있다.

여명이 얻으면 집안일에 수완이 있고, 온화하고 신중하며 현명하고 지혜로우며 부녀자라도 직업여성이 많다.

좌보화과 일을 처리하는 효율과 표현능력을 증가시킨다. 보좌성이기 때문에 다른 사람을 돕다가 본인이 간접적인 수확을 얻게 된다.

(2) 우필(右弼)

　명·신궁에 있으면 단지 강약의 구분만 있을 뿐 어느 궁을 막론하고 도처에서 복을 내려준다. 우필은 좌보와 회합하면서 자미·천부·태양·태음을 만날 때 비로소 그 장점이 가장 잘 표출될 수 있다.
　문무에 정통하고 곧고 바르며 기획에 능하나 소심하고 신중한 편이다. 베풀기를 좋아하며 동정심이 풍부하고 책임감이 강하며 타인을 도울 때 실질적인 행동으로 도와준다.
　우필성은 진술축미의 사묘지를 제일 좋아한다. 공궁이거나 주성이 함지인 궁에 우필이 단수하게 되면 조상을 떠나거나 서출이 되기 쉽다.
　여명도 길성과 회조하면 현명하고 선량하며 지조가 있고 배우자와 자식을 이롭게 하며 직업여성이 많다.

　좌보가 명궁에 있으면 비교적 이성적이고 우필이 있으면 감성적이다. 두 성의 보좌하는 성향 때문에 문성을 만나면 문적인 성향을 더해주고 무성을 만나면 무적인 성향을 더해준다.
　좌보·우필을 남녀로 구분해 볼 수도 있다. 예컨대 형제궁의 좌보는 남성의 조력이 크고 우필은 여성형제의 조력이 크며, 자녀궁의 좌보는 남성후배의 조력이 크고 우필을 보면 여성후배의 조력이 크다.

(3) **천괴·천월**(天魁·天鉞)

과명(科名 : 관직·시험·인사 등)을 주관하고 화합(和合)의 성이다. 천괴·천월을 다른 이름으로 천을귀인이라 하는데, 천괴를 일귀(日貴)라 하고 천월을 야귀(夜貴)라 해서, 천괴는 낮에 태어난 사람에게 이롭고 천월은 밤에 태어난 사람에게 이롭다.

일귀를 양귀(陽貴)라 하여 남자를 의미하고 야귀를 음귀(陰貴)라 하여 여자를 의미하기도 하며, 양귀는 실질적인 도움의 의미가 있고 음귀는 정신적인 도움을 의미하기도 한다.

그래서 천괴가 부모궁에 좌하면 남성 상사의 조력이 있고 천월이 있으면 여성상사의 조력이 있다.

남녀를 막론하고 천월은 도화성으로 변하기 쉽다. 특히 홍란·천희·문곡·함지·목욕이나 천요를 보면 도화로 변하기 쉽다.

천월이 복덕궁에 있으면 자기가 발탁해준 사람과 감정적인 문제가 발생하기 쉽다.

천괴·천월은 현실적인 귀인이므로 노인이 괴월을 얻으면 쓸데없는 고생이 많게 되는데, 늙으면 이용가치가 적어지기 때문이다. 다르게 설명한다면 명에서 괴월을 얻게 되면 젊어서는 타인의 도움을 받는 것이고, 늙어서는 반대로 자기가 다른 사람에게 도움을 주어야 하므로 고생을 많이 한다는 뜻이다.

괴월은 또한 과명(科名)으로 화과·태양·태음·문창·문곡 등의 과성(科星)을 보게 되면 주로 명성을 얻게 되고, 조년에 양명하며 한미한 출신으로 높은 지위에 오르게 된다. 이는 괴월이 과명(科名)인데 다시 과성(科星)을 얻게 되니 과명(科名)이 더욱 더 확실해지기 때문이다.

2) 좌성(佐星)

보성처럼 자기의 의지적인 노력이 없이도 길상이 나타나는 것이 아니라, 자기의 노력이 없으면 길상이 나타나지 않는 성을 말하는 것으로 문창·문곡·록존·천마를 말한다.

쉽게 말하자면 공부하지 않으면 창곡의 길상이 드러나지 않고, 돈을 벌기 위해서 뛰어다니지 않으면 록마의 길상이 드러나지 않는다는 것이다.

(1) 문창·문곡(文昌·文曲)

과갑을 주관하므로 시험이나 각종 고시에 이로운 성이다.

두 성은 모두 예악(禮樂)의 성으로 길하며, 과갑·혼례·경사스러운 일을 주관하고 흉하면 상례를 의미한다.

문창은 의식을 담당하고 규범과 규율을 지키는 것으로, 고대에서는 주로 정상적인 출세로 여겨졌으며 과거를 통해서 이름을 얻는다. 또한 주로 문예를 좋아하고 다방면으로 재주가 있으며 학술이나 이론에 치우친 재주이다.

문창성군(文昌星君)

문곡성군(文曲星君)

문곡은 지식·지혜로 논쟁하는 것으로, 고대에서는 주로 비정상적인 출세로 여겨졌으며 과거를 통하지 않고도 출세할 수 있다. 또한 문예를 좋아하고 다방면으로 재주가 있는데, 주로 기예 쪽으로 편향된다. 문창·문곡이 모두 총명과 재주를 주로 하지만 좌성(佐星)에 속하기 때문에 반드시 자기노력이 있은 후에야 비로소 성공할 수 있으며 노력이 없다면 단지 영리함으로 그칠 뿐이다.

> 문창화과 문창은 학술을 대표하고 과거를 통해서 출세하는 것을 의미하는데, 화과가 되면 이름이 더해지고 글씨나 문학에 뛰어난 재능이 있다. 문창화과는 한쪽으로 집중적으로 발전을 꾀한다면 반드시 이루는 것이 있게 된다.

> 문곡화과 문곡은 이과 속성으로 이과나 제조·공정(工程) 등의 방면에서 발전한다. 태음·문곡은 구류술사가 되는데, 화과가 되면 성취할 수 있다.

자미·칠살은 문곡화과를 좋아하지 않는다. 화과가 되면 한쪽으로 치우치게 되고 나서기는 좋아하나 성실하지 못하게 된다.

> 문창화기 문창은 사고(思考)를 대표하고 문곡은 행동을 대표한다. 문창화기가 되면 시험에 불리하고 문서상의 착오가 있게 된다. 문창은 예악(禮樂)의 성이므로 화기가 되고 길한 정성이 없으면서 상문·백호를 만나면 상(喪)을 당한다는 의미도 있으니 유심히 살펴보라.

문곡화기 문곡은 행동을 대표하는데, 화기가 되면 행동이나 실행상에 착오가 있게 된다. 문곡화기가 태보와 더불어 복덕궁에 있으면 절도(竊盜)하는 경향이 있다. 유년에서 문곡화기를 보면 숫자에 대한 착오나 구두 약속의 착오가 있기 쉽다.

(2) 녹존(祿存)

천록성(天祿星)이라고도 하며, 금상첨화의 길성으로, 귀(貴)와 작(爵)을 관장하며 수명의 기틀이 되는 성이다. 주로 재물과 지위를 의미하며 재앙을 풀고 좋게 변하게 하는 힘이 있다.

녹존성군(祿存星君)

어떠한 성을 만나든지 모두 좋은데, 격국이 좋은 경우 더욱 더 역량을 좋게 발휘하는 힘이 있고, 살성이 있거나 격국이 좋지 못할 때에는 재앙을 줄이는 힘이 있다.

단수하면 양타의 협을 받기 때문에 성격이 극히 보수적이며 교제를 좋아하지 않고 독립성이 강하며 고독을 면치 못하고, 두 성(姓)을 갖게 되거나 수전노가 되기 쉽다.

록존성은 후중한 성으로, 특히 파군·거문의 사악한 기운을 해액한다.

록존성과 화록성이 동궁하게 되면 재가 더욱 풍부하게 되고, 녹은 반드시 천마가 있어야 하기 때문에 천마가 동궁하게 되면 '록마교치(祿馬交馳)'라 하며 명리(名利) 모두에 좋다.

공망·파쇄·화기 등의 성과 만나게 되면, 재원이 감소하여 부로 논할 수가 없게 된다.

(3) 천마(天馬)

　천마는 역마성으로 움직이기를 좋아하며 외향적이고 현실에 불안하고 성격이 급하며 변화를 좋아한다.
　또 환상이 많아 복덕궁에 들어가면 더욱 실질적이지 못하게 된다. 명궁이나 복덕궁에 천마가 있을 때 화개·창곡을 만나야 비로소 실질적이 되어서 행동을 하게 된다. 주성이 유력한 것을 좋아하고 화권을 좋아한다.
　화록이나 녹존을 만나는 것을 좋아하며, 운한에서 만나도 역시 길하여 명리(名利) 모두 이롭다. 녹이나 마는 작록의 근본이 되므로 공망에 떨어지는 것을 꺼리는데, 만나게 되면 항상 분주하고 고생이 많게 된다.
　천기·거문 또는 천동·천량이 동궁할 때 화성·천마를 만나면 명궁·복덕궁·사업궁·재백궁을 막론하고 투자·투기에 크게 불리하다.
　육친궁에서는 천마를 싫어하는데, 주로 인연이 박함을 의미한다.
　천마는 화기를 대궁에서 보는 것을 싫어한다. 고인은 이런 조합이 되면 얼굴을 깎고 죄수라는 글자를 새기는 형벌을 받는다고 하였다.

3) 살성(煞星)

살성이란 일반적으로 육살성(六殺星)이라고 부르는 경양·타라·화성·영성·지공·지겁의 6개 성을 말한다. 이 6개의 성은 명반상에서 흉의(凶意)를 가져다주기도 하고 충격과 격발을 주기도 한다.

(1) 경양(擎羊)

경양을 다른 이름으로 양인(羊刃)이라고도 한다.

뒤에 나올 타라과 함께 대살성(大殺星)의 하나로, 다른 성에 비해서 파괴력이 크다. 성격이 거칠고 난폭하며 대화에 있어서 칼 같은 예리함이 있으며, 이기려고 하는 마음이 강해 적을 만들기 쉽고, 충동적이기 때문에 다른 사람과 다툼이 많으며 변동이 심하고 극단적인 면이 강하다.

인(刃 : 칼날 인)이란 칼을 의미하기 때문에 대체로 무관직, 현대에서는 경찰·군인·교도관·헌병·외과의사·재단사·이발사 등에 좋고 문인에게는 좋지 않다.

현대사회에서는 경양이 문성을 띠면 문화관련 업종, 예를 들어 컴퓨터 유지보수·건축설계·미술설계 등의 직업 등으로도 나타난다. 설계에는 칼·필·자 등을 사용하는데, 살(煞)의 의미를 띠고 있기 때문이다.

화성과 진술축미의 사묘지에서 동궁하면 권위가 출중하다.

경양이 타라와 더불어 화기를 협하면, 즉 녹존이 화기와 동궁하면 양타협기(羊陀夾忌)의 패국이 되어 일생 빈천하고 파동이 많다.

경양이 본궁에 있으면 경우에 따라서는 권력을 대표하기도 하나, 천이궁에서 대조(對照)하는 것을 가장 꺼린다. 본궁에 있으면 자기 손안에 칼이 있는 것과 같아서 권력이 될 수도 있으나 천이궁에 있으면 칼이 정면으로 자기를 향하기 때문에 일종의 위협이 되기 때문이다. 그러나 이것은 경양만을 가지고 설명한 것으로, 경양이 본궁에서 화성·영성 등 다른 살성과 동궁하면 과유불급이 되어 오히려 살(煞)의 해를 입는다.

(2) 타라(陀羅)

타라가 명궁에 있으면 육친과 인연이 박하며 조상의 터를 떠나고 일생 시비가 많으며 암중의 소인의 피해를 당한다. 형상(刑傷)·성패·기복이 많으며 일시적으로 발달한다 해도 끝내는 실패하게 된다.

묘왕평한함을 불문하고 주로 정처가 없어 안정되지 못한다. 다시 화성·겁공이 동궁하거나 회합하게 되면 두 부모를 모시거나 혹은 양자로 가거나 배다른 형제가 있을 수 있다. 함지에서는 입술이나 치아를 다치며 조상의 유업을 없애나, 진술축미년생이면서 타라가 묘왕지가 되는 진술축미궁에 좌한다면 오히려 복이 될 수도 있다.

탐랑과 동궁하게 되면 풍류채장(風流綵杖)의 격국이 되어 주색으로 인하여 망신한다.

태양이나 태음과 동궁하게 되면 남녀 공히 배우자를 극하기 쉬우며, 또 눈을 상하기 쉽다.

거문과 동궁하면 시비가 극중하며 여명은 간사하고 음탕하며 첩이 된다.

(3) 화성·영성(火星·鈴星)

남두의 조성(助星)이자 대살장성(大殺將星)으로 흉악한 일을 주관한다. 경양·타라와 함께 사살(四殺)이라 하여 흉하게 본다.

같은 살성이지만 화성은 명(明), 영성은 암(暗)의 성질이 있다. 즉 화성은 현상에서 길이든 흉이든 분명하고도 눈에 띄게 나타나지만, 영성은 잘 모르게 눈에 보이지 않게 지구적으로 나타난다.

화성·영성은 쌍성이므로 두 성이 어느 궁을 협하거나 영향을 주면 좋지 않다. 특히 화령이 명궁을 협하면 패국(敗局)이 되는데, 주성이 묘왕지이면 남의 질시를 받거나 다른 사람의 견제를 받는 정도로 나타날 뿐이지만, 함지이면 성패가 많고 발전이 없다. 명궁에 악살이나 화기·공망이 있으면 크게 흉하다.

화령은 유독 탐랑을 좋아하여 만나면 화탐·영탐격이 형성되어 횡발하게 되며, 화성이 경양과 묘왕지에서 만나거나 영성이 타라와 묘왕지에서 만나면 이살제살(以殺制殺)이 되어 혁혁한 성취가 있게 된다. 화성이 경양과 거문을 만나면 거화양격(巨火羊格)이 되어 자살하는 격국이 되고, 영성이 문창·타라·무곡과 만나면 영창타무(鈴昌陀武)라 하여 역시 자살하는 격국이 된다.

화성·영성은 명궁에 정성이 없으면서 부모궁이 좋지 않으면 어릴 때 부모에게 버림받거나 두 부모를 모시게 된다.

(4) 지공·지겁(地空·地劫)

지공은 공망의 성으로 주로 재앙이 많고 재를 모으지 못하며, 지겁은 겁살의 신으로 주로 파재·고독·불안정·감정불리의 의미가 있다.

지공은 환상이나 이상적인 경향이 있어 정도를 행하지 않아 전통에 반하는 경향이 있고, 지겁은 정도를 행하지 않고 사벽한 일을 좋아하며 조류에 반하는 사상이 있다.

지공·지겁은 재정적인 면에서 가장 흉한 성으로, 양타·화령보다 흉하다. 겁공은 염정이나 천부를 만나는 것을 싫어해서 어떤 상황이든지간에 반드시 파재한다.

지공은 정신적인 측면에서 더 불리하고 지겁은 물질적인 측면에서 더욱 불리한 경향이 있다. 또 지공은 손재가 있더라도 비교적 자발적인 손재의 의미가 크고, 지겁은 피치못할 손재의 의미가 크다.

겁공이 모든 면에서 불리한 것이 아니고 수행자나 출가자·정신적인 일에 종사하는 사람·연구자들에게는 길하게 작용하기도 하니 꼭 나쁘게만 볼 것이 아니다. 또 록권과와 육길성을 보지 않아도 성공하고 발달하는 특수한 명격이 이뤄질 때, 천형·화령과 겁공이 조합되어 이뤄지기 때문에 잘 살펴야 할 것이다.

(5) 살성의 영향의 경중

삼살(三煞)이 명궁을 비출 때의 경중에 대해 홍콩학자 자미양의 견해가 있어 옮겨본다. 이러한 견해는 길성의 경중을 가리는 데도 응용해 봄직하다.

① 가장 경한 경우

타라 巳	午	경양 未	申
辰			화성 酉
卯			戌
寅	**명궁** 丑	子	亥

명궁에 살성이 없는 상태에서 삼방에서 살성이 들어오는 것은 삼살이 비추는 경우 중에서도 가장 가볍다. 이는 성밖에서 세 도적이 배회하며 노리고 있는 형국으로 비록 위협적이기는 하나 상황이 엄중하지는 않다.

② 약간 중한 경우

타라 巳	午	경양 未	申
辰			酉
卯			戌
寅	화성 **명궁** 丑	子	亥

명궁에 살성이 하나 있는 상태에서 삼방에서 두개의 살성을 보는 경우는 살성의 작용이 약간 강하다. 하나의 도적이 성안에 들어와 있는데 두 도적이 성밖에 있으면서 서로 내응한 것과 같아서 상황이 비교적 엄중하게 된다.

③ 가장 중한 경우

영성,타라 **명궁** 巳	午	未	申
辰			화성 酉
卯			戌
寅	丑	子	亥

명궁에 살성이 둘 있는 상태에서 삼방에서 하나의 살성을 보는 경우로 살성의 작용이 가장 강하다.
가장 엄중한 경우로 세 도적중 이미 두 도적이 성안에 들어와 있는 형국으로 화가 자연히 최대가 되어 막을 수 없는 상황이 된다.
화록·화권·화과도 이런 식으로 이해해야 한다.

4) 사화(四化)

사화는 엄밀한 의미에서 성은 아니다.

다른 성과 달리 사화에 모두 변화(變化)의 '화(化)'자가 앞에 붙어 있는 것으로 이 네 성들의 속성을 알 수 있다.

즉 화록은 록으로 화하게 하고, 화권은 권으로, 화과는 과로, 화기는 기로 화하게 하는 성질을 가지는, 일종의 촉매제 역할을 하는 기운이다. 편의상 성의 범주에 넣어서 사용하기는 하나, 성과 같은 것으로 볼 수는 없다.

사화는 화(化)하게 하는 매개체(각 십간에 배당되는 특정 정성이나 보좌성)에 붙어서 그 매개체의 속성을 록·권·과·기적인 성질로 변화시키는 작용을 한다.

(1) 화록(化祿)

록존을 좋아하며, 보게 되면 첩록(疊祿)·쌍록(雙祿)이라한다. 천마를 보는 것을 좋아하며, 보게 되면 록마교치(祿馬交馳)라 한다.

길상을 주관하며 새로운 개시나 발생을 대표하고 식록·재록·순조로움·이익 등을 의미한다.

화록이 있으면 총명하고 낙관적이며 반응이 빠르고 친화력이 좋고 원활하다.

(2) 화권(化權)

역시 길상(吉狀)을 주관하며 화록의 확대선상에 있는 기운으로, 권력·행동·실제·반항·위엄과 성망·지위·안정·리더쉽·패도(霸道)·고집·마찰·양성화·남성화·무직(武職) 등의 의미가 있으며, 강한 성과 만나면 태강해지는 면이 있다.

삼태·팔좌를 만나는 것을 좋아하는데, 만나게 되면 지위가 올라간다.

화권이 음살을 보면 권력을 농단한다. 기월동량격에서 더욱 심하다.

(3) 화과(化科)

길상을 주관하며, 지(智)·과명(科名)·학술·전파·명예 등을 주관한다. 화과가 있으면 온화하고 모략이 있다.

주성의 화과를 가장 좋아한다. 명궁에 화과가 있고 낮에 태어난 명이면서 태양이 입묘한 궁으로 가면 길하다. 유년·대한 모두 이름이 크게 난다. 만약 태양이 낙함한 궁으로 가면서 살기를 보면 명예손상이 있다. 명궁에 화과가 있고 밤에 태어난 명이면서 태음이 입묘한 궁으로 가도 명성이 있다.

(4) 화기(化忌)

흉상(凶狀)을 주관하며 장애·시비·좌절·불순·결점·불량함·모자

람·실패 등을 주한다. 화기가 좌하면 좋지 않은 변동과 장애·간섭이 있고 실수나 착오를 하기 쉽다.

화기가 좌하면 그 성정이 냉정하다. 천동화기는 예외로 주로 의지박약함을 의미한다.

십간사화를 찾는 표

年干\四化	갑년	을년	병년	정년	무년	기년	경년	신년	임년	계년
化祿	염정	천기	천동	태음	탐랑	무곡	태양	거문	천량	파군
化權	파군	천량	천기	천동	태음	탐랑	무곡	태양	자미	거문
化科	무곡	자미	문창	천기	우필	천량	태음	문곡	좌보	태음
化忌	태양	태음	염정	거문	천기	문곡	천동	문창	무곡	탐랑

갑염파무양(甲 廉 破 武 陽)　　을기량자월(乙 機 梁 紫 月)
병동기창염(丙 同 機 昌 廉)　　정월동기거(丁 月 同 機 巨)
무탐월필기(戊 貪 月 弼 機)　　기무탐량곡(己 武 貪 梁 曲)
경일무음동(庚 日 武 陰 同)　　신거일곡창(辛 巨 陽 曲 昌)
임량자보무(壬 梁 紫 輔 武)　　계파거음탐(癸 破 巨 陰 貪)

4. 잡성(雜星)

잡성이란 14정성·보좌성을 제외한 모든 성을 말한다.

14정성과 보좌성·살성과 같이 있으면서 길을 더욱 더하거나 흉을 더욱 강화시키는 작용을 하며, 때로 정성과 결합하여 특수한 의미로 전화(轉化)하거나 정성의 본질을 고양시키거나 감소시키는 역할을 한다.

이장에서는 위의 명반배치법에서 말했던 것처럼 7가지로 나눠서 정리한다.

잡성의 수가 많으나 이렇게 7가지로 나눠서 공부하면 번거로움을 덜 수 있다. 자미두수를 자세히 보기 위해서는 잡성에 대한 이해가 필수이므로 소홀히 하지 말아야 한다.

1) 형요성(刑姚星)

천형·천요는 잡성으로 분류하기에는 작용력이 큰 성이나, 분류상 잡성의 범주에 포함한다. 천형·천요를 필자 나름대로 통칭하여 형요성(刑姚星)이라고 이름했다.

(1) 천형(天刑)

천형은 태양의 정(精)으로 남자를 의미하며 의약이나 관재·고극·형(刑)의 일을 담당하므로 육친궁에 있는 것을 좋아하지 않는다. 길하게 작용하면 천희신(天喜神)이라고 부르기도 하는데, 입묘하면 권위로 나타나고 학문으로 성취가 있게 된다.

천형은 형(刑)의 본질 때문에 법과도 관련이 많은데, 태양성과 천형이 묘왕지에 있게 되면 법관·변호사·경찰·군인 등이 되기도 한다. 그러나 관재를 의미하는 염정 또는 거문이 함지에 있으면서 살을 만나게 되면 오히려 소송이나 관재구설에 휘말리게 된다.

천형이 홍란이나 염정을 보면서 살을 만나면 다치거나 수술의 암시도 있게 된다. 대체로 명궁이나 육친궁에서는 육친과의 인연이 박하거나 육친의 형극을 뜻하게 된다.

(2) 천요(天姚)

천요는 주로 애모(愛慕)나 도화를 의미하며 풍류성(風流星)이라고 부르기도 한다. 남녀의 생리적인 욕구와 욕정을 상징하여 천요가 좌명하면 풍류와 음탕한 일이 있을 수 있다고 보지만, 천요가 묘왕지에 있으면 학술연구 방면으로 재능을 발휘하게 된다.

천요가 함지에서 악살을 만나게 되면 여성으로 인하여(천요는 태음의 精으로 여성을 상징) 손재하고 실패하거나, 심하면 주색으로 인하여 분규가 발생하고 관재소송까지 가게 된다.

천요는 둘이 하나로 합해진다는 의미가 있다. 천요가 복덕궁에 있으면 두 가지 성격의 의미가 있고, 관록궁에 있으면 두 가지 일 또는 두 가지 일을 통합하는 것을 뜻하며, 질액궁에 있으면 두 가지 질병의 의미가 있다.

2) 공망성(空亡星)

천공·순공·절공을 공망성이라는 이름으로 정리했다.

천공(天空), **순공**(旬空), **절공**(截空)

이 세 성은 모두 공망성이다. 지공·지겁이 있는 상태에서 이러한 공성(空星)들이 비추면 지공·지겁의 역량을 증폭시킨다. 만약 지공·지겁이 없으면서 이 성이 비춘다면 공망의 역량이 약한 것으로 본다.

세 성 모두 환상적인 경향이 있으며, 재적으로 불리해 재성이나 재백궁에 동궁하는 것은 좋지 않다.

천공보다는 순공이, 순공보다는 절공이 더욱 좋지 않으며, 이 중 절공은 록마교치의 속성을 약화시키고 갑작스런 간섭이나 장애의 의미가 있다.

지공과 지겁의 속성을 구분하면서, 지공은 재물에 대한 관심 부족이나 재물에 대한 욕심이 없는 것을 뜻하고, 지겁은 외부에서 재물을 겁탈당하는 뜻이라고 설명했다. 천공이나 순공은 지공과, 절공은 지겁과 그 의미가 유사해서 천공이나 순공이 절공에 비해 그 해가 적다고 한 것이다.

3) 백관조공성(百官朝拱星)

잡성 중에서 백관조공의 역할을 하는 잡성을 백관조공성이라는 제목으로 정리했다.

(1) 삼태(三台)·팔좌(八座)

두 성 모두 자미를 돕는 보좌성으로 좌명하거나 삼방에서 비추게 되면 사회적인 지위가 있으며, 조년에 만나면 고시에 유리하다. 짝으로 같이 만나는 것을 좋아한다.

삼태는 태양의 부하이고 팔좌는 태음의 부하가 되므로, 태양·태음을 만나면 일월의 광휘를 증대시키며, 자미를 만나도 자미의 명예를 높여주게 된다.

(2) 은광(恩光)·천귀(天貴)

은광은 천괴성을 보좌하는 성으로 천괴와 동궁하게 되면 천괴의 작용이 증대된다. 천귀는 천월(天鉞)을 보좌하는 성으로 천월과 동궁하면 천월의 작용이 증대된다. 두 성 다 문장으로 발달하며 다재다예하고 일생 귀인의 접근이 많으며 명성을 얻게 된다. 명·신·관록궁에 좌하게 되면 특별한 은총을 받는다.

은광·천귀가 명·신궁에서 회합하면 신용이 있고 언행일치하며 일생 덕망을 얻는다.

(3) 태보(台輔)·봉고(封誥)

태보·봉고는 짝성이다.

태보는 좌보의 역량을, 봉고는 우필의 역량을 증가시킨다.

그러므로 보필이 그렇듯이 태보와 봉고도 격을 높이고 사회적인 지위를 증가시킨다. 그러므로 모두 귀(貴)를 주관한다.

귀를 주관하므로 귀를 주관하는 정성이나 보좌성, 예컨대 자미·태양·천량·천상·괴월·창곡·화과 등을 만나는 것을 좋아한다. 만약 부를 주관하는 정성, 예를 들어 태음·천부·무곡 등과 만나면 주로 부(富)로 인해 사회지위를 얻는다.

정성·잡성을 막론하고 짝성은 같이 만나야 역량이 있는데, 태보·봉고도 짝성으로 만나야 힘이 있다.

백관조공의 성들은 상당부분 도화성을 만나면 도화로 화하는 경향이 있는데, 태보·봉고도 마찬가지다. 도화성과 동궁하면 주로 도화의 역량을 돕는데, 이럴 경우에는 귀로 논하지 않는다.

(4) 용지(龍池)·봉각(鳳閣)

용지·봉각은 짝성으로 재예(才藝)를 주관한다.

천재·창곡·화과 등을 보는 것을 좋아한다.

소년시에 이 두 성이 삼방에 있거나 대궁에 있거나 동궁하면 주로 고시에 순조롭고, 중년에서 만나면서 천부·천상과 만나게 되면 상류사회에 진출하기 쉽다. 또한 이 두 성은 의학이나 철학·명리 등의 술수와 관련되며, 특히 탐랑이나 거문·기량과 회합하게 되면 말재간도 있고 재능도 있게 된다.

용지가 명궁에서 살파랑성계와 만나면 주로 귓병이 있는데, 예를 들어 귀가 짝짝이거나 혹은 중이염이 있을 수 있다.

봉각이 명궁에서 살파랑성계와 만나면 주로 콧병이 있다.

4) 사선성·삼덕성·기타 길성

천관·천복·천재·천수 네 성을 아울러 사선성이라 이름한다.

(1) 사선성(四善星)

① 천관귀인(天官貴人)

천량을 주로 보좌하는 성이다.

주로 현달을 의미하며 맑고 귀하다. 천량과 동궁하게 되면 공직에 종사하거나 혹은 특무라든가 정보공작·비밀첩보업무 등 조사업무에 종사하게 된다.

격국이 좋으면 중만년에 은퇴한 후 생활이 안락하며 학술 또는 예술로 이름을 날릴 수 있다.

② 천복귀인(天福貴人)

천동을 주로 보좌하는 성이다. 사회지위가 있으며 일생 일정 이상의 복을 누린다는 의미의 별이다. 주로 중년에 발달하는 성인데, 복수(福壽)·명리(名利)를 의미한다.

여명은 천동성을 좋아하므로 천복과 동궁하면 남편과 자식을 이롭게 한다.

유년이나 대소한에서 만나게 되면 승진하고, 소년시절은 고시에 이로우며, 장사하는 사람이라면 돈버는데 이롭다.

③ 천재(天才)

재능을 의미한다. 천기성과 동궁하게 되면 다재다능하게 된다. 천재성이 신명에 들어가면서 창곡·괴월과 과성을 만나면 재능이 아주 뛰어나며 이름을 얻게 된다.

④ 천수(天壽)

수명(壽命)을 주관하는 성이다.

천동과 천량을 만나면 대체로 장수한다.

천재·천수가 삼방에서 천동·천량을 만나게 되면 아주 오래 살거나 지혜가 높다. 좌명하면 의복이나 형태를 비교적 적게 변화한다.

천수가 화개를 만나면 재난이 사라지며, 다시 천량을 만나면 반드시 큰 재앙이 있다가 다시 재앙이 사라진다.

(2) 삼덕성(三德星)

천덕·월덕·용덕을 삼덕성이라 이름한다.

① 천덕(天德)

천덕은 흉을 길로 화하게 하는 의미가 있기 때문에 살성이나 화기·도화성에 대한 저항력이 있으므로, 명궁이나 身宮에 있는 것을 좋아하며 운에서 만나는 것도 좋다.

천덕은 부친이나 남성의 윗사람의 덕이 있는데, 입묘한 태양이나 천량과 부모궁에서 동궁하면 일생 윗사람으로부터 제휴를 얻거나 돌봄을 받는다.

② 월덕(月德)

월덕도 역시 살성에 대한 해액능력이 있으며 길성과 길한 정성과 만나면 금상첨화의 성질이 있다. 또 월덕은 일반적으로 모친·장모·조모로부터 돌봄을 받는 의미가 있다.

③ 용덕(龍德)

용덕은 삼덕성 중에서 역량이 가장 적다.

자미와 동궁하는 것을 가장 좋아한다. 특수한 영예가 있다.

만약 명궁에 있으면 주인이 일생 중대한 재난에서 피할 수 있다. 용덕이 록마를 보면 배상금의 의미가 있다.

운에서 보면 유산이나 보험배상을 받는다. 공부하는 시기에 관록궁에서 용지가 있으면서 입명하면 장학금을 받는다.

(3) 기타 길성(吉星)

해신·천무·천주를 기타 길성이라는 제목으로 분류한다.

① 해신(解神)

해신은 분해·분개(分開 : 나눈 다음에 다시 열음)·이별을 주관하며 흉을 길로 바꾸어 주는 성으로 재앙을 해소하고 어려움을 풀어준다. 그러나 부처궁에서 천마와 해신을 보고 살을 보면 부처의 혼인관계를 풀어 이혼하기도 한다. 유년질액궁에서 해신을 보고 경양·천량을 보면 수술한다.

② 천무(天巫)

천무는 승진이나 승진으로 인한 자리 변동을 의미한다.

대·소한에서 길성(예컨대 녹존·천마 등)을 만나게 되면 주로 승진한다. 또 천무가 좌명하게 되면 종교를 좋아하고 기량을 만나게 되면 일생 종교생활을 즐긴다.

천무는 유전적인 것이나 유산을 의미하기도 한다.

③ 천주(天廚)

천주는 음식이나 음식솜씨와 관계된 성이다.

화성이 천주와 동궁하면 음식솜씨가 좋다. 여기에 재주를 의미하는 천재·용지·봉각이 동궁하면 더욱 그 재주는 탁월해진다.

파군·천주·화성이 동궁하거나 만나면 요리를 잘한다.

또한 천주가 탐랑과 동궁해도 요리를 잘한다.

보좌단성과 천주가 동궁하면서 명궁이나 복덕궁에 있으면 식탐이 있다.

5) 도화성(桃花星)

도화성으로 일컬어지는 성들을 도화성이라는 제목으로 정리한다.

(1) 홍란·천희(紅鸞·天喜)

홍란과 천희는 짝성으로 혼인과 경사스럽고 기쁜 일을 주관한다. 또 홍란은 도화를 뜻하기도 하고, 천희는 식구가 느는 것을 뜻하기도 한다.

정성이 무력한 상태에서 홍란·천희를 보면 도화의 의미가 있다. 예를 들어 자미가 백관조공이 없거나 태음이 실지(失地)인 상태에서 홍란·천희를 보는 것 등이다.

초년에는 주로 혼인과 관련되고, 중년에는 자식을 낳거나 도화 문제가 발생하며, 노년에는 배우자를 잃는 슬픔이 있을 수 있다. 홍란이 재백궁에 있게 되면 투기나 도박과 관련된 재물을 의미한다. 두 성 모두 질액궁에 있으면 주로 피와 관련이 있으므로, 경양이나 파군·칠살 혹은 악살을 보면 주로 피를 보는 재난이 있거나 수술을 하게 된다.

천희는 집안에서 접하는 모든 소식의 의미가 있는데, 결혼 청첩장이나 초대하는 편지 그리고 합격통지서 등의 기쁜 소식뿐만 아니라 법원 출두서·병원 진단서·고소장·명령서 등도 해당한다.

예를 들면 천희성이 있는 운에 삼방에서 문창·문곡이나 화과성이 있게 되면 문서적인 경사가 있는데, 어떤 내용인가 하는 문제는 만나는 잡성으로 결정한다. 하지만 위와 같은 상황이라도 만약 창곡에 화기성이 있게 되면 이혼이라든가 부도 수표, 혹은 많은 파절이 있게 되거나 계약이 깨지는 경우도 발생된다.

(2) 대모(大耗)

돈을 쓰는 것을 뜻하는 성이다.

본명이나 운에서 이 성을 만나면 파재를 의미하므로 전택궁이나 재백궁에 있는 것을 싫어한다. 화성·거문과 전택궁에 있으면 화재를 주의해야 하고, 홍란·대모 등이 재백궁에 있게 되면 술·여자·도박으로 파재한다.

운의 부모궁에 있게 되면 부모에게 불길하며, 다시 상문·백호·조객을 만나면 이 해에 부모가 돌아가실 수 있다.

(3) 함지(咸池)

이 성은 실질적인 도화성으로 살성을 만나면 패가하거나 조상의 유산을 탕진하기 쉬우며 술과 도박을 좋아하게 된다. 특히 여명의 경우 정성의 조합이 좋지 않은데 이 성이 있으면 윤락계로 빠지기 쉬우며 술집 등으로도 빠지기 쉽다.

남명에 함지가 있으면서 녹존이 좌명하게 되면 여성의 금전적인 도움으로 집안을 일으키며, 여명에 함지가 있으면서 좌보·우필·천괴·천월 등의 귀인이 동궁하게 되면 남자에 의탁해서 생활한다.

(4) **목욕**(沐浴)

목욕은 명리에서 말하는 십이운성, 즉 장생십이신의 하나다.
이 성도 도화성이기 때문에 기타 도화성을 만나면 도화를 강화시키며, 창곡·화록·록존과 동궁하면 이성으로 말미암아 돈을 버는 것으로 나타난다.

6) 고독손모성(孤獨損耗星)

고독·손해·질병·음모·겁탈·소인 등을 의미하는 잡성을 한데 모아 고독손모성이라는 제목으로 분류한다.

(1) 천곡(天哭)·천허(天虛)

천곡성은 주로 형극을 담당하는데, 거문과 동궁하면 주로 시비가 발생하거나 자기와 친한 사람이 상을 당하는 일이 발생하게 된다. 상문과 동궁해도 상사가 발생한다.

천허성은 허모(虛耗)의 성으로 소모하고 파패하는 의미가 있으니 명이나 운에서 만나면 성패가 많다. 파군과 동궁하게 되면 이러한 특성이 더욱 더 커진다. 천곡·천허가 육친궁을 협하면 생리사별의 의미가 있고 마음이 상해 눈물 흘리는 것을 주관한다.

(2) 고신(孤辰)·과수(寡宿)

고신·과수 모두 고독의 성이다. 부모궁에 있으면 부모에 불리하다. 고독한 정성인 천기·천량·무곡·천상 등과 만나면 더욱 고독하게 된다. 부부궁이나 복덕궁에 있는 것을 꺼리며, 신명궁에서 고신·과수를 만나도 만혼하며 다시 화개를 만나면 더욱 확실하다.

부처궁에 과수가 있으면 결혼에 불리하나 남녀명에 똑같이 과수가 있으면 오히려 궁합이 맞는다.

남자는 고신을, 여자는 과수를 꺼린다. 고신·과수에 천마가 더해지면 유랑한다. 입명하면 고독하고, 현실에 대한 노력과 기대 등이 부족하게 된다.

(3) 음살(陰煞)

음살은 소인의 함해를 의미하고 무형계(無形界)를 대표하며 일명 소인성이라고 한다. 주로 살성의 어두운 면을 증가시키는 작용을 한다.

음살성으로 귀신과 관련된 문제를 추측하기도 한다. 복덕궁이 좋지 않은데다 음살이 있으면 간사할 소지가 있다.

명궁과 질액궁이 좋지 않은데다 음살이 좌하면 치료하기 어려운 숨은 병이 있기 쉽다. 육친궁에 있으면 육친이 자기에 대해 불성실하다.

(4) 겁살(劫煞)

겁살은 겁탈하는 살이다. 대모(大耗)와 같이 손실의 의미가 있는 성과 만나면 그 의미는 더욱 강해진다.

음살과 만나면 질병의 의미가 더해지는데, 위험하거나 심각한 병에 걸리게 하는 것을 의미하기도 한다.

겁살이 문곡화기와 동궁하면 문곡화기의 문서적인 실수의 암시와 더불어 사기당하는 의미가 커진다.

(5) 비렴(蜚廉)

　비렴은 학자에 따라서는 소인성(小人星)이라고도 부르며, 또 은나라의 마지막 임금인 주왕(紂王) 시대의 간신의 이름으로 소인을 뜻한다. 도화와 구설을 띠고, 도화성을 만나는 것을 꺼린다.

　비(蜚 : 바퀴 비)로 바퀴벌레라는 뜻이 있는데 벌레를 의미한다. 벌레란 광범위하게 뱀·독충·개미·쥐 등을 다 포함하며, 실제로 이 의미를 따서 전택궁에 비렴이 있으면 고인들이 그 집에 벌레가 많다고 판단했다.

　또 벌레의 추상적인 의미, 즉 벌레처럼 구는 소인들, 즉 등 뒤에서 좋지 않은 비방을 하고 시비가 생기는 뜻이 있다.

(6) 파쇄(破碎)

　파쇄는 주로 자잘하게 부서지는 것·정미하고 세미한 것을 주관한다. 그래서 분리되어 나뉘어지는 것·분석·분리의 뜻이 있다.

　예를 들어 파쇄가 복덕궁에 있으면서 상황이 좋으면 정밀하고 세밀한 일을 할 수 있다.

　이 성은 또 대표적인 상사(喪事)를 주관하는 별로 백의살(白衣殺)이라고도 하는데, 운에서 상문·조객이나 거문·대모 등이 내회하게 되면 집안의 어른이나 친척이 상을 당할 수 있다.

　파쇄가 괴월을 만나면 범사가 어느 정도 이루어진 후에 패함이 있으며 일의 진행 중에 문제가 발생하는데, 만약 부부궁에 있게 되면 일단 남녀 문제나 혼인에 있어서 어느 정도 진행되다가 다툼이나 문제로 인하여 헤어져 버릴 수 있다.

(7) 화개(華蓋)

고고하여 무리와 어울리지 못하는 성향이 있는 성으로, 이 성이 좌명하면 중년이나 만년에 정신적인 방면에서 고독해지는 의미가 있으며 고신·과수를 같이 만나면 더욱 그렇다.

공망을 만나게 되면 종교신앙에 관심이 많다.

또 화과나 문창·문곡·천괴·천월 등을 만나게 되면 문필이 좋고, 살성을 보면 기술이나 기예로 일생을 보내게 된다.

화개가 천무를 만나면 미신을 주관하므로 사이비종교에 빠지기 쉽다. 화개가 록·천량을 만나면 어느 궁에 있든지 간에 구사일생하는 일이 있다.

(8) 천월(天月)

천월은 질병성으로 아주 확실한 효험이 있는 잡성이다.

대한이나 유년에서 천월·병부·홍란·천희·천형 등의 질병성이 보이면 그 운에서는 질병을 조심해야 하며, 확실하게 증명된 일이 많다. 보통 만성병을 뜻한다. 천기와 만날때 가벼우면 자폐증상이 있고 중하면 정신병이 있다.

태양이나 천량과 만나면 반드시 약물과 관계가 있는데, 길성이나 길한 사화를 만나면 약과 관계된 업을 하거나 의사가 된다.

(9) **천상**(天殤)·**천사**(天使)

이 천상·천사는 배합상 항상 선천노복궁·선천질액궁에 고정적으로 배치되므로 항상 선천천이궁을 협하고 있다.

천상은 허모(虛耗)의 신으로 파모를 주관한다.

천사는 재화(災禍)로 화하므로 재화를 주관하며 하늘에서 전달의 역할을 담당하는 성이다.

『전서』에 보면 "운에서 천상을 만나 공자가 진땅에서 양식이 끊어졌고, 천사가 운에서 있어도 다 꺼리는데 이런 운에 거부였던 석숭이 파가해 망했다"고 되어 있다. 필자의 경험으로도 사망이나 심각한 사고·질병 등에는 이런 궁들이 걸리는 것으로 보아서 전적으로 고인의 말을 부인할 수 없었다.

7) 십이신

(1) 장생십이신(長生十二神)

　　태어나서 죽고 묻히는 것을 12과정으로 나눈 것으로 제일 첫 과정인 장생을 따서 이름을 지었다. 장생십이신은 궁의 기운의 성쇠를 대표하는 것이기 때문에 정성의 왕쇠, 궁의 왕쇠 등에 예상보다 큰 작용을 한다. 특히 같은 성이 같은 궁에 좌하더라도 어떤 십이운이 좌하느냐에 따라서 성격적인 경향이 판이하게 달라지는 경우도 여러 번 경험하였으며, 심지어는 격국의 고저에도 영향을 미치는 경우도 경험하였다.
　　『심곡비결』에는 이 장생십이신을 매우 중요하게 취급하고 있는데, 이는 장생십이신이 보기보다 중요하기 때문이다.

　① **장생**(長生)　　발생의 의미가 있다. 십이궁 어느 궁이든 모두 길하다. 입명하게 되면 온화하고 총명하며 장수한다. 활동력이 강하고 항상 움직이며 매사를 직접 해야 한다.

　② **목욕**(沐浴)　　태어나서 씻는 것으로 도화의 의미가 있으며 낭만적인 성질이 있다. 대체로 남성과 관련이 많으므로 이성으로 인한 파재나 실직 등의 상황이 생기기 쉽다.

　③ **관대**(冠帶)　　벼슬하여 복장을 갖추는 것으로 주로 희경(喜

慶)을 의미하며 모든 궁에서 길하다. 입명하면 대체로 명망과 권위가 있으나 이해타산적이다.

④ 임관(臨官) 벼슬하여 보직을 맡는 것으로, 십이궁 모두 좋아하고 좌명하게 되면 자수성가하고, 조년은 대체로 불순하나 중년 혹은 만년에 이름이 있다. 관록궁이나 재백궁에 길화가 있으면 권력이나 재적으로 장대하다.

⑤ 제왕(帝旺) 벼슬이나 삶의 정점에 오른 것으로, 입명하면 대체로 오기가 있어서, 일처리에 있어서 독자적으로 하고 남에게 머리 숙이길 싫어한다. 노복궁이나 형제궁에 있는 것은 좋지 않다. 자기가 다른 사람보다 약하므로 합작하는 것도 불길하다. 자녀궁에 있으면 자녀나 믿었던 후배가 반발한다.

⑥ 쇠(衰) 기가 점차로 쇠해짐을 의미하며 명·신궁에 있으면 생기가 없다.

⑦ 병(病) 기가 하강한 후 신체에 점차 병이 듦을 의미하는데, 명성에 좋지 못하고 환상이 많고 일처리에 있어서 야무진 경향이 없으며 초년이나 말년에 중병에 걸릴 수 있다.

⑧ 사(死) 병 다음의 운으로 병이 있는 연후에는 사망의 기회가 증가하는데, 명이나 운에서 사지에 들면 관재나 파재·질병이 발생하기 쉽다.

⑨ **묘(墓)** 　사람이나 사물이 죽은 후에는 흙으로 돌아가는 것을 뜻한다. 명궁이나 복덕궁에 들어가면 모두 주인이 내향적이 된다.

⑩ **절(絶)** 　모든 기운이 끊어져 단절된 것이므로 고독의 의미가 있다. 재백궁에 있는 것은 좋지 않으며, 명·신궁과 대운 모두에서 좋지 않다.

⑪ **태(胎)** 　다시 생명체의 형성을 의미하기 때문에 기운은 강하지 못하며, 희망을 의미한다.

⑫ **양(養)** 　태어나기 전에 자궁에서 배양되고 키워지는 것을 의미한다. 희망과 잠재력이 무한함을 의미한다.

(2) 박사 십이신(博士 十二神)

사람이 활동하여 얻는 길흉과 재주의 원인을 12가지로 나눈 것으로, 그 첫 번째인 박사를 들어 이름한다.

① **박사(博士)** 　천상(天上)의 귀인으로 좌명하면 총명함과 지혜가 있다. 문필로 이름을 날리며 화과·문창·문곡을 만나게 되면 더욱 더 문필이나 고시로 성취가 있다. 자미·천부·태양·태음의 정성과 동궁하는 것을 좋아한다.

② **역사(力士)** ─ 권성으로 생살의 대권을 장악할 수 있는데, 길성과 만나게 되면 권력을 발휘하는 성이 되어서 복이 된다.

③ **청룡(靑龍)** ─ 기쁜 일을 주관하고 명성·정신향수의 의미가 있다.

④ **소모(小耗)** ─ 천마라 하기도 하고 지모(地耗)라 하는데, 주로 돈을 쓰는 것을 의미한다. 좌명하게 되면 돈을 모으지 못하며 재백궁·전택궁에 있는 것을 두려워한다.

⑤ **장군(將軍)** ─ 위무(威武)를 주관하며 입명하면 성격이 거칠며 성급하다. 길성이 득지에서 장군을 만나게 되면 크나큰 성취가 있다.

⑥ **주서(奏書)** ─ 대체로 문서의 일과 연관되며 주로 복록이 있다. 명·신·관록궁에서 창곡·일월·괴월과 만나는 것을 좋아하는데, 주로 문서적인 기쁨이 있다.

⑦ **비렴(飛廉)** ─ 고독과 형극을 관장하며 놀랄 일이 발생하고 편안치 않게 된다. 백호를 만나게 되면 그 해가 더욱 크다.

⑧ **희신(喜神)** ─ 길하고 경사스런 일을 주한다. 운에서 도화성과 더불어 만나게 되면 남녀 감정 문제가 발생하거나 결혼 등의

일이 있는데, 천희성과 만나게 되면 더 길하다.

또 희신은 지연을 의미하기도 하여 화기와 동궁하면 일이 지연되고 지체되어 아주 불리해진다. 타라와 비슷한 작용으로 생각해도 좋을 듯하다.

⑨ 병부(病符) │ 질병의 의미가 있으나, 질병이 생기려면 반드시 천월(天月)과 형기성이 중첩되어야 비로소 질병이 발생한다. 또 태세십이신의 병부와 중첩되어야 비로소 그 힘이 드러난다. 본궁에 살기가 없고 단지 병부만 있다면 단지 염증을 내거나 냉담함을 의미할 뿐이다. 이 성은 질병 등에 매우 징험한 성이니 유의해야 한다.

⑩ 대모(大耗) │ 재를 흩어버리고 잃어버림을 의미한다. 대모가 도화성과 만나면 정욕으로 인해 재물을 허비하게 된다. 경양·염정과 만나게 되면 크게 흉한데, 전택궁이나 재백궁에 있으면 재산을 탕진하고 곤궁함이 크게 된다.

⑪ 복병(伏兵) │ 주로 암중으로 타격을 받는 의미가 있으며 구설시비가 있다.

⑫ 관부(官符) │ 소송이나 구설을 의미한다. 거문·태양·염정과 함지에서 화기를 만나게 되면 주로 관재 소송이 생기거나 상황이 나쁘면 감옥에 가기도 한다.

(3) 태세십이신(太歲十二神)

태세십이신은 년지인 태세를 기준하여 순서대로 배치하는 것으로, 태어난 생년을 중심으로 매 년의 진행에 따라 변해가는 삶의 모습을 형상화한 것이다.

① 태세(太歲) 태세(太歲)는 목성의 별칭으로 영원히 년지와 동궁하며, 세건(歲建)이라 칭하기도 한다. 태세와 길성이 동궁하면 주로 일년이 무사하다.

태세는 소한명궁과 대충되는 것을 좋아하지 않는데, 만약 충되면 '범태세(犯太歲 : 태세를 범했다)'라 한다.

어떤 명반에서는 소한명궁과 영원히 태세가 상충하기도 하는데, 그런 명은 관재나 시비가 더욱 많기 쉽다. 살기가 중첩되면 그러하다.

② 태양(太陽) 회기(晦氣)라고도 하며 어둡고 침체된 기운을 의미하나 『심곡비결』에서는 이 태양을 매우 길하게 본다.

영원히 용덕과 상대하고 있는데, 용덕과 길성이 동궁하면, 예컨대 유괴·유월·유창·유곡 등과 동회하고 또 유년길화를 보면 회기의 악을 풀 수 있다. 그러나 만약 용덕이 길을 만나지 않고 회기가 도리어 유년악살과 서로 얽혀 있으면 용덕은 그 악을 풀 수 없다.

③ 상문(喪門) 배치상 백호와 대궁에 놓인다.

역시 영원히 조객과 상회하게 된다. 그러므로 상문이 소한에 있거나 유년명궁·부모궁·전택궁에 있으면 상복을 입을 가능성이 있다. 어떤 명반에서는 상문이 영원히 소한에 있게 되기도 하는데, 이것은 결코 일생 상복을 입는 징조라고는 할 수 없으며 단지 그 사람의 직업이 흉상과 관계있음을 대표할 뿐이다. 예를 들어 장의사·의원·관공서·연구소 등이다.

④ 태음(太陰) 관삭(貫索)이라고도 하며 작용력이 큰 잡성 중의 하나다. 『심곡비결』에서는 정성의 태음과 함께 매우 길한 성으로 본다.

주로 집착과 변통할 줄 모르는 의미가 있다. 길성과 관삭이 만나면 주로 지연과 착오가 있거나 의외의 손실이 있게 된다. 흉성과 관삭이 만나면 종종 시비나 송사가 있다. 관삭이 천월·천곡·천허와 만나면 만성질병이 있다.

⑤ 관부(官符) 관부라 함은 사람으로 하여금 통제·금제하는 명령·명령서와 같은 것으로 주로 관재·시비·형법을 의미한다.

단독으로 하나의 관부는 작용이 발생하지 않는다. 그러나 관부는 반드시 태세와 백호와 삼합에서 만나는데, 만약 관부의 궁에 살기가 있으면서 태세궁의 살기와 상충하면 태세가 관부를 범했다고 하며, 유년에서 만나게 되면 관재·시비·형법문제 등이 있음을 뜻한다.

⑥ 사부(死符) 소모(小耗)라고도 한다. 박사십이신의 소모와 그 기본성질이 같아서 이 두 개의 소모가 서로 중첩되면 더욱 실

물(失物)의 징조가 커진다.

항상 병부와 상대하기 때문에 병으로 인해 파재하는 의의가 있으며, 천월(天月)이 동궁하면 더욱 확실하다.

⑦ 세파(歲破) 영원히 태세와 대충하고 있고 또 영원히 상문·조객과 상회하고 있다. 소위 범태세(犯太歲)라는 것이 이 성이다.

세파는 천형과 유양(流羊)과 동궁하는 것을 좋아하지 않아서 만나게 되면 관재구설이 있기 쉽다. 유년명궁이나 소한에 떨어져도 그와 같은 의미가 있다.

역시 재백궁에 떨어지는 것도 좋지 않는데, 만약 무곡이 동궁하면서 또 화령이 있으면 주로 재물로 인한 큰 다툼이 생긴다.

⑧ 용덕(龍德) 앞의 삼덕성(三德星) 중 용덕을 참고하라.

⑨ 백호(白虎) 항상 상문과 상대하며 관부와 상회한다. 백호와 회합하는 성이 모두 흉성이며, 주로 상병(喪病)·관비(官非)를 뜻한다.

유년·소한과 육친궁에서는 백호와 동궁하는 것을 좋아하지 않는다. 천형·유양(流羊)과 동궁하는 것을 좋아하지 않으며, 역시 천월(天月)과 동궁하는 것도 좋아하지 않는다. 둘 다 무곡화기와 동궁하는 것을 싫어하는데, 전자는 주로 관재로 인해 파재하고 후자는 주로 몸에 암질(暗疾)이 있게 된다.

⑩ 천덕(天德) 앞의 삼덕성 중 천덕을 참고하라.

⑪ 조객(弔客) 중요한 잡성의 하나다. 영원히 관부와 상충하며 세파·상문과 상회한다. 더욱 상문과 상회하는 특징이 있는데, 상문·조객의 한 쌍은 영원히 서로 짝이 되어 따라 다니는 성으로 상복(喪服)의 상징이 있다. 소한에서 상문·조객을 보거나 유년의 육친궁에서 상문·조객을 보고 동시에 이 궁이 유창·유곡을 회합하거나 동궁하며 다시 유살이 충회한 연후에야 비로소 그러한 의미가 생긴다.

⑫ 병부(病符) 박사십이신에도 병부가 있다. 두 개 병부는 기본적으로 동일한 성질이 있으나 약간의 차이가 있다. 박사의 병부는 유년을 추단할 때 쓰는데, 유년명궁과 질액궁에 좌하는 것을 좋아하지 않으며 좌하게 되면 병(病)을 뜻한다. 재백궁에 떨어지는 것도 좋아하지 않아서 주로 병으로 인해 손재하는 뜻이 있다.

단 세전의 병부는 항상 유년형제궁에 들어가기 때문에 단지 유월·유일을 추단할 때라야 맞게 된다. 즉 유월의 명궁(더욱 유일의 명궁)에 세전의 병부가 있으면 이때야 비로소 주로 병이 생긴다. 만약 박사십이신의 병부가 중첩되면 더욱 징험하며 병의 정황도 좀 더 심해진다.

(4) 장전십이신(將前十二神)

장전십이신은 사주명리에서의 십이신살과 같다. 장전(將前)이라 한 것은 십이신이 장성에서부터 일어나서 순서대로 시계방향으로 배치되는 그 처음에 있다고 해서 붙인 이름이다.

① 장성(將星)
장성은 장전십이신의 머리에 해당한다. 기본 성질은 역량을 대표하고 또 좋은 역량의 뜻이 있다.

비유하자면 천괴·천월과 장성이 동궁하면 기회를 획득하는 역량이 증가한다. 보필과 장성이 동궁해도 조력이 증강되며 또 직접적으로 온다. 흉성과 동궁하면 흉성의 긍정적인 기세를 강화시킨다.

② 반안(攀鞍)
반안은 두 가지의 뜻이 있다.

첫째로 반안은 연여(輦輿 : 임금이 타는 수레)의 하나로 주로 성세를 증가시킨다. 삼태·팔좌와 비슷한 의미가 있다.

두 번째로 귀인을 가까이 하여 생기는 지명도를 의미한다. 그래서 반안은 천괴·천월과 동회하는 것을 가장 좋아한다.

③ 세역(歲驛)
유년의 천마로 천마와 완전히 같다.

유년의 녹존이나 유년의 화록과 세역이 동궁하면 역시 록마교치의 국이 이뤄지며 명궁·재백궁·사업궁·천이궁에서는 모두 돈을 번다. 단 만약 유년의 세역과 원국의 녹존이 동궁한다면 록마교치의 작용은 일어나지 않는다.

대궁에서 유록이 충기하는 경우는 제외한다.

④ 식신(息神) | 충동력의 결핍을 의미한다. 식신이 복덕궁에 있으면 종종 소극적인 성향이 나타난다. 혹은 매사에 비관하거나 실패의 마이너스적인 생각을 하는 것을 좋아한다. 게다가 이런 생각 때문에 어떠한 노력도 안하기 쉽다.

식신은 천기와 동궁하는 것을 가장 싫어한다. 명궁이나 복덕궁을 막론하고 쉽게 그만두는 성격으로 발전하기 쉽다.

⑤ 화개(華蓋) | 생년 년지로 배치하는 화개가 있고 역시 장생의 순서를 따라 배치하는 화개가 있다. 전자는 선천의 화개로 볼 수 있고 후자는 유년의 화개로 볼 수 있다. 이 두성의 기본성질은 같은데, 실제 추명에 응용할 때 약간의 차이가 있다.

대개 명궁에서 선천의 화개와 동궁하면 그 사람이 종교·철리를 좋아하며, 살을 보고 과성이나 문성이 없으면 신비한 사물을 애호하는 것으로만 나타난다. 유년의 화개가 명궁에 있을 때는 주로 재난을 화해시키는 역량이라 할 수 있다. 이러한 화해란 순전히 개인의 의지를 발휘하는 것에 속하여 외부의 힘을 빌지 않는 수가 많다.

⑥ 겁살(劫煞) | 앞의 고독손모성을 참고하라.

⑦ 재살(災煞) | 비교적 중요한 잡성이다. 기본성질은 재난이 된다.

재살은 자·오·묘·유의 네 궁에 있게 되는데, 가령 목욕과 동궁하고 또 도화를 보거나 창곡화기를 보면서 유년·유월·유일의 살기가 충회하면 종종 이성으로 인한 재난을 야기한다.

　이런 재난이 간접적이라는 의미가 있어서, 예를들어 이성친구와 약속을 다른 사람 때문에 지키지 못하게 되는 경우가 생긴다.

⑧ **천살**(天煞)　천덕과 상대적인 의미가 있다.

　천덕은 조력이나 화해의 역량을 아버지 또래의 윗사람이나 자기 상사로부터 받는 것을 의미하는데, 천살은 주로 아버지 또래의 사람이나 상사로부터 방해를 받아 파손을 초래하는 것을 의미한다. 그래서 천살은 부모궁에 들어가는 것이 가장 좋지 않다. 유년부모궁에서 천살을 보고 또 살기형성이 충회하고 있으면 이 해에는 더욱 부모 또래나 상사와의 관계를 주의해야 한다.

⑨ **지배**(指背)　기본적인 뜻은 배후에서 다른 사람이 이런 저런 비방이나 시비나 뒷말을 한다는 뜻이다.

　만약 지배와 과문제성이 동궁하면 이름이 높아 훼방을 초래하거나 재주가 높아 질투를 초래하는 등의 일이 있게 된다.

　명궁에 좌해도 좋지 않으나 노복궁이나 형제궁에 좌해도 불리한데, 주로 시비와 유언비어가 아랫사람이나 동료로부터 생긴다.

⑩ **함지**(咸池)　생년년지에서 일으키는 함지와 같아서 성질상 구별할 수 없다.

　유일한 차이는 장성으로부터 일으키는 함지는 유년함지로 볼 수 있다. 유년함지와 생년 함지가 중첩되면 성질이 약간 강화된다. 단 유년함지와 유년대모가 중첩하거나 대조하면 색으로 인해 시비와 시끄러운 현상을 더욱 엄중하게 증가시킨다.

함지 역시 목욕과 동궁하는 것을 좋아하지 않는다. 역시 주로 색으로 인해 손해를 본다.

⑪ 월살(月煞) | 월덕과 상대적인 의미를 가지고 있는데 이것은 천살과 천덕이 그러한 것과 같다.

월살이 띠는 재액은 음성(陰性)의 본질이 있다. 그러므로 항상 주로 여성육친과 관계가 있다. 월살이 음살·영성을 만나면 성적으로 무능해진다. 월살이 문곡이나 문창화기를 만나면 색으로 인해 화를 초래한다.

⑫ 망신(亡神) | 기본성질은 의외의 파괴력이나, 경우에 따라서는 재록에 대한 의외의 손실을 의미한다.

여기서 '의외'라고 한 것은 '생각하지 못했던 부분'이라는 뜻으로, 사고를 가리키는 것은 아니다. 예컨대 본래 진행이 상당히 순조로웠는데 돌연히 경쟁상대가 출현하는 것과 같은 것으로, 이런 것이 의외의 파괴력이 된다. 또 돈을 잃어버리는 일 등도 재록에 대한 의외의 손실에 해당할 것이다.

대체로 망신의 망(亡)은 망실(亡失)의 뜻이 있는데, 이것을 확대해보면 낭비가 되기도 한다.

4부. 명반의 추론과 해설의 예

4부. 명반의 추론과 해설의 예

지금까지 배운 것을 가지고 실제 명반을 두고 풀이하는 방법을 예로 들어서 설명하였다. 성을 살피는 순서와 요령, 십이사항궁별로 우선순위를 매기고 풀이하는 요령을 실제 예로써 설명한 장이다.

필자가 대만이나 홍콩에서 발간되는 백권이 넘는 책들을 보면서 분통이 터졌던 것은 대부분의 책들이 성의 성정만 나열하는 것에 그칠 뿐 명반을 보는 방법이나 운을 추론하는 방법 등은 아예 없거나 원론적인 언급에만 그쳐서 응용할 수 없게 한 부분이었다. 그래서 필자는 지난 저작들 속에서 될 수 있으면 많은 실례를 들어 공부하는 이들에게 필자와 같은 고생을 덜게 하려고 노력하였다.

이번 저작은 자미두수 입문서로 기획하였으므로 많은 것을 독자들에게 주입시키려고 하지 않았다. 여기서는 실제 명반을 놓고 명·신궁을 위시한 십이사항궁의 평면적인 분석과 대한분석을 예로 들어서 초학자들로 하여금 명반을 보는 방법이나 관법 등을 자연스레 익힐 수 있도록 하였다.

운의 추론에 관한 자세한 이론은 이미 필자가 쓴 『실전자미두수』로 미루어 두기로 한다.

이 명조는 필자의 아주 가까운 후배로 필자가 후배의 전후사를 소상하게 알고 있기에, 후배의 동의를 얻고 자료로 사용하였다.

실례2 ○○○ 65년 5월 9일 진시생 남자

年鳳天天巨 解閣巫姚門 △ 伏指太 95~　　辛 兵背歲【田宅】冠巳	天天封陰文右廉 廚空詰煞昌弼相貞 　ⅩⅩ○○△ 大咸太 85~94　壬 耗池陽【官祿】帶午	截蜚天天天地火天 空廉月傷才空星梁 　　　　△ⅩО 　　　　　　　權 病月喪 75~84　癸 符煞門【奴僕】浴未	紅天孤天文左七 艶福辰鉞曲輔殺 　　　◎△△◎ 喜亡太 65~74　甲 神神陰【遷移】生申
天寡三天擎貪 官宿台喜羊狼 　　　　◎◎ 官天病　　　庚 府煞符【福德】旺辰	○○○, 陰男 乙巳년 5월 9일 辰時生 命局 : 土五局, 城頭土 命主 : 祿存, 身主 : 天機		破天龍天 碎使池同 　　　△ 飛將官 55~64　乙 廉星符【疾厄】養酉
旬天天祿地太 空壽貴存劫陰 ○△ⅩⅩ 　　　　忌 博災弔　　　己 士煞客【父母】衰卯			大台八紅武 耗輔座鸞曲 　　　　◎ 奏攀死 45~54　丙 書鞍符【身財帛】胎戌
鈴陀天紫 星羅府微 ◎ⅩⅩ◎ 　　　　科 力劫天 5~14　戊 士煞德【 命 】病寅	天恩天天 哭光刑機 　　ⅩⅩ 　　　祿 青華白 15~24　己 龍蓋虎【兄弟】死丑	解天破 神魁軍 　◎◎ 小息龍 25~34　戊 耗神德【夫妻】墓子	天天太 虛馬陽 　△ⅩⅩ 將歲歲 35~44　丁 軍驛破【子女】絶亥

1) 명궁과 身宮을 보며 각기 삼방사정을 살핀다.

'2부 궁과 성의 의미를 읽는 방법'의 '2) 본명반 보는법'에서 제시한 순서대로 살펴본다.

생년월일시를 가지고 명반을 작성한 다음 ❶ 명궁과 ❷ 身宮을 살피고 ❸ 천이궁 ❹ 재백궁·관록궁 ❺ 복덕궁 ❻ 부처궁 ❼ 자녀궁·전택궁 ❽ 부모궁 ❾ 형제궁의 순서로 십이사항궁을 살핀다.

'1. 궁과 성을 보는 순서'에서 제시한 순서에 의하면 ① 본궁의 14정성을 기준하여 ② 본궁·삼방사정·협궁에서 작용하는 정성·보좌길성·잡성을 본다. 이때 본궁의 14정성의 속성에 따라 궁을 보는 순서가 달라질 수 있고, 본궁·삼방사정·협궁에 작용하는 성의 비중에 따라 위주로 보아야 할 궁이 달라진다고 전제하였다.

이 명은 ❶ 인궁이 명궁이며 ① 자미천부가 좌하고 있다. ❷ 身宮은 술궁으로 무곡이 좌하고 있으며, ❸ 대궁에는 칠살이 좌하고, ❹ 삼방으로 재백궁에 무곡, 관록궁에 염정·천상이 있다.

(1) 명궁을 본다.

① 명궁의 14정성을 살핀다

이 사람의 성정은 자미의 화기(化氣)인 '帝'의 속성대로 위인이 후중하고 체면을 중시하며 리더쉽이 있다. 삼방사정의 14정성을 살펴보면, 소위 자부염무상 계열의 성이 명궁의 삼방사정에 포진하고 있으니 그릇이 크다.

② 명궁의 정성이 원하는 것은 무엇인가

자미는 백관조공이 가장 중요 자미는 황제의 성이므로 황제를 보필하는 백관조공의 성이 있는가가 가장 중요하다.

   삼방사정에서 보필·창곡·천괴가 비추므로 일단 황제가 보좌하는 신하를 보니 격이 이뤄져 있다. 보좌길성을 살필 때 홀로 작용하는지 쌍으로 들어오는지를 살펴야 하며, 길성의 위치에도 주의를 기울여야 한다. 이 경우 보필·창곡은 짝으로 들어오지만 천괴는 명궁에서 홀로 만나고 있으므로 그 힘이 약화된다.

자미는 삼태를 보아야 한다 또 자미는 자미의 특수한 성질 때문에 삼태(부모궁 상태·명궁 중태·형제궁 하태)를 보라고 했다. 이는 자미가 특별히 황제적인 신분 때문에 보좌하는 성뿐만 아니라 궁의 보좌도 따졌기 때문에 협궁(즉 부모·형제궁)의 역할이 중요한 것이다.

   협궁을 살펴보면 묘궁의 녹존과 축궁의 천기화록이 협하고 있다. 자미가 중시하는 협궁에 쌍록이 있어서 명궁의 자미를 돕고 있으니 자미는 부모형제로부터 녹으로 인한 보좌를 얻고 있다.

   실제로 이 명에서 쌍록 협의 작용은 부모형제의 덕이 있고 정이 두터울 뿐만 아니라 부모가 하던 가업을 잇는 것으로 나타났다.

천부는 녹의 유무가 가장 중요 천부도 또한 주성이니 백관조공을 원하기는 하나, 천부는 '庫'이므로 백관조공보다 녹의 유무가 더 중요하다. 이 명의 경우 쌍록이 천부의 협궁에서 협하고 있는데, 이것을 천부가 록을 본 것으로 보아야 할까, 보지 못한 것으로 보아야 할까?

비유하자면 금고 안에 돈이 이미 있는 것이 아니라 주위에서 돈을 넣으려고 대기하고 있는 것과 같으니 냉정하게 천부의 입장만을 본다면 공고(空庫)가 된다. 즉 금고 밖에 쌓인 돈은 이미 내 돈이 아닌 것이다. 그러므로 천부가 이런 조건에 있다면 대기업이나 공직이나 거대조직 속에서 운신하는 것이 좋으며, 독자적인 업은 좋지 않게 된다. 독자적인 업을 한다는 것은 천부가 천부의 삼방사정의 현실 속에서 움직이는 것인데, 이 경우 록을 직접 볼 수 없으니 공직이나 대기업 등의 울타리(즉 협궁)가 있다면 천부가 쌍록을 보기 때문에 창고가 채워진 것과 같은 것이다. 즉 이와 유사한 상황의 명이라 하더라도 독자적으로 업을 일으키느냐, 아니면 조직 내에 있느냐에 따라 그 운명이 달라진다.

봉부간상(逢府看相) 천부를 보면 천상을 보라 했으니 천상을 살핀다. 천상의 상황이 나쁘지 않으니 재권(財權)을 운용함에 있어 장애가 없을 것 같으나, 이미 천부가 녹이 없으므로 녹을 움직이는 천상의 권세도 그만큼 약화된다.

봉부간살(逢府看殺) 천부는 또한 대궁 칠살도 보라 했으니 칠살의 상황도 같이 살펴야 한다. 칠살은 생지에 좌하고 좌보·문곡·천월과 동궁하면서 삼방에서 양타·영성을 보니 칠살의 힘이 강하다. 천부의 보수적인 측면을 중화시켜주고 활동력을 강화하는 선한 작용으로 본다.

③ 명궁의 정성에 영향을 주는 보좌살성을 살핀다.

보좌길성을 살핀다   우선 자미가 삼방사정에서 백관조공을 보고 자미·천부를 쌍록으로 협하여 자미는 삼태의 보좌를 얻고 천부는 쌍록의 도움이 있다. 그러나 녹의 도움을 얻고 있다 하더라도 그 녹이 얼마나 충실한 녹인가를 따져 볼 필요가 있다.

묘궁의 녹존은 쇠지에 좌하면서 이미 지겁과 태음화기에 의해 깨져 있고, 축궁의 천기화록만 온전하다. 그리고 묘궁의 태음화기는 타라와 같고(타라의 化氣는 忌) 축궁의 천형은 경양(경양의 化氣는 刑)과 같아서, 경양·타라가 협하는 것과 비슷한 영향을 자부가 받게 된다. 실제로 부모형제의 조력과 애정은 많았다. 그러나 사회에서 윗사람(부모궁은 상사를 주관하는 궁이다)을 잘못 만나서 다니던 대학을 중퇴하고 십년 넘게 종교에 빠져 허송세월하느라 사회적 기반을 전혀 닦지 못해 뜻을 펼치지 못한 채, 불혹의 나이가 되도록 지난시절의 빚에서 허덕거리고 있다.

쌍록 협이기는 하나, 천부에는 큰 도움이 없고 자미의 보좌적인 측면만 증대되므로 자미의 속성이 두드러지게 된다. 또 자미화과가 명궁에 좌하니 자미·천부 중 자미의 성향을 강화시키고 자미의 명예를 증가시킨다.

살성을 살핀다   살성을 보면 영성과 타라가 명궁에 좌하고 있다. 살성을 보더라도 살성의 음양에 주의를 해야 한다. 가령 경양·화성이라면 양적인 살이고 영성·타라는 음적인 살이다. 전자는 명(明), 후자는 암(暗)의 성향이 있다.

자미나 천부는 살성에 대한 저항력이 있기 때문에 다른 경우에 비해서 살성을 꺼리지 않는 편이다. 자미·천부가 인신궁에 좌하면 대체로 대기만성형인데, 영성·타라는 영성음화가 타라 음금을 제련하느라 시간이 걸리므로 영성·타라는 자부의 대기만성의 성향을 더해줘서 더욱 늦게 발달하는 암시를 가져다주며, 대운과 배합되지 못할 때는 예기치 않은 좌절과 타격을 받게 된다.

2) 잡성을 본다.

잡성을 보는 방법은 한마디로 유유상종(類類相從)의 법칙에 충실하면 된다. 즉 비슷한 것 끼리 모인다는 법칙대로, 잡성을 보더라도 정성의 본질이나 보좌살성에 의해 구조화된 모종의 분위기와 개념이 비슷한 잡성을 주로 보고, 그렇지 않은 잡성은 같은 잡성이라도 영향이 적거나 미미하다고 보는 것이다.

이런 식으로 잡성을 본다면 많은 잡성을 보더라도 교통정리를 쉽게 할 수 있는 것이다. 잡성을 보는 이러한 관점은 어느 책에도 나와 있지 않는 비법과 같은 것이므로 독자들은 유념해야 할 것이다.

(1) 백관조공성

백관조공성을 엄격히 표현한다면 백관조공격을 이루는 성이다. 여기서는 생략해서 백관조공성이라고 칭한다. 삼방에서 들어오는 태보·봉고가 쌍비호접(雙飛胡蝶 : 술궁, 오궁에서처럼 한 쌍으로 비추는 것을 말함)하듯이 비춘다. 태보·봉고는 좌보·우필의 역량을 증가시키고 지위가 있음을 의미하니 보좌길성과 더불어 백관조공의 역량을 강화한다.

팔좌도 태보와 동궁하면서 자미를 비추므로 역시 자미의 지위를 증대시키는 면이 있으나 단성으로 들어오니 약하다. 그러나

身宮에 팔좌가 좌하고 삼태가 공조(拱照)하고 있으며 팔좌는 태보와 동궁하고 삼태는 귀를 주관하는 잡성인 천관과 동궁하면서 身宮에 직접적인 영향을 주고 있다. 만발(晚發)을 의미하는 무탐성계가 身宮이니 인생의 후반기에 재력(武曲)과 지위(삼태·팔좌)가 있을 수 있음을 알 수 있다.

(2) 고신·과수

申宮에서 공조하는 고신은 다른 잡성보다 매우 큰 영향을 미친다. 왜냐하면 자미천부가 인신궁에 있으면 기본적인 성정이 고독의 암시가 있기 때문이다. 이 경우는 자부가 영타와 동궁하고 있고 형기의 협이 된 상태이기 때문에 자부가 고립과 고독의 암시가 있기 쉬운 구조 속에서 고신을 보니 자부성계의 고독한 면을 더해주게 된다.

또 복덕궁을 보면 탐랑이 경양과 좌하면서 과수가 있는데, 대궁 무곡과 더불어 과수격을 이루니 더욱 정신적인 측면에서 고독하거나 공허할 소지가 있게 되며, 또 身宮에서도 과수성인 무곡이 좌하고, 과수가 양타와 영성을 보니 자미·천부의 고독한 성향을 더욱 강화시켜준다.

명·신궁이 구조적으로 고독적인 성향이 있는 정성이 좌하고 있으니 이런 상황에서 고신·과수 등의 성은 다른 잡성보다 격외로 영향을 미치는 것이다. 명·신궁에서 이렇게 고독과 공허·탈속적인 성향이 구조화 되어 있었기 때문에 천기·천형·화개·死가 좌하며 삼방에서 지공·절공을 보는 기축대운에 이르자 이 대운에 대학을 중퇴할 정도로 종교에 빠져들 수 있었던 것이다.

(3) 도화성

이 명반을 보면 삼방사정에서 천요를 뺀 도화잡성을 다 보고 있다. 즉 오궁에 함지·대모, 술궁에 대모·홍란, 身宮에서 홍염까지 보고 있는데도 이 명은 전혀 여자를 밝히지 않는다. 이것은 명·신궁의 본질이 '고독'으로 구조화되었기 때문에 도화성을 보더라도 색(色)과는 관계가 없는 성향을 보인 것이다.

(4) 천주

실제로 이 명은 여자나 도박 등과는 전혀 상관없이 술만 두주불사할 정도로 좋아한다. 여기서 오궁의 천주는 음식의 성이지만 오궁에 있는 도화성 함지·대모와 함께 있으면서 먹는 도화, 즉 술의 암시를 띠면서 자미·천부에 영향을 주므로 술을 특히 좋아하게 된 것이다.

물론 천주가 없어도 이런 식으로 정성의 성계가 고독적인 성향으로 구조화 되면서 도화성을 보면 성향적으로 여자는 밝히지 않지만 술을 좋아하거나 예술적인 성향으로 나타나는 경우가 많다. 그런데 이 경우는 천주라는 잡성 하나로 술을 좋아하는 속성이 더욱 강하게 나타난 것이다.

3) 身宮을 본다

身宮은 성격·격국·건강·신체적인 특징 등에서 명궁과 더불어 조정작용을 하는 궁으로 매우 중요하다.

(1) 신궁의 정성을 살핀다

이 명의 경우는 술궁 재백궁이 身宮이 되면서 무곡 재성이 좌하고 있다. 무곡은 본래 행동의 성이므로 명궁의 자미·천부가 명분과 체면 때문에 행동력이 부족해지거나 우유부단하기 쉽고 게으른 결점을 이 身宮의 무곡이 보완해 준다.

또 명궁의 구조가 자미의 성향이 우세하여 명예에 치우치기 쉬운 부분을, 身宮의 재성 무곡에 의해 재물에 대한 관심도 가지게 해주므로 명예와 재물을 동시에 고려하게 하는 긍정적인 작용을 가져다준다. 그러나 명궁 자미의 성향이 지향하는 바는 관직이나 명예지만, 身宮의 재성 무곡 때문에 명예적인 관심과 재적인 지향성 사이에서 이러지도 저러지도 못하는 모순도 있다.

실제로 이 명은 매우 행동력이 뛰어나며 사업에 대한 성취욕이 강하고 재적인 기도심이 있으나 타고난 종교적인 성향과 이상적인 성향으로 인해 현실과 이상과의 괴리감을 몸으로 느끼고 사는 삶을 살고 있다.

무곡 재성이 좌하면서 대궁에 탐랑이 있으니, 身宮이 뜻하는 후반생의 의미에 더하여 무탐조합의 '선빈후부(先貧後富)'의 암시를 더해보면 이 명은 후반생에 재적 성취를 볼 암시가 크다. 身宮도 명궁과 마찬가지로 좌한 성의 묘왕평한함도 매우 중요한데, 이 경우 무곡은 묘왕지에 좌하여 身宮을 튼튼하게 해주고 있다.

(2) 신궁의 삼방사정을 살핀다

 삼방사정을 보면 양타·영성의 삼살을 보는데, 이러한 살성이 무곡을 비추면 상명인재(喪命因財 : 돈 때문에 목숨을 잃는다는 뜻)라 해서 재적으로 매우 불리한 조합이 된다.
 무곡이 재백궁에 있으니 더욱 이러한 암시는 일차적인 고려의 대상이 되는 것이다.
 여기서 동궁한 대모와 오궁의 천공은 동궁한 태보·홍란·팔좌·주서·반안 등의 잡성뿐만 아니라 천관·삼태·음살·천주·봉고 등의 잡성에 우선하여 가장 강한 영향을 미치게 된다.
 그것은 이미 재성 무곡이 좌하고 있으며 상명인재의 암시를 띤 격이 형성되었기 때문에 재적 성패와 관련한 잡성과 가장 강렬하게 반응하기 때문이다. 이런 상황에서의 잡성인 대모는, 이미 무곡이 살성을 만나 재적으로 불리한 성향을 가중시켜 재적인 불리함을 더하게 된다.
 身宮이자 재백궁의 구조가 이러하므로 선천적으로 재물의 산실(散失)이 빈번한 삶을 살게 되기 십상인데 현상적으로도 그러해서 늘 빚에 쪼달리는 경향이 있고 빈번히 잘못된 투자를 감행했다가 재적 부담을 초래하곤 한다.
 또 身宮의 성인 무곡은 복덕궁과 마주보는 재백궁에 좌하고 있어서 재적인 면 뿐만 아니라 복덕궁에도 지대한 영향을 주게 되는데, 무곡은 본래 과수(寡宿)의 성으로 화성이나 영성을 보면 더욱 그렇다. 이 경우는 무곡이 인궁에서 영성을 보아 이미 과수격(寡宿格)을 이루고 있다. 그러므로 이러한 무곡성계는 복덕궁에 강렬한 영향을 주어 이 명으로 하여금 정신적으로 강렬한 고독과 고극적인 성향과 감정불리의 요소를 가져다주고 있는데, 진궁에서 과수(寡宿)를 보아 여타 잡성보다 우선하여 무곡에게 영향을 주어 무곡으로 하여금 과수적인 성향을 심화시킨다.

여기서 조금 추론을 심화해보자면 무곡이 술궁에 있으면서 양타·영성·과수를 각기 명궁과 복덕궁에서 보니, 과수격으로 말미암은 고독적인 성향은 외부적인 상황에 의해서가 아니라 자초한다는 사실이다. 그리고 이러한 자초한 과수(寡宿)는 이 명이 젊은 날 학업도 포기하고 십년이 넘게 종교에 심취한 현상을 이해할 수 있는 매우 유용한 키가 되는 것이다.

4) 재백궁 · 관록궁 · 천이궁 · 복덕궁을 본다.

(1) 재백궁

이 명은 身宮이 재백궁과 동궁하므로 위의 身宮의 분석에서처럼 재의 산실이 빈번하지만 만발조합이 구성된 데다가 재성이 묘왕지이므로 인생 후반기에 재적인 안정을 누려볼 수 있다.

(2) 관록궁

관록궁 염정·천상은 살성이 없이 우필·문창 등의 성이 좌하여 궁이 깨끗하고 협궁의 상황도 크게 나쁘지 않아 좋다고 할 수 있으나, 일개인의 직업은 관록궁 하나만 가지고 판단할 수 없으며 반드시 명·신궁의 상황과 배합해서 살펴야 한다.
　관록궁의 상황만으로 본다면 직업이나 사업에 대해 어떠한 의식형태를 가지고 있느냐를 살피는데 유용할 것이다.
　염정·천상이 관대지에 있으면서 관록을 주관하는 성이 좌하고 있으니 정성만으로 본다면 공직·교직·대기업 등에 근무하는데 유리하다. 실지로 이 명은 20대에서 30대 초반까지 십년넘게 종교단체에 입문하여서 성직자로 설교와 전도를 업으로 하면서 보낸 적이 있으니 이러한 관록궁의 성계는 그렇게 나타난 것이다.
　그러나 이 명이 장사나 사업을 한다면 어떨까? 염정·천상 성계의 속성상 중개·대리점형태의 장사나 사업을 꿈꾸기 쉽다. 이 명은 그런 류의 업에 손을 댔었고 지금도 그런 류의 사업을 하고 있다. 염정·천상과 동궁한 천주·함지·대모 등의 잡성으로 인해서 유독 먹는 것과 관계된 업종에 관심이 많으며, 부친이 하던 한과업을 물려받아 운영하고 있다. 또 동궁한 문창, 술궁의 주서, 인궁의 자미화과 등으로 인해서 교육이나 문화사업·신문사업 등에도 관심이 많았다.

cf) 보좌길흉성의 응용법

여기서 한 가지, 보좌길흉성의 응용법에 대해 설명해 보자.

일반적으로 보좌길성과 흉성은 대부분 짝성이므로 짝성이 협하거나 동궁하거나 쌍비호접식으로 비추는 궁에 유의해야 한다. 가령 이 명의 경우는 노복궁을 보필과 창곡이 협하고 있고 양타는 부모궁을 협하고 있다. 길성은 길한 의미로, 흉성은 흉한 의미로 해당궁에 커다란 영향을 주기 때문에 이러한 궁에 유의해야 한다. 이것은 이러한 성이 단독으로 어떤 궁에 영향을 줄 때보다 짝으로 만날 때 힘이 배가 되기 때문에 짝으로 영향을 주고받는 궁에 유의해야 하는 것이다.

이러한 원리를 다르게 응용해 볼 수도 있다. 가령 관록궁에는 우필·문창·대궁에는 천괴로 보좌길성의 단성(單星)만 보고 있으므로 짝성으로 있을 때보다 보좌하는 힘이 무력한 것이 사실이다. 그런데 천이궁을 보면 나머지 보좌성인 천월·문곡·좌보를 보고 있으므로 관록적인 측면의 보좌단성의 무력함은 천이적인 측면을 가미함으로서 온전해진다는 것을 알 수 있다.

이것을 현상에 적용하여 서술한다면, 공공적인 속성·대리·중개의 속성의 관록궁 성향은 천이 즉, 활동적이고 개창적인 속성을 가미해야 온전한 직업 또는 사업적인 성취를 볼 수 있다는 것이다.

이렇게 보좌단성을 어느 궁에서 보았을 때 짝에 해당하는 성이 어느 궁에 있는가를 보아서 후천적으로 가강하거나 보완하거나 피해야 할 부분을 찾는 것은 어느 책에도 나오지 않는 방법이니 추론에 응용한다면 매우 신묘함을 얻게 될 것이다.

또 이것을 더 확장해서 응용해 보기로 하자. 명궁에 영성이 있는데 짝성인 화성이 노복궁에 있다. 이것은 직접적으로 이 명이 아랫사람 또는 후배에게 피해를 입거나 귀찮은 일이 있을 수 있음을 암시하며, 동업 등에도 불리함을 알 수 있다. 이런 식으로 모든 보좌길성과 짝성을 응용해 볼 수 있다.

(3) 천이궁

천이궁 칠살은 申宮의 사생지에 좌하고 십이운에 생향에 좌하고 있으며 칠살이 좋아하는 괴월을 짝성으로 보고 있고 대궁에서 자부에 자미화과를 보고 있으니, 귀인의 조력이나 발탁이 많고 타향이나 외국에서 기회가 많음을 암시할 뿐더러 활동력이 크고 외부에서 인연도 좋음을 알 수 있으나 삼방에서 비추는 경양·타라·영성의 삼살은 칠살로 하여금 불안정하게 하여 거주지의 변동이 많거나 출행에 수시로 장애가 생기는 것을 암시한다.

(4) 복덕궁

복덕궁 탐랑은 도화성이나, 사묘지(四墓地)인 진궁에 좌하여 도화의 성향이 줄어든데다, 과수격을 구성하고 있는 무곡이 대조하면서 들어오고 본궁의 과수와 더불어 申宮에서 고신까지 비추니 탐랑의 도화적인 성향은 전혀 발휘되지 못한다.

여기에 본궁의 관부·申宮의 관삭(태음)·자궁의 墓 등의 잡성은 강제하고 단속하는 성질이 있으므로 탐랑은 더더욱 도화로 발현되지 못하며, 명궁성계의 속성과 반응하여 탐랑의 성질이 도화가 아니라 오히려 탈속적인 성향을 띠게 된다. 그러므로 명궁에서 도화성을 그렇게 보아도 색을 밝히거나 하지 않고 종교·오술·수행 등에 오히려 관심이 많았던 것이다.

 이 명이 현상적으로 이러한 명궁과 복덕궁의 성계의 성향을 증폭시키는 기축대한에 종교계에 입문은 했으나 정해대한에 다시 사회로 돌아와 탈속으로 종신(終身)하지 않은 것은 공망성이나 화개 등을 원명에서 보지 않았기 때문이다.

5) 기타 십이사항궁을 본다.

(1) 형제궁

형제궁을 보면 형제성인 천기가 화록이 되면서 명궁에 협으로 영향을 주니 형제와 사이가 좋으며 대궁의 천량의 고독성계와 더불어 화개·절공·지공 등의 성을 보니 종교계통의 친구들이 많다.

(2) 부처궁

부처궁에는 파군이 좌하고 있다. 남녀를 막론하고 천부가 명궁에 있으면 반드시 부처궁에 파군이 있으므로 혼인불미의 요소가 매우 많다. 파군이 묘지(墓地)에 있으면서 삼방에서 고신·과수를 보고 화기·식신·음살·천공 등의 감정불리의 성이 포진하고 있으며, 협으로 천곡·천허를 보고 복덕궁에서 살성인 경양을 보므로 부처불화하며 부처간에 끈끈한 정이 없다.

특히 부처궁 파군이 삼방에서 살이 전혀 없이 오직 진궁 복덕궁의 경양을 보아 파군을 격동시키고 있는데, 이는 부인과 본인이 정신적인 취향이나 이상이 달라서 부처간에 불화함을 의미한다. 현상적으로 갈등·다툼·우여곡절·위기가 많은 결혼생활을 영위하는 것으로 나타났다.

(3) 자녀궁

자녀궁은 함지에 절지의 태양이 좌하고 있으며 겁공·절공·순공·화성·화기를 보고 있다. 동궁한 천마와 절공은 '종신분주(終身奔走)'의 의미이고 천마와 화성은 '전마(戰馬)'가 되므로 자녀궁을 매우 불안하게 하고 있다. 태양과 동궁한 천마가 天月·병부·천량 화권과 동궁한 화성·절공이 '마우공망'과 '전마'가 되는 것에 유의하자. 이궁은 부처궁을 명궁으로 볼 때 부처궁의 질액궁이기도 하기 때문에 실제로는 처의 몸상태 때문에 아이를 가지는데 온갖 우여곡절을 겪는 것으로 나타났다.

또 자녀궁 본궁에 천허가 있는데, 이 성을 보는데는 설명이 필요하다. 천허는 천곡과도 짝성이지만 대모와도 짝성이며, 항상 서로 이웃하고 있다. 이 경우는 술궁 재백궁에 대모가 좌하고 있다. 통상 허모(虛耗)라고 부르며, 천허와 대모를 볼 때는 항상 이렇게 옆궁을 살펴서 길흉을 살펴야 하는데, 이 경우는 자녀 때문에 재를 없애는 것으로 응기한다.

실지로 이 명은 결혼 십년동안 자궁외 임신·자연유산·태아이상 등으로 자녀를 갖지 못하다가 인공수정을 시행하여 남보다 배나 많은 돈을 들이고 고통을 겪으면서 우여곡절 끝에 계미년에 아들을 생산했다.

(4) 질액궁

질액궁은 질병과 사고를 보는 궁이지만 통계적으로 질액궁으로 질병의 유무를 살필 수 없다. 질병이나 사고의 유무는 반드시 명·신궁을 중심으로 봐야한다. 특히 身宮의 향배가 중요한데, 이 경우 身宮은 살성이 좌하지 않고 정성도 묘왕지로 건전하고 질병성이 좌하거나 하지 않았으며 명궁도 정성이 튼튼하고 살성이 있어도 이살제살되므로 건강상에 하자가 없다. 매우 건강체질로 크게 병치레를 하거나 하지 않는다.

질액궁은 운에서 身宮과 같이 사화에 의해 인동될때 실지로 질병이나 사고의 의미를 가지게 되므로 운에서는 질액궁의 인동에 유의해야 한다.

(5) 노복궁

노복궁은 천량화권이 좌하면서 삼방에서 쌍록과 천마를 보아 록마교치가 이뤄지고 보필과 창곡이 협하고 있다. 길화와 길성이 명·신궁의 삼방에 있지 않고 노복궁에 가 있으니 이는 노복 즉 아랫사람이나 동업자·직원들의 기세가 강하고 그들만 이익을 얻을 뿐 내게는 큰 이익이 없는 것으로 나타난다.

실제로도 친구나 아랫사람과 번번히 합작이나 동업을 하다가 실패를 보는 경우가 많았으며 천량화권에 보필이 협되어 있으니 명조 본신이 친구나 아랫사람의 일을 해결하고 도와주어야 하는 상황이 많이 생겨서 시간과 돈을 낭비하는 일이 많았다.

(6) 전택궁

전택궁은 관대의 거문이 좌하고 있는데, 대궁의 태양이 함지가 되고 천마를 보며 천기화록을 보니 거문이 가지고 있는 암적인 본성에 따라 거주지의 변화가 많으며 전반생은 분주히 고생이 많은 연후에 부동산을 마련할 암시가 있다.

　아울러 전택궁에 천무가 있으니 부업을 이어받거나 유산상속을 받을 암시도 있다. 실제로는 부친의 가업을 이어받아 운영하고 있으며 40이 되도록 전세와 월세를 전전하며 자기 집한 칸 없는 생활을 계속하였다.

(7) 부모궁

　부모궁은 함지의 태음이 좌하고 녹존이 동궁하고 있으며 지겁과 동궁하고 있다. 삼방에서 겁공·절공·순공·절공 등의 공망성을 다 보는데 부동산성인 태음이 화기가 되면서 녹존과 동궁하고 양타협기가 되므로 부모님이 조업이 없이 자수성가한 분이라는 것을 알 수 있으며, 태음이 화기가 되면서 양타협을 받으니 부친이 8개월만에 조부를 잃고 편모슬하에서 갖은 고생을 하며 한과기술을 배워 자수성가 하였다고 한다.

　본궁에 태음화기가 좌하고 삼방에서 원칙을 뜻하는 천량화권이 비추고 더불어 양타협된 녹존과 동궁하니 아버지의 성정이 고집스럽고 자기 뜻을 굽히지 않는 분이다.

　여기서 부모궁의 태음화기는 여자육친을 뜻하니 일찍 어머니를 여의거나 해야할 듯하나 오히려 아버지를 먼저 여읜 것으로 나타난 것은 다음과 같이 해석하면 된다. 즉 아버지가 먼저 돌아가셨으니 아버지가 없는 자리를 어머니가 메워야하므로 어머니가 수절하면서 갖은 고생을 하는 것이 이렇게 나타난 것이다. 부모궁에 녹존이 동궁하여 먹고 살만 하였지만 태음화기에 지겁이 있어 양타협살·협기가 되니 부친이 큰 부를 이루지 못하였고 오히려 이 큰아들인 이 명조 때문에 빚만 기천만원 진채 70세가 되도록 고생스럽게 일하고 있다.

6) 대운 분석

운을 추론하는데 있어서는 사화가 매우 중요하며 길흉사가 모두 사화의 인동으로 나타나지만, 이 책에서는 사화의 운용에 관한 복잡한 메카니즘을 통한 운추론은 생략하고 간단하게 대한의 상황만을 분석한다.

대한을 보는 법은 원명을 분석할 때와 같이 대한본궁과 대한 삼방사정을 보고 대한의 십이궁을 분석하지만, 그에 앞서 원 명·신궁의 성향과 배합하는 것을 절대 도외시해서는 안된다.

아주 흔한 비유로 원국은 차가 되고 대한은 그 차가 다니는 길이 되기 때문에 똑같은 길이라도 원국의 상황에 따라 길흉이 다르게 나타난다. 그래서 항상 어떤 성질을 가진 명궁이 어떤 대한을 만나느냐를 먼저 보고 난 후에 대한의 삼방사정을 면밀히 살펴서 길흉을 논해야 하는 것이다.

(1) 무인대한(5~14세)

명궁과 같은 대한으로 복덕궁에 대한탐랑화록, 부모궁에 태음화과, 관록궁에 우필화과가 있으며 천기화기는 대한 형제궁에 있다.

여기서 천기화기가 있는 궁은 선천의 천기화록이 있으니 이는 14살까지의 대인관계 등이 매우 빈번함을 암시할 뿐 흉상으로 작용하지 않는다.

대한관록궁에 우필화과가 있어 공부도 잘하고 복덕궁에 탐랑화록이 있으니 매우 만족할만한 십년을 보냈다.

(2) 기축대한(15~24세)

위에 설명한대로 이 대한에 천기·천형·화개·사·대궁의 천량·절공·지공 등의 공망성이 모두 비추니 원국의 고독과 고립적인 성향이 이 대한에 와서 더욱 심화된다.

천기·천량 등의 성은 수행과 밀접한 성인데, 이런 성들이 함지에 있으면서 공망성·화개·천형을 보고 있으니 자연히 원국의 자미·천부가 이 대한으로 오자 종교에 관심을 가지게 되는 것이다. 이렇게 대한의 삼방사정이 정신적인 성향이나 탈속적인 성향을 가지고 있는데다 정신을 관장하는 대한복덕궁까지 좋지 못하다면 그런 쪽으로 집착하게 되는데, 이 대한의 복덕궁을 보면 녹존에 태음화기가 지겁과 동궁하며 양타협기·양타협살의 구조를 이루고 있다.

태음화기의 징험은 투자착오로 나타나는데, 이 경우는 정신적인 스승(선천의 부모궁과 대한의 복덕궁을 조합해서 추론한 것)에 대한 투자착오, 즉 정신적인 스승을 잘못만나 종교에는 귀의했지만 학업 등 일체의 사회생활을 포기하고 부모의 기대는 뒤로하고 종교가의 길을 가기로 결심하고 종교에 매진하게 된 대한이다.

(3) 무자대한(25~34세)

'선파후성(先破後成)'하는 의미의 파군이 좌한 대한이다.

파군이 묘·식신·소모·해신과 동궁하고 삼방에서 고신·과수·경양을 보아 파군의 성향이 고립·고독한 면에서 개창하기 쉬운데, 원국의 고독과 고립의 속성을 가진 자미·천부가 록을 보지 않은 파군을 만나니 변화가 많게 된다. 이 후반년에 결혼을 하였으나 가정을 돌보지 않고 종교에만 전념하는 바람에 부인의 고생이 말이 아니었으나, 조직 내에서는 자기자리를 구축한 대한이기도 했다. 삼방에서 보는 탐랑화록은 종교단체에서 자기자리를 잡는데 영향을 준 것이다.

삼방사정의 상황은 나쁘지 않아 보이지만 이 대한 십년도 계속 종교에 몰입하면서 일체의 사회생활을 멀리하고 기축대한에 입문한 종교에 계속 몸을 담으면서 활동을 지속했던 것은 전대한의 일이 현재 대한까지 사화에 의해 계속 이어졌기 때문이다. 이 부분은 『실전자미두수』의 '보수무의(步數無依)'를 참조하기 바란다.

이 대한에 유의해야할 부분은 대한복덕궁이다.

대한천기화기가 축궁에 있으면서 묘궁의 선천태음화기와 함께 대한 복덕궁을 쌍기로 협하고 있어 자부살의 고독과 탈속적인 성향을 가강시키고 있음을 볼 수 있으며, 복덕궁의 영성·타라가 쉽게 그 종교에서 빠져 나오지 못하는 점착력을 가져다주고 있음을 알 수 있다. 복덕궁은 재백궁과 서로 마주하고 있으므로 자부성계를 쌍기로 협한 영향 때문에 재정적으로도 허명허리(虛名虛利)에 불과하였을 뿐 재적성취를 이루지 못하고 재물로 인한 고통이 심하였다.

(4) 정해대한(35~44세)

정해대한은 태양이 좌한 대한이다.

원국의 자미와 천부는 기본적으로 태양을 좋아한다.

대한 명궁에 살이 없고 대한 복덕궁도 지난 두 대한처럼 화기가 좌하거나 쌍기가 협하거나 하지 않고 선천천기화록에 대한천기화과가 되어 정신적으로 치우치지 않는다.

무자대한 마지막 34세에 고향에 내려와서 가업을 이어받아 종교단체에서 벗어나 현실생활로 돌아왔다.

원래 태양은 역마성인데 천마와 동궁하고 있으며 관록궁에서 태음이 화기가 되면서 영향을 주니 분파노록한다.

지공·지겁·절공 등은 태양으로 하여금 이상이 높게 하니 끊임없이 새로운 변화를 시도하였으나 번번이 좌절을 맛보곤 했다.

대한거문화기가 사궁에 있어 태양입장에서는 쌍화기가 비추고 있으며, 거문화기와 태음화기가 진궁 대한노복궁·선천복덕궁을 협하고 이 궁에 탐랑과 경양이 동궁하여 대한명궁의 성계보다 노복궁의 성계가 강하므로 아랫사람이나 친구와의 동업 등은 불리하다. 이 대한 중 2000년 경진년에 동업으로 어떤 일을 추진하다가 손해만 보고 말았고 2001년 신사년 말에 다시 동업을 하였으나 계미년에 실패하고 말았다.

또 대한성계가 거일성계로 이족성계에 해당하니 이 대한에 조선족과 무역을 했으나 이익을 얻지 못했으며, 대한천이궁이 선천전택궁과 동궁하면서 거문화기가 되고, 대한관록궁은 부모궁과 동궁하면서 화기가 되어 들어오는데, 이 대한 중에 집문제로 시끄러웠을 뿐만 아니라 몇 번의 이사를 했으며 장모와의 갈등이 심화되어서 집안이 시끄러웠고 거문화기와 태음화기가 선천자녀궁과 동궁한 대한명궁에 영향을 주므로 자녀문제 또한 불리하니 신사년에는 8개월된 아이가 사산된 일도 있었다.

　언제 어떤 일이 일어날지는 반드시 사화의 인동여부로 살펴야 하는데, 그것은 『실전자미두수』를 일독하면 요령을 익힐 수 있을 것이다.

책소개

자미두수를 깊이있게 공부해 나가기 위해서 앞으로 어떤 내용을 익히면 될 것인지에 대한 방향제시로, 자미두수 책을 소개하였다. 어느 학문이든 훌륭한 스승과 좋은 책을 만나는 것이 아주 중요하다. 필자가 지금까지 공부해왔던 책 중 읽어봐야 할 책이나 필자의 책을 같이 소개한다. 이 입문을 보고 자미두수전서를 본 뒤에 실전자미두수를 보면 어느 정도 실력이 완성될 것이다. 그 후로 여기에 있는 책들을 참고한다면 일취월장할 것이라고 굳게 믿는다.

| 1 | 자미두수전서(상, 하)
紫微斗數全書 | 진희이
陳希夷 | 대유학당 | 2003년 |

자미두수의 유일한 고전이다. 두말할 것도 없이 읽어야 한다. 백과사전식 참고서적이다.

| 2 | 심곡비결
深谷秘訣 | 김치선생
金緻先生 | 대유학당 | 2004년 |

한국에서 내려오는 자미두수고전이다. 우리나라의 수많은 선학들이 이 책을 가지고 공부했다. 역시 백과사전식 참고문헌으로, 자미두수에서 오행의 생극제화를 공부하고 싶은 이라면 반드시 읽어야 할 책이다.

중화민국초기에 나온 책으로 준고전이다.

| 3 | 두수선미
斗數宣徵 | 관운주인
觀雲主人 | 集文書局
집문서국 | 2001년 |

『전서』 다음으로 오래된 책으로 취할 것이 많은 책이다.

대운이나 유년을 볼 때 십이사항궁을 배치하는 등의 방법들은 모두 이 책에서 나온 것이다.

| 4 | 왕초보자미두수(상, 하) | 김선호 | 동학사 | 2000년 |

이 "자미두수입문"을 읽고 난 뒤에 참고로 읽으면 좋을 책이다.

| 5 | 알기쉽게 풀어 쓴 자미두수 | 박종원 | 동학사 | 2001년 |

14정성이 십이궁에 있을 때의 현상을 나열한 부분이 참고할 만하다.

| 6 | 실전자미두수(1, 2) | 김선호 | 대유학당 | 2004년 |

자미두수추론법의 전모를 밝혀놓은 책이다. 자미두수의 추론에 관심 있는 이라면 반드시 읽어봐야 할 책이다.

7	중주파계열의 책			
	1) 안성법과 추단실례 安星法及 推斷實例	왕정지 王亭之	자미두수학회 紫微斗數學會	1995년
	2) 중주파자미두수 초급강의 中州派紫微斗數 初級講義	〃	〃	1995년
	3) 중주파자미두수 심조강의 中州派紫微斗數 深造講義	〃	〃	1995년

| 4) 두수사서 4권
斗數四書 4卷 | 〃 | 박익문고
博益文庫 | 1995년 |
| 5) 왕정지 담성
王亭之 談星 | 〃 | 〃 | 1995년 |

　이상은 중주파 왕정지 선생의 저서로 자미두수를 공부하는 이라면 한번쯤 참고할만한 할 책이다. 중주파는 자미두수의 전통을 제대로 이어받은 학파로 성과 성계의 특성 등에 대한 서술이 자미두수의 원조답게 매우 논리적이고 자세하다.

　1, 2, 3번은 모두 홍콩의 '자미문화유한복무공사(紫微文化有限服務公社)'에서 출판하고 나머지 4, 5번의 5권의 책은 홍콩의 '박익문고(博益文庫)'에서 출판하였다.

　이 중에서 2, 3권은 합해서 책값이 백만원 남짓하는 책들이나, 4, 5번의 5권의 책들은 권당 2만원 남짓한 책들이므로 사볼만한 책들이다. 특히 초학자들은 5권『왕정지 담성』이 크게 도움이 될 것이다.

7	중주파계열의 책		
	6) 성요적 특성 星曜的 特性	육빈조 편저 陸斌兆 編著 왕정지 보주 王亭之 輔註	시보출판사 時報出版社
	7) 여하 배명반 如何 排命盤		

　이 두권은 중주파 육빈조선생의 저서로 50년대 홍콩에서 이름을 날렸던 선생의 책들이다.

　『여하 배명반』은 명반작성하는 책이니 중요하지 않고,『성요적 특성』을 추천한다. 이 성요의 특성은 대만의 '무릉출판사'에서 육재전(陸在田)이『육빈조 자미두수강의평주(陸斌兆紫微斗數評註)』라는 제목으로 평주하기도 하였다. 이 책 역시 추천할 만하다.

7	중주파계열의 책			
	8) 과당강기 課堂講記	진설도 陳雪濤	무릉출판사 武陵出版社	2003년
	9) 자미명경 상, 하편, 외편 紫微明鏡 上, 下篇, 外篇			2003년
	10 부처궁 비전진결 夫妻宮 秘傳眞訣			2001년
	11) 안성결 여성정비법 安星訣 與性情秘法			2001년

위의 8~11번의 책은 홍콩의 자미두수학자 진설도(陳雪濤)선생이 쓴 책으로, 9번은 세권의 책으로 구성되어 있으며 9번을 포함한 8, 10번의 총 6권의 책은 대만의 '무릉출판사(武陵出版社)'에서 최근에 연달아 나왔고 11번만 홍콩의 '정대도서(鼎大圖書)'에서 나왔는데 가격도 모두 2만원 내외여서 저렴할 뿐만 아니라 내용도 아주 훌륭하다. 한권 한권이 비급이라고 여겨질 정도로 중요한 내용과 경험들로 가득 차 있다. 한문을 조금이라도 아는 학인들이라면 일독을 권하고 싶다. 고개가 저절로 숙여질 것이다.

8	자운선생(紫雲先生)의 책	

	1) 두수 논명
	    斗數 論命
		2) 두수 논구재
		    斗數 論求財

	3) 두수 논혼인
	    斗數 論婚姻
		4) 두수 논사업
		    斗數 論事業

	5) 종두수 간인생
	    從斗數 看人生
		6) 두수 논전택
		    斗數 論田宅

	7) 두수 간인간관계
	    斗數 看人間關係
		8) 두수 논질병
		    斗數 論疾病

	9) 종두수 담부모정
	    從斗數 談父母情
		10) 두수 논명인
		    斗數 論名人

이상 10권의 자운선생 책중 10번만 '천상출판사(天相出版社)'에서 나왔고 나머지는 대만의 '시보출판사(時報出版社)'에서 발행

했다. 자운선생의 책은 필자가 명반을 보는 안목이나 성계의 운용등 자미두수에 진정한 안목을 가지는데 많은 도움을 준 책이다. 특히 태세입괘법을 운용하는 부분에서는 매우 독창적인 천재성을 엿볼 수 있다.

특히 "두수 논명인"은 대만의 재벌 채만춘(蔡萬春), 채진남(蔡辰男), 채진주(蔡辰洲) 삼부자의 일생을 한권에 논명한 책으로 자운선생의 추론의 일단을 볼 수 있는 책인데 절판되었다.

9	기타 책들		
	1) 자미두수 신전 紫微斗數 新詮	혜심제주 慧心齊主	시보출판사

혜심제주(慧心齊主)라는 여류 자미두수학자로 이 책은 우리나라 동학사의 왕초보사주학 같이 많이 나가는 책으로 한번 읽어보는 것도 좋다. 시보출판사에서 나왔다.(최근에 홍콩의 박익문고에서 내용은 같고 제목만 "자미두수입문"이라고 해서 문고본으로 나옴)

혜심제주의 책은 이 외에도 여러 권이 있으나 이 책 외에는 크게 권하고 싶지 않다.

| | 2) 두수 신관념
斗數 新觀念 | 오동초
吳東樵 | |

대만의 오동초(吳東樵)라는 자운계열의 학자의 책으로 얇지만 매우 간결하게 잘된 책이다.

풍수로 유명한 종의명(鐘義明)선생의 저서로 여러 자미두수책

| 3) 자미수필 1~4권 紫微隨筆 | 종의명 鐘義明 | 무릉출판사 |

들을 종합해서 네 권으로 분석한 책으로 자료적인 의미로 가지고 있으면 좋을 책이다. 무릉출판사에서 나왔다.

| 4) 두수건곤 斗數乾坤 - 解盤篇, 考運篇 | 유위무 劉緯武 | |

 자운계열의 학자인 유위무(劉緯武)선생이 쓴 책으로 두권이다. 명반을 추론하는데 매우 도움을 주는 책이다. 일독을 권한다.

| 5) 자미 진언도인 紫微 眞言導引 | 진계전 陳啓銓 | |

  대만의 진계전(陳啓銓)이라는 학자가 쓴 책으로, 저자 나름의 독특한 경험이 많이 실려 있다.

찾아보기

- 찾아보기에서 동궁할 경우나 짝별일 경우는 그 순서를 달리해서 찾을 수 있다.
- 예를들어 천동·거문을 찾아서 없을 경우는 거문·천동을 찾으면 된다.

찾아보기

ㄱ

- 갑염파무양(甲廉破武陽) 60,347
- 거문·천동 245
- 거문·태양 234
- 거문 297
- 거문화권 299
- 거문화기 299
- 거문화록 299
- 거일(巨日) 계통 187
- 거일 189
- 겁살(劫煞) 363,377
- 겁살(劫煞) 찾는 법 82
- 경양(擎羊)·타라(陀羅) 55
- 경양(擎羊) 339
- 경일무음동(庚日武陰同) 60,347
- 계파거음탐(癸破巨陰貪) 60,347
- 고독손모성(孤獨損耗星) 362
- 고신·과수 391
- 고신(孤辰)·과수(寡宿) 362
- 고진(孤辰) 찾는법 82
- 공고(空庫) 276
- 공망성(空亡星) 67,351
- 공성(空星) 24
- 공조(拱照) 22
- 과수(寡宿) 241
- 과수(寡宿) 찾는법 82
- 과수격(寡宿格) 151
- 관대(冠帶) 367
- 관록궁 185, 195, 396
- 관부(官符) 371, 373
- 국수 정하는 법 40
- 국수를 정하고 자미를 배치 40
- 국수와 생일에 따른 자미의 위치 44
- 궁 16
- 궁과 성을 보는 순서 141
- 궁에 좌한 14정성을 살핀다 142
- 궁을 보는 순서 141
- 기독좌(忌獨坐) 277
- 기무탐량곡(己武貪梁曲) 60,347
- 기본명반과 4대 계통 187
- 기본명반의 분석 175, 182
- 기성(忌星) 24
- 기월동량 187, 189
- 기초명반 16, 31
- 길화(吉化) 26

ㄴ

- 납음오행 찾는 법 41
- 년해(年解) 찾는 법 75
- 노복궁 185, 195, 402
- 녹존·타라·경양 120

ㄷ

- 대궁(對宮) 17
- 대모(大耗) 360, 371
- 대모(大耗) 찾는 법 81
- 대운 분석 405
- 대운수 62
- 대운수와 대한을 정한다 62
- 대충궁(對沖宮) 17

- 대한(大限) 62
- 도화범주(桃花犯主) 199
- 도화성(桃花星) 24, 81, 359, 392
- 독좌 277
- 동궁(同宮) 21
- 동도(同度) 21
- 두군 110

ㄹ

- 로고(露庫) 276
- 록마교치(祿馬交馳) 337
- 록존(祿存) 배치법 54

ㅁ

- 망신(亡神) 379
- 명궁·신궁·십이사항궁을 배치 35
- 명궁 배치법 35
- 명궁 183, 194
- 명궁간지별 납음오행국 분류표 42
- 명궁과 身宮 385
- 명반을 볼 때 유의점 153
- 명반작성법 27
- 명반포국법 98
- 목욕(沐浴) 찾는법 81
- 목욕(沐浴) 361, 367
- 몫수 45
- 묘(墓) 369
- 묘왕평한함 94
- 무곡·천부 243
- 무곡·천상 245

- 무곡·칠살 244
- 무곡·탐랑 248
- 무곡·파군 247
- 무곡 241
- 무곡화과 249
- 무곡화권 249
- 무곡화기 249
- 무곡화록 249
- 무탐월필기(戊貪月弼機) 60, 347
- 문곡(文曲) 배치법 54
- 문곡화과 336
- 문곡화기 337
- 문성 243
- 문창·문곡 120, 335
- 문창(文昌) 배치법 54
- 문창화과 336
- 문창화기 336

ㅂ

- 박사십이신(博士十二神) 89, 369
- 박사(博士) 369
- 반안(攀鞍) 376
- 방공(傍空) 68
- 백관조공 69, 198, 352, 368
- 병(病) 368
- 병동기창염(丙同機昌廉) 60, 347
- 병부(病符) 371, 375
- 보성(輔星) 53, 332
- 보좌길성을 살핀다 388
- 보좌길흉성의 응용법 397
- 보좌살성을 배치한다 53

- 보좌성과 형·요성의 廟陷표 94
- 복덕궁 186, 196, 398
- 복병(伏兵) 371
- 본궁(本宮) 17
- 본명반 보는 법 150
- 봉각(鳳閣) 배치법 70
- 봉고(封誥) 배치법 69
- 봉부간살(逢府看殺) 277, 387
- 봉부간상(逢府看相) 277, 387
- 봉상간부(逢相看府) 304
- 봉상간파(逢相看破) 306
- 봉흉화길(逢凶化吉) 254, 312
- 부모궁 186, 196, 403
- 부상조원(府相朝垣) 198
- 부처궁 183, 194, 400
- 비렴(蜚廉) 83, 364
- 비렴(飛廉) 370

ㅅ

- 사(死) 368
- 사부(死符) 373
- 사선성 삼덕성 기타길성 355
- 사선성(四善星) 75
- 사성변화(四星變化) 26
- 사화(四化) 26, 59, 121, 148, 345
- 살성(煞星) 55, 339
- 살성을 살핀다 388
- 살성의 영향의 경중 343
- 살파랑 187, 188
- 삼덕성(三德星) 75
- 삼방사정 18
- 삼태·팔좌(三台·八座) 352
- 삼태(三台) 배치법 69
- 삼태(三台) 198
- 상문(喪門) 372
- 상협(相夾) 23
- 생년월일시를 안다 28
- 섬머타임 29
- 성(星) 21
- 성계(星係) 24
- 성의 묘왕평한함 94
- 세역(歲驛) 376
- 세전십이신 배치법 89
- 세파(歲破) 374
- 소모(小耗) 370
- 쇠(衰) 368
- 수(守) 21
- 순공(旬空) 배치법 67
- 순중공망(旬中空亡) 67
- 식신(息神) 377
- 신거일곡창(辛巨陽曲昌) 60, 347
- 신궁 배치법 35
- 신궁의 삼방사정을 살핀다 394
- 신궁의 정성을 살핀다 393
- 실고(實庫) 276
- 십간사화를 찾는 표 59
- 십사정성(十四正星) 23, 49, 197
- 14정성의 12가지 배치유형 175
- 십이궁 천간을 표시한다 33
- 십이궁 16
- 십이사항궁 20, 37, 38
- 십이사항궁의 가차(假借) 102
- 십이사항궁의 의미 194
- 십이신 88, 367

ㅇ

- 암합(暗合) 19

- 양(養) 369
- 양인(羊刃) 339
- 어떻게 명반을 볼 것인가? 140
- 역사(力士) 370
- 염정·천부 268
- 염정·천상 270
- 염정·칠살 266
- 염정·탐랑 265
- 염정·파군 269
- 염정 264
- 염정화기 272
- 염정화록 272
- 영성(鈴星) 배치법 55
- 영창타무(鈴昌陀武) 341
- 용덕(龍德)·천덕(天德) 75
- 용덕(龍德) 357, 374
- 용지(龍池)·봉각(鳳閣) 353
- 용지(龍池) 배치법 70
- 우필(右弼) 53, 333
- 운명학의 한계 168
- 운을 보는 법 158
- 원진 81
- 월덕(月德) 75, 357
- 월두법(月頭法) 33
- 월살(月煞) 379
- 유월·유일·유시 찾는 법 110
- 유년·소한·두군·유성 찾는 법 102
- 유년과 소한 찾는 법 104
- 유성(流星)을 붙이는 방법 119
- 유시 113
- 유월 111
- 유일 113
- 유일이란 말 그대로 매일의 운을 보는 방법이다 113
- 육십갑자 납음표 41
- 육합(六合) 19
- 윤달생의 명반 배치 28
- 은광(恩光)·천귀(天貴) 352
- 은광(恩光) 배치법 69
- 을기량자월(乙機梁紫月) 60, 347
- 음살(陰煞) 82, 363
- 음질(陰隲) 174
- 인동(引動) 26
- 임관(臨官) 368
- 임량자보무(壬梁紫輔武) 60, 347

ㅈ

- 자녀궁 184, 195, 401
- 자미·천부 204
- 자미·천상 201
- 자미·칠살 205
- 자미·탐랑 203
- 자미·파군 201
- 자미 4, 197
- 자미 찾는 법 4
- 자미는 백관조공이 가장 중요 86
- 자미는 삼태를 보아야 한다 386
- 자미를 찾는 공식 45
- 자미성계 배치 49, 180
- 자미원 14
- 자미화과 207
- 자미화권 206
- 자부상격(紫府相格) 188
- 자부염무상 187
- 잡성(雜星) 145, 155, 348
- 장군(將軍) 370
- 장생십이신 배치법 88, 367

- 장생(長生) 367
- 장성(將星) 376
- 장전십이신 90, 376
- 재백궁 184, 195, 396
- 재살(災煞) 377
- 재음협인(財蔭夾印) 202, 305
- 전택궁 186, 195, 402
- 절(絶) 369
- 절공(截空) 배치법 68
- 절로공망(截空空亡) 68
- 정공(正空) 68
- 정성이 없는 궁을 보는 요령 145
- 정월동기거(丁月同機巨) 60, 347
- 제왕(帝旺) 368
- 조객(弔客) 375
- 종두수간인생 168
- 좌(坐) 21
- 좌보(左輔) 배치법 53
- 좌보화과 332
- 좌성 54, 335
- 주서(奏書) 370
- 주성(主星) 24, 229
- 지겁(地劫) 배치법 55
- 지공·지겁(地空·地劫) 342
- 지공(地空) 배치법 55
- 지배(指背) 378
- 질액궁 185, 195, 401

ㅊ

- 천·지·인반 126
- 천곡(天哭)·천허(天虛) 362
- 천곡(天哭) 찾는법 82
- 천공(天空) 배치법 67
- 천공, 순공, 절공 351
- 천관(天官) 찾는법 75
- 천관귀인(天官貴人) 355
- 천괴·천월 119, 334
- 천괴(天魁) 배치법 53
- 천귀(天貴) 배치법 69
- 천기·거문 220
- 천기·천량 223
- 천기·태음 222
- 천기 218
- 천기화과 225
- 천기화권 225
- 천기화기 225
- 천기화록 224
- 천덕(天德) 75, 356, 374
- 천동·거문 257
- 천동·천량 256
- 천동·태음 258
- 천동 254
- 천동화권 260
- 천동화기 260
- 천동화록 259
- 천량 312
- 천량화과 315
- 천량화권 314
- 천량화록 314
- 천마(天馬) 54, 121
- 천마(天馬) 121
- 천무(天巫) 75, 358
- 천복(天福) 찾는법 75
- 천복귀인(天福貴人) 355
- 천부 276
- 천부는 녹의 유무가 가장 중요 387
- 천부성계 배치 49, 50, 181
- 천살(天煞) 378

- 천상 304
- 천상(天殤)·천사(天使) 366
- 천수(天壽) 75, 356
- 천시원 14
- 천요(天姚) 67, 350
- 천월(天鉞) 배치법 53
- 천월(天月) 83, 365
- 천이궁 185, 195, 398
- 천재(天才) 75, 356
- 천주(天廚) 75, 358, 392
- 천허(天虛) 찾는법 82
- 천형(天刑) 67, 349
- 천희(天喜) 찾는법 81
- 청룡(靑龍) 370
- 칠살 319
- 칠정사여산(七政四餘算) 5
- 칠정사여의 명반 31

- 태양화권 236
- 태양화기 236
- 태양화록 236
- 태음 282, 373
- 태음화과 284
- 태음화권 284
- 태음화기 285
- 태음화록 284
- 파구창신(破舊創新) 201
- 파군 325
- 파군화권 327
- 파군화록 327
- 파쇄(破碎) 83, 364
- 파조파가 다노록(破祖破家 多勞碌) 203
- 팔좌(八座) 배치법 69

ㅌ

- 타라(陀羅) 340
- 탈속승(脫俗僧) 203
- 탐랑 290
- 탐랑화권 292
- 탐랑화록 292
- 태(胎) 369
- 태미원 14
- 태보(台輔)·봉고(封誥) 353
- 태보(台輔) 배치법 69
- 태세(太歲) 372
- 태세십이신(太歲十二神) 372
- 태세입괘법 173
- 태양·천량 233
- 태양·태음 231
- 태양 229, 372

ㅎ

- 함지(咸池) 81, 360, 378
- 해신(解神) 75, 357
- 협(夾) 19
- 협과 암합 19
- 협궁 154
- 형기협인(刑忌夾印) 305
- 형성(刑星) 24
- 형수협인(刑囚夾印) 270
- 형요성(刑姚星) 67, 349
- 형제궁 183, 194, 400
- 혜심제주의 성의 구분 65
- 홍란·천희(紅鸞·天喜) 359
- 홍란(紅鸞) 찾는법 81
- 홍염(紅艷) 찾는법 81
- 화개(華蓋) 82, 365, 367
- 화기(化氣) 25

- 화성·영성(火星·鈴星)　　341
- 화성(火星) 배치법　　55
- 회조(會照)　　22

- 희신(喜神)　　370

참고문헌

	책명	저자	출판사	출간년
1	자미두수전서(상, 하) 紫微斗數全書	진희이 陳希夷	대유학당	2003년
2	왕초보자미두수(상, 하)	김선호	동학사	2000년
3	실전자미두수(1, 2)	김선호	대유학당	2004년
4	심곡비결 深谷秘訣	김치선생 金緻先生	대유학당	2004년
5	과당강기 課堂講記	진설도 陳雪濤	무릉출판사 武陵出版社	2003년
6	자미명경 상, 하편, 외편 紫微明鏡 上, 下篇, 外篇			2003년
7	부처궁비전진결 夫妻宮秘傳眞訣			2001년
8	안성결여성정비법 安星訣與性情秘法			2001년
9	자미신어·자미한화·술수술이 紫微新語·紫微閑話·術數述異	자미양 紫微楊	향항주간출판사 香港週刊出版社	1988년
10	왕정지 담성 王亭之 談星	왕정지 王亭之	박익문고 博益文庫	1995년
11	안성법급 추단실례 安星法及 推斷實例	〃	자미두수학회 紫微斗數學會	1995년
12	두수사서 4권 斗數四書 4卷	〃	박익문고 博益文庫	1995년

13	자미두수입문 紫微斗數入門	혜심제주 慧心濟主	〃	1999년
14	중주파자미두수 심조강의 中州派紫微斗數 深造講義	왕정지 王亭之	자미두수학회 紫微斗數學會	1995년
15	자미두수 제 이 집 紫微斗數 第 二 集	천을상인외 天乙上人外	금릉문화유한공사 金陵文化有限公司	1992년
16	자미진언도인 紫微眞言導引	진계전 陳啓銓	무릉출판사 武陵出版社	1997년
17	두수선미 斗數宣微	관운주인 觀雲主人	〃	2001년
18	자미두수십일통 紫微斗數十日通	육재전 陸在田	〃	2000년
19	자미제성거명궁천석 紫微諸星居命宮闡釋	화산거사 華山居士	취현관 聚賢館	1996년
20	종두수간인생 從斗數看人生	자운 紫雲	무릉출판사 武陵出版社	1993년

수정판 후기

갑신년 6월에 내놓은 이래 2년만의 재판이다.

교정이랍시고 책을 다시 보노라니 서툰 글질이다 싶어 성형하듯 뜯어 고쳐보고도 싶었지만 서툰 글이나마 두서가 없어질까봐 몇군데만 다듬었다.

아직 자미두수는 바람을 타지 않았다. 사방 눅눅한 더위뿐이지만 바람이 불지 않는다고 탓하지 않는다. 바람은 사방에서 불고 또 사방에서 일어나며 팔방에서 어디든 갈 준비가 되어 있다. 원래 바람은 그런 것이다.

작은 불씨만 던져놓는 심정으로 바람앞에 선다.

이 책이 머지않아 바람을 타고 들불이 될 것을 나는 바람끝에서 본다.

그 희미한 불빛을 껴안으며 바람앞에 선다.

독자들이여!

그대들에게 이 불이 옮겨붙으면 자미두수의 불바람은 더 거세질 것이다.

부디 이 불꽃을 꺼뜨리지 말고 더 큰 불로 진화하시라!

병술년 무술월

이두 김 선 호 識

대유학당 출판물 안내

- 자세한 사항은 대유학당으로 문의해 주십시오.
- 전화 : 02-2249-5630 / 팩스 : 02-22449-5631
- 입금계좌 : 국민은행 807-21-0290-497 예금주-윤상철
- 블로그 https://blog.naver.com/daeyoudang
- 서적구입 : www.daeyou.or.kr

분류	도서명	저자	가격
주역	주역입문(2019)	윤상철 지음	16,000원
	대산주역강해(전3권)	김석진 지음	60,000원
	대산주역강의(전3권)	김석진 지음	90,000원
	주역전의대전역해(상/하)	김석진 번역	70,000원
	주역인해	김수길·윤상철 번역	20,000원
주역 시사	시의적절 주역이야기	윤상철 지음	15,000원
	대산석과(대산의 주역인생 60년)	김석진 지음	20,000원
	우리의 미래(대산선생이 바라본)	김석진 지음	10,000원
	후천을 연 대한민국	윤상철 지음	16,400원
	팔자의 시크릿	윤상철 지음	16,000원
주역점 운세	황극경세(전5권) 2020년	윤상철 번역	200,000원
	초씨역림(상/하) 2017년	윤상철 번역	180,000원
	하락리수(전3권)	김수길·윤상철 번역	90,000원
	하락리수 전문가용 CD	윤상철 총괄	550,000원
	대산주역점해	김석진 지음	30,000원
	매화역수(2019년판)	김수길·윤상철 번역	25,000원
	주역점비결 2019 신간	윤상철 지음	25,000원
	육효 증산복역(전2권)	김선호 지음	50,000원
음양 오행학	오행대의(전2권)	김수길·윤상철 번역	44,000원
	연해자평(번역본)	오청식 번역	50,000원
	작명연의	최인영 편저	25,000원
	2020~2022 택일민력	최인영 지음	12,000원
	어디 역학공부 좀 해 볼까	이연실 지음	20,000원

분류	제목	저자	가격
	▶운명 사실은 나도 그게 궁금했어	윤여진 지음	20,000원
기문 육임	▶기문둔갑신수결	류래웅 지음	16,000원
	▶이것이 홍국기문이다	정혜승 지음	23,000원
	▶육임입문123(전3권)	이우산 지음	80,000원
	▶육임입문 720과 CD	이우산 감수	150,000원
	▶육임실전(전2권)	이우산 지음	54,000원
	▶육임필법부	이우산 지음	35,000원
	▶대육임직지(전6권)	이우산 지음	192,000원
	▶육임을 알면 미래가 보인다	이우산 지음	25,000원
자미 두수	▶별자리로 운명 읽기(전2권)	이연실 지음	45,000원
	▶자미두수 입문	김선호 번역	25,000원
	▶자미두수 전서(상/하)	김선호 지음	100,000원
	▶실전 자미두수(전2권)	김선호 지음	50,000원
	▶자미두수 전문가용 CD	김선호/김재윤	500,000원
	▶중급 자미두수(전3권)	김선호 지음	60,000원
	▶자미심전(전2권)	박상준 지음	55,000원
동양고전	▶집주완역 대학	김수길 번역	25,000원
	▶집주완역 중용(상/하)	김수길 번역	50,000원
	▶동이 음부경 강해(2014년 신간)	김수길·윤상철 번역	20,000원
천문	▶2020 천문류초	윤상철 지음	30,000원
	▶천상열차분야지도 그 비밀을 밝히다	윤상철 지음	25,000원
	▶태을천문도 9종(개정판)	윤상철 총괄	100,000원
	▶세종대왕이 만난 우리별자리(전3권)	윤상철 지음	36,000원

손에 잡히는 경전

① 주역점
② 주역인해(원문+정음+해석)
③ 대학 중용(원문+정음+해석)
④ 경전주석 인물사전
⑤ 도덕경/음부경
⑥ 논어(원문+정음+해석)
⑦ 절기체조
⑧~⑨ 맹자(원문+정음+해석)
⑩ 주역신기묘산
⑪ 자미두수
⑫ 관세음보살
⑬ 사자소학 추구
⑭~⑯ 시경(1~3)   ⑰ 주역점비결

각권 288~336p 10,000원

▶ 자미두수 입문
- 16×23cm 양장 / 427쪽
  25,000원 / 김선호

자미두수를 처음 접하는 분들을 위하여 만든 책. 자미두수 명반작성과 명반 보는 법을 기초로 14정성과 잡성을 명쾌하게 풀이하고 명반 추론의 순서를 밝혀 놓았다.
명반 CD는 웹하드에서 다운 받으세요.

초급

▶ 별자리로 운명 읽기(신간)
- 16×23cm 양장 / 이연실
  1권 336쪽 20,000원
  2권(대운편) 392쪽 25,000원

2020년 신간 1권은 자미두수 명반의 선천을 보는 방법을 위주로 하였고, 2권은 10년운을 읽는 것에 대해 설명하였다. 이두 선생의 록기법을 자세하게 익힐 수 있고, 부록에 자미두수 격국을 알차게 정리하였다.

초급

▶ 자미두수 전서 上 下
▶ 심곡비결
- 19×26cm 양장 / 김선호 譯
  전서 1,700쪽 100,000원
  심곡 700쪽 50,000원

13년 동안의 풍부한 임상경험을 바탕으로 한, 대만과 홍콩의 어떤 해설서도 따라오지 못하는 치밀한 해설과 역주주! 이 책은 자미두수를 연구하려는 모든 사람들에게 가장 확실한 스승이 될 것이다.
한국 자미두수의 결정판 심곡비결.

중급

▶ 중급자미두수 ❶ ❷ ❸
- 16×23cm 양장 본문2도 /
  ❶두국편 ❷궁합편 ❸두수선미
  각권 400쪽 20,000원 /
  김선호

『실전자미두수』와 『자미두수입문』의 간극을 메워줄 중급자를 위한 안내서!
특히 ❸권은 자미두수의 준고전인『두수선미』를 번역, 30페이지에 걸친 실전예제 수록.

중급

▶ 자미심전(신간)
- 16×23cm 양장 / 박상준
  ❶ 사회적 지위 456쪽
  25,000원 (2018년)
  ❷ 인생의 굴곡 496쪽
  30,000원 (2020년 신간)

십사정성과 십이사항궁의 새로운 해석, 외모특출격, 인감노출격 등 어느 책에서도 볼 수 없는 창의적인 격국들, 그리고 특수격에 대한 심도 있는 해석이 실려 있다. 또한 운추론 순서를 밝히고 재벌가인 삼성 삼대의 운추론을 80여쪽에 걸쳐 해설.

중급

▶ 실전 자미두수 ❶ ❷
- 16×23cm 양장 본문2도
  / ❶이두식록기법 ❷징험편
  각권 448쪽 25,000원 /
  김선호 / 17년 2판 2쇄

2017년 개정판 사람의 명반을 놓고 "이때 왜 이 사건이 벌어졌는가?"에 대해 일일이 별들과의 관계를 추론해 나간 책. 이 두 권만 다 소화한다면 누구나 자미두수를 자유자재로 활용할 수 있다.

상급

▶ 전문가용 자미두수 CD

- 가격 500,000원 / 2018년 개정 / 총괄 : 김재윤
- 구성 : CD 1매, usb락, 프로그램 메뉴얼.

2020년 개정판 번들용과 다른 다양한 기능. 별에 대한 자세한 설명을 pdf로 볼 수 있으며, 삭망일 균시차 인명저장 별의 강약 사화를 조정할 수 있는 옵션. 기문과 육효 명리의 기본포국 제공. 윈도우 8, 10버전 사용

중급

저자
이두履斗 김선호金善浩

약력
- 전남 여수 출생
- 서라벌대학 교수역임
- 동국대학교 사회교육원
- 스포츠조선 등에서 자미두수 강의
- 에스크퓨처닷컴 학술위원
- 고려기문학회 학술위원(현)
- 미래학회 고문(현)
- 이두자미두수학회 회장(현)

저서 및 역서
- 『왕초보 자미두수❶❷』 동학사 2000
- 『자미두수전서(상 하)』 대유학당 2003
- 『실전자미두수❶❷』 대유학당 2004
- 『심곡비결』, 대유학당 2004
- 『자미두수입문』, 대유학당 2004
- 『육효증산복역(상 하)』, 대유학당 2008
- 『중급자미두수❶❷❸』, 대유학당 2010
- 『진소암의 명리약언』(인터넷공개)
- 『핵심쏙쏙 북파자미』 2020

소통공간
- 이메일 jmds2012@gmail.com
  reedoojami@hanmail.net
- 홈페이지 www.reedoo.co.kr
- 다음카페 http://cafe.daum.net/reedoo

기타문의
- 061 - 643 - 6693 (저자사무실)
- 010 - 3629 - 6693 (저자핸드폰)

이두자미시리즈 【7】 **자미두수입문**

- **초판발행** 2004년 9월 2일 **수정판 5쇄발행** 2021년 12월 20일
- **저자** 이두 김선호 **편집** 이연실 황상희 김순영 **발행인** 윤상철
- **발행처** 대유학당 since1993
- **출판등록** 2002년 4월 17일 제305-2002-000028호
- **주소** 서울 성동구 아차산로17길 48 skv1센터 1동 814호
- **전화** (02)2249-5630
- **대유학당 블로그** blog.naver.com/daeyoudang 대유학당

- 여러분이 지불하신 책값은 좋은 책을 만드는데 쓰입니다.
- ISBN 978-89-88687-71-X 03140
- 정가 25,000원
- 명반CD는 www.webhard.co.kr에서 다운받아 사용하세요.
    아이디 : daeyoudang   패스워드 : 9966699
- 이 책의 내용에 대한 재사용은 저작권자와 대유학당의 동의를 받아야만 가능합니다.
- 문의사항(오탈자 포함)은 저자 또는 대유학당의 홈페이지에 남겨 주세요.

자미두수 명반배치

자미가 인궁에 있을 때

巨門 △ 巳	天廉 相貞 ○△ 午	天梁 ○ 未	七殺 ◎ 申
貪狼 ○ 辰			天同 △ 酉
太陰 xx 卯			武曲 ◎ 戌
天紫 府微 ◎◎ 寅	天機 xx 丑	破軍 ◎ 子	太陽 xx 亥

자미가 신궁에 있을 때

太陽 ○ 巳	破軍 ○ 午	天機 xx 未	紫天 微府 △◎ 申
武曲 ◎ 辰			太陰 ○ 酉
天同 ○ 卯			貪狼 ◎ 戌
七殺 ◎ 寅	天梁 ○ 丑	天廉 相貞 ◎△ 子	巨門 ○ 亥

자미가 자궁에 있을 때

太陰 xx 巳	貪狼 ○ 午	巨天 門同 xxxx 未	天武 相曲 ◎△ 申
天廉 府貞 ○○ 辰			天太 梁陽 △x 酉
卯			七殺 ◎ 戌
破軍 xx 寅	丑	紫微 △ 子	天機 △ 亥

자미가 오궁에 있을 때

天機 △ 巳	紫微 ◎ 午	未	破軍 xx 申
七殺 ◎ 辰			酉
天太 梁陽 ◎◎ 卯			天廉 府貞 ◎○ 戌
天武 相曲 ◎x 寅	巨天 門同 ○xx 丑	貪狼 ◎ 子	太陰 ◎ 亥

자미가 진궁에 있을 때

天梁 xx 巳	七殺 ○ 午	未	廉貞 ○ 申
天紫 相微 ○xx 辰			酉
巨天 門機 ○○ 卯			破軍 ○ 戌
貪狼 △ 寅	太太 陰陽 ◎xx 丑	天武 府曲 △△ 子	天同 ◎ 亥

자미가 술궁에 있을 때

天同 ○ 巳	天武 府曲 ◎◎ 午	太太 陰陽 △△ 未	貪狼 △ 申
破軍 ○ 辰			巨天 門機 ○○ 酉
卯			天紫 相微 xxx 戌
廉貞 ○ 寅	七殺 ○ 丑	子	天梁 xx 亥

14정성이 배치되는 12가지 유형과 그에 따른 성의 묘◎ 왕○ 평△ 한X 함xx을 자미를 기준하여 정리한 표이다.